Issue Re-Think

戦略コンサルタントが明かす
「問題解決」の実際

論点を研ぐ

前提を問い直し、
核心を突く技術

ベイカレント・コンサルティング
則武 譲二 著

日経BP

はじめに

問題解決を生業《なりわい》とするコンサルタントになって、今年で19年になる。これだけの年数を重ねてもなお、問題解決という行為は日々学びの連続だ。そんな奥深い問題解決だからこそ、このタイミングでこれまで学んできたことを言語化しておきたいと思う。

その第1弾となる本書では、「論点」と「研ぐ」に焦点を当てたい。

行き着くところは「論点」

問題解決には、5つのフェーズがあることはご存じだろう。「論点設定」「仮説立案」「仮説検証」「打ち手具体化」「打ち手実行」の5フェーズである。

そして、各フェーズの重要度と難易度は当然異なる。最初に断言しておきたいのは、「論点設定」こそが、最も重要度が高く、最も難易度が高いということだ。それはコンサルティングファームに入社したコンサルタントが、どのフェーズを担当しながらステップアップしていくかをたどるとわかりやすい。

まず、駆け出しコンサルタントは「仮説検証」を担当する。先輩コンサルタントが定めた論点や仮説を受け、調査や分析、実験などを通じて仮説の妥当性を検証する経験を積み重ねる。そして、妥当性をある程度検証できるようになったら、次は検証された仮説を打ち手へ落とし込む「打ち手具体化」の訓練へと移る。

それらの積み重ねが、「こういった論点では、このような着眼点の仮説のスジが良く、それがこんな打ち手へ落とし込まれ、大きなインパクトを生む」という法則性を、若手コンサルタントの頭脳へ刻み込んでいく。この法則性の刻み込みの連続が仮説力を育んでいき、それがあるラインを越えたとき、コンサルタントはスジの良い仮説を考案できるようになる。

こうして「仮説立案」から「打ち手具体化」までを高いレベルで実践できるようになったコンサルタントが、次に試行錯誤するのが「打ち手実行」だ。

「論点設定」は、まだ出てこない。

「打ち手実行」では、良い意味の強引さで周囲を巻き込み、何度もピボット（方向転換）しながら、がむしゃらに成果を形にすることが求められる。そういった泥臭い経験が、打ち手仮説がインパクトを生めるかどうかの感度を鋭敏にしていく。

この段階まで到達できて初めて、「論点設定」、その中でも特に難しい「論点〝再〟設定」に挑むことができる。言い換えれば、４つのフェーズを習得できていない人に、「論点設定」はできない。

「いや、自分はできている」と自負する方の多くは、残念ながら〝できているつもり〟になっているだけだ。私自身もそうだった。

本書ではあえて、この「論点」をテーマにしたい。

やろうと思ってもできない行為――、それは「研ぐ」こと

「論点」を設定しろと言われれば、何かしらは設定できる。ただ、最初に設定した論点が、問題の本質を捉えていることはまれだ。だからこそ、論点を見直し続ける、すなわち「研ぐ」行為が重要となる。

ここで、皆さんに問うてみたい。

皆さんがこれまで手に取った問題解決に関連する書籍に、「研ぐ」ことを深めたものはあっただろうか。

おそらく、そのような書籍に出合った方は多くはないはずだ。私自身、論点を「研ぐ」力については、多くのプロジェクトにおいて悪戦苦闘する中で、経験とともに磨いてきた。良い技法に出合うことがなかったからだ。

これまで、論点について多くの書籍で示されてきたのは、「良い例」「悪い例」であった。これは結果であって、その結果に至る技法、「研ぎ方」ではない。

そして、論点を「研ぐ」ことは、本当に難しい。問題解決が行き詰まったとき、こんなアド

バイスを受けることがあるかもしれない。

「論点が間違っているかもしれない」

そんなことは百も承知なのだ。それでも、本当に解くべき論点を見いだすことができない。

それほど難易度の高い行為だからこそ、この「研ぐ」ことの技法化が大きな価値を持つ。

論点を研ぐ――。

奥深さと難しさを併せ持ったこの行為のレベルの高さが、問題解決力を最も左右する。

その技法化がどこまで可能なのか。私の野心的なチャレンジを見届けていただきたい。

目次

第2部

ブレークスルーを起こす「論点を研ぐ」技法

本文の事例や具体例は、実施当時の情報を記載している場合がある。

第1部の対談は2023年9～10月に実施したもので、役職など一部の内容は当時の情報にもとづいている場合がある。

Issue Re-Think

第1部

なぜ今、「論点を研ぐ」か

1-1 既存の問題解決技法は浸透しているが…

ビジネスシーンにおける実態を明らかにする

問題解決技法とは何か。

一般的に、問題解決のプロセスは5つのフェーズに分けることができる。まず必要なのが、解くべき問題を定める「論点設定」だ。続いて、論点に対する仮の答えを立てる「仮説立案」。さらに、その仮説を、調査や実験などで集めた事実（ファクト）によって確かめる「仮説検証」を行う。検証された仮説をもとに問題解決につながる打ち手を考案する「打ち手具体化」を経て、最終的に「打ち手実行」によって問題解決を実現する。

この5つのフェーズのうち、「打ち手実行」を除く4つのフェーズの方法論を形式知化したものが、問題解決技法だ。この問題解決技法は、企業経営における様々な問題解決に挑んできたコンサルタントたちが、クライアントと共に試行錯誤する過程で築き上げてきたものである。

そして、その問題解決力を身につける、あるいは強化するためのビジネス書が、問題解決技法を自ら実践するコンサルタントによって多数刊行されてきた。読者の多くも、手に取って読んでみたことがあるのではないだろうか。

では、その問題解決技法を使うことで、ビジネスシーンにおける問題解決は実際うまく進んでいるのだろうか。ビジネスシーンにおける問題解決技法の浸透度、活用度を明らかにすべく、我々は今回、大企業の企画系部門で働く30代のビジネスパーソン１００人を対象に、アンケート調査を実施した。

多くのビジネスパーソンが身につけ、日常的に活用している

まずわかったのは、問題解決技法は多くのビジネスパーソンが関心を寄せるテーマであるということだ。企画系部門で働く30代のビジネスパーソンのうち、87％は何かしらの問題解決書籍を手に取ったことがあると回答した。これに加えて、手に取るだけにとどまらず、実際に問題解決技法を身につけ、日常的に活用するビジネスパーソンが多くいるということも分かった。

問題解決書籍を手に取ったことがある回答者に対して「問題解決技法を身につけることができたか」と聞いたところ、「しっかり身につけていて、実践できる」が39％、「ある程度身につけたので、誰かの助けがあれば部分的に実践できる」が42％となり、すでに問題解決技法を一定以上習得しているビジネスパーソンが8割以上存在している様子がうかがえた（図1-1）。

加えて、「仕事の中で日常的に問題解決技法を使っているか」と質問したところ、「はい」が90％となった。企画系の業務に従事するビジネスパーソンの多くにとって、問題解決技法の活用が一般化していると言える（図1-2）。

役には立つ――　だが、プロジェクトは停滞する

ここまでで、問題解決技法が日本のビジネスシーンに着実に浸透してきていることは、明らかになったと言ってもよいのではないだろうか。実際に、ビジネスパーソンは問題解決技法が、自らのビジネスを前に進めるのに役に立つと思って活用している。

というのも「日常的に問題解決技法を使っている」と回答した人に対し、「問題解決技法はプロジェクトを進めるのに役立っているか」と問うたところ、「すべての問題解決において役に立っている」という回答が38％、「一部役に立っている」という回答が52％にのぼった（図1-3）。

だが、そんな役立つ技法を活用していても、進めているプロジェクトが停滞してしまうこともある、というのが実態だ。問題解決書籍を読んだだけでは、ビジネスシーンに次々と現れる複雑な問題は解決し切れない。

実際にビジネス現場では、「プロジェクトが思ったように進まない」「行き詰まってしまった」という事態に遭遇することは日常茶飯事である。我々がクライアントからコンサルティングの相談を受けるのは、プロジェクトが〝スタック〟している、まさにそんな場面だ。そして、経験上、プロジェクトが一度スタックしてしまうと、そこから立て直すのは、どんな優秀なビジネスパーソンにとっても非常に難易度が高い。

図1-1

問題解決技法を身につけることができたか

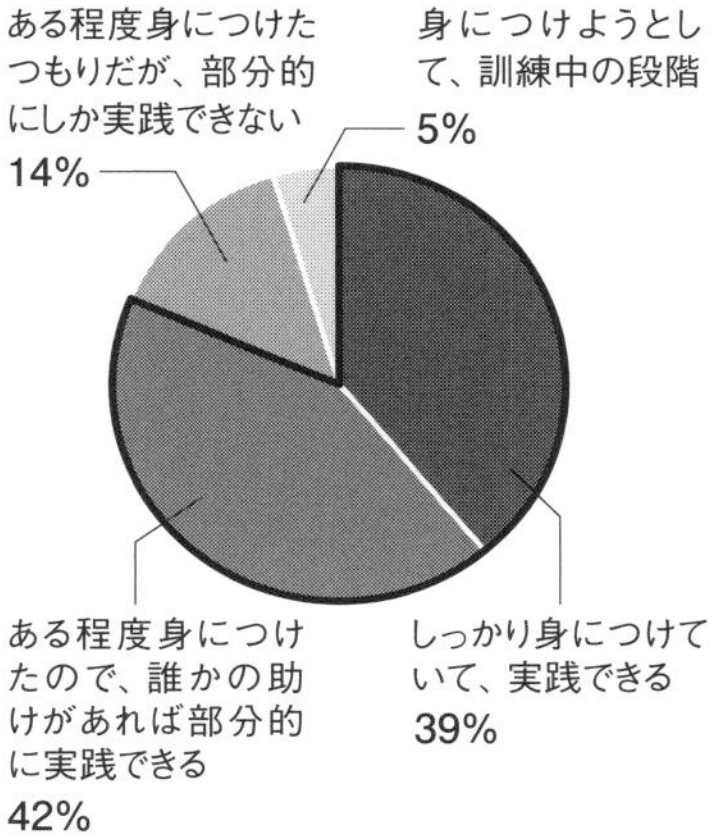
ある程度身につけたつもりだが、部分的にしか実践できない
14%
身につけようとして、訓練中の段階
5%
ある程度身につけたので、誰かの助けがあれば部分的に実践できる
42%
しっかり身につけていて、実践できる
39%

図1-2

仕事の中で日常的に問題解決技法を使っているか

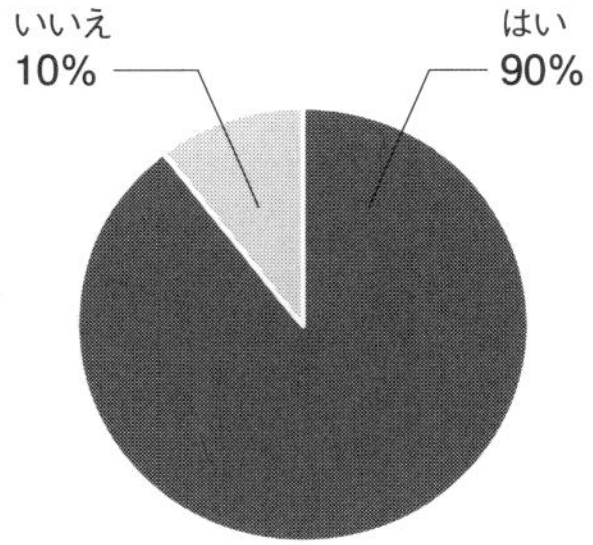
いいえ
10%
はい
90%

図1-3

問題解決技法はプロジェクトを進めるのに役立っているか

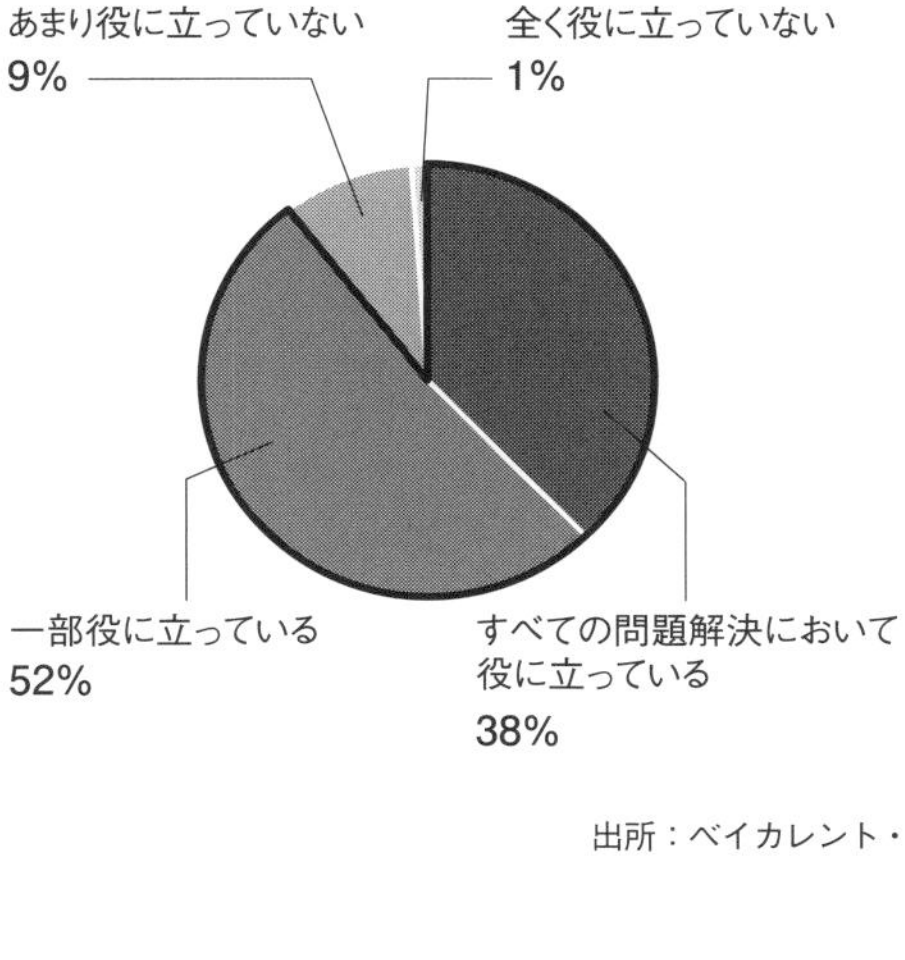
あまり役に立っていない
9%
全く役に立っていない
1%
一部役に立っている
52%
すべての問題解決において役に立っている
38%

N=100人

出所：ベイカレント・コンサルティング

図1-4

プロジェクトのスタックが解消されるきっかけを生むのは毎回同じような顔ぶれか

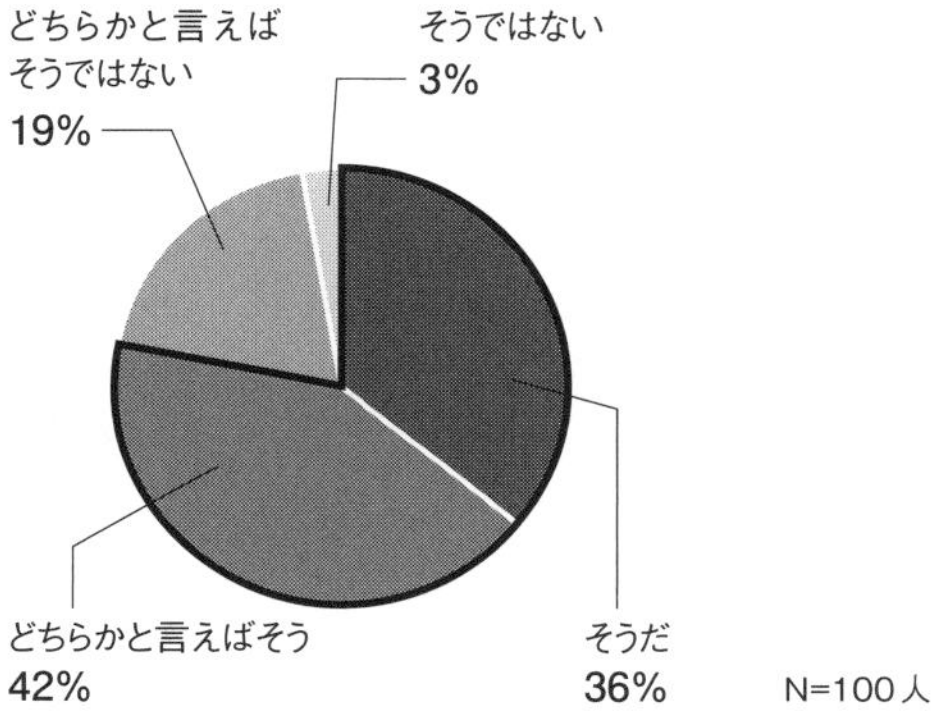
どちらかと言えば
そうではない
19%
そうではない
3%
どちらかと言えばそう
42%
そうだ
36%
N=100人

出所：ベイカレント・コンサルティング

ではなぜ、プロジェクトはスタックするのだろうか。

まずそもそも、プロジェクト開始当初に見据えていた論点や仮説が、ふさわしいものでないことは往々にしてある。また、企業を取り巻く環境は刻々と変化している。それに伴い、市場や経営者の関心事も変化する。そのため当初立てていた論点や仮説が、時間がたつにつれてふさわしくないものになることも多い。問題を本当に解決していくためには「核心に迫る論点」や「スジの良い仮説」を立てて、検討に臨む必要があるのにだ。これが、プロジェクトがスタックする理由だ。

では、こうしてプロジェクトがスタックしてしまったとき、行き詰まった状況を打破し、立て直す上でポイントになるのは何だろうか。

我々がこれまで関わったプロジェクトで、スタックした状況を打破したシーンを思い返してみると、中心的な役割を担う〝キーパーソン〟が存在したように思う。キーパーソンたちは、大胆な発想の下で、異なる角度から発言し、プロジェクトを力強く推進していた。そしてよくよく考えると、だいたい同じキーパーソンがブレークスルーの糸口を見いだしていたように思う。

今回行ったアンケート調査で、ビジネスパーソンたちにもその実態を質問してみた。「プロジェクトのスタックが解消されるきっかけを生むのは毎回同じような顔ぶれか」を尋ねたところ、「そうだ」「どちらかと言えばそう」が合わせて78%に達した（図1-4）。

プロジェクトがスタックしたとき、いつも解決に導くキーパーソンたちは、ブレークスルーを起こす前に何を考え、どんな行動をしているのだろうか。その言動を整理することが、問題解決技法を研ぎ澄ますことにつながるのではないだろうか。

1-2 鍵は「問い直す」こと

ブレークスルーを起こすキーパーソンがやっていること

アンケートでは、キーパーソンたちがスタックを解消するときに、どんなことをしているかを深掘りした。

そこから明らかになったのは、プロジェクトメンバーがつまずき、悩んでいるポイントとは異なる質問、場合によっては無関係にも思える質問をしていることだった。「各人が考えたことや、意思決定の経緯を質問して洗い直している」（60％）、「いろんなファクトを質問して洗い直している」（59％）といった内容だ（図1-5）。過去の意思決定や検討の経緯を確認し、スタックの原因がどこにあるのか、探ろうとしているように見える。

またこれに加えて、それまで検討していたことをひっくり返すような発言をしていることも分かった。「目的設定をガラッと変えている」（30％）、「論点をガラッと変えている」（27％）、「突拍子もない仮説を打ち出している」（14％）といったことである。

キーパーソンの言動は、それまで時間をかけて検討してきたものを問い直し、再考を迫るものが多い。他のメンバーは驚き、否定したい気持ちが芽生えることもある。だが、実際にその方向で進めていくと、スタックしていた状況が解消されることが多いのだ。後から振り返って考えたとき、結果的にそれが解決への近道であった体験をすることも、度々あるのではないだろうか。

では、キーパーソンたちがスタック解消のためにとっている言動には、どういう意味があるのかを考えてみよう。

キーパーソンたちは突然の思いつきで、これまでの方針とは異なる論点や、想定外の視点からの仮説を打ち出しているのではない。実際は頭の中で、緻密な思考を繰り返し、新たな論点や仮説を導き出している。

図1-5

キーパーソンたちがスタックを解消するとき、どんなことをしているか

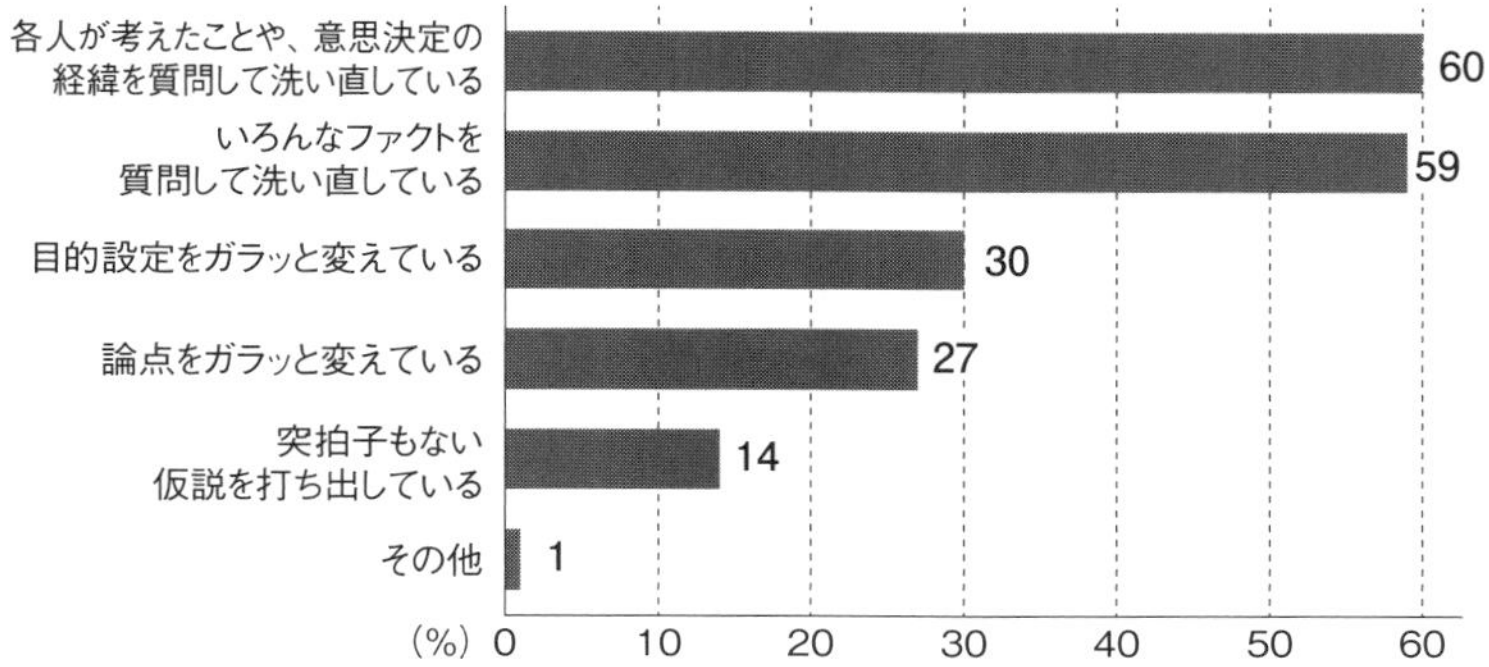

出所：ベイカレント・コンサルティング　N=100人

彼らが頭の中で繰り返し実践していることのうち、最も重要なポイントこそが「囚《とら》われ」からの解放だ。

「囚われ」からの解放とは何か

認知科学や行動経済学で研究されているように、人間の思考には「偏り」や「固定観念」が生じやすい。一度、前提を置くと、その前提を再考することが難しくなり、偏った思考から抜け出せなくなる。

これが「囚われ」だ。プロジェクトがスタックするときというのは、この「囚われ」から抜け出せず、新たな視点で論点や仮説を磨き込むことができない状態にある。

先ほどから述べているキーパーソンは、この状態を打破できる人たちだ。突破口を見いだし、プロジェクトのスタックを解消するキーパーソンたちは、過去の意思決定や検討に関連する情報を集めることで、他のメンバーたちが陥っている「囚われ」を見つけ出そうとしている。そして、見つけたその「囚われ」から脱することで、思考のブレークスルーを引き起こす。

キーパーソンの発言が、突拍子もないもののように感じるのは、キーパーソンがその発言をするとき、彼ら彼女らだけが、「囚われ」からすでに解放されている状態にあるからだ。「囚われ」から解放されたことで、キーパーソンたちはこれまで検討してきたものとは異なる視点の論点や仮説を打ち出すことができる。

「問い直し」を核に、「論点を研ぐ」技法を〝かたち〟にする

前述したように、問題解決技法を紹介するビジネス書はこれまでに多数刊行されている。それらを読み解き勉強すれば、誰でも表面上、「論点設定」や「仮説立案」を実践できるようにはなる。

だが、経営者や経験豊富なリーダーであっても、最初から「核心に迫る論点」や「スジの良い仮説」を立てることは容易ではない。立てた論点と仮説を見直し続けること、つまり「研ぐ」必要がある。しかし、一度立てた論点と仮説を「研ぐ」ことを「囚われ」が難しくする。だから、プロジェクトのスタックは頻発するし、陥ったスタックからもなかなか抜け出せない。そして、そのスタックしている状況が、論点と仮説を疑うこと、特にその前提から疑うことをさらに難しくする。

だからこそ、問題解決を実践している現場において、いまだ言語化されていない「前提を問い直し、核心を突く技術」を体系化し、「論点を研ぐ」技法に昇華させる意義があると考えている。これまで書籍などで紹介されてきた問題解決技法を見ても、プロジェクトのスタックを打破する「論点を研ぐ」技法については、十分語られていないのが実態ではないだろうか。

実際、今回行ったアンケートで、「プロジェクトがスタックしたときの対処法は、これまでの問題解決書籍で十分に語られていると思うか」を聞いたところ、「部分的に語られてはいるが、自力ではスタックを解消し切ることはできなかった」「あまり語られてきておらず、スタックの解消には寄与しなかった」と答えた人の合計が半数を超えた。プロジェクトがスタックしたときの対処法を習得できているという人は、少なかったのである（図1-6）。

これらの調査結果を受けて、我々は「論点を研ぐ」技法が、問題解決技法のさらなる進化につながること、そしてそれが日本企業の問題解決を前に進める原動力になりうることを確信した。

これまでビジネスの最前線において成果を出してきた人たちは、自らのビジネスセンスで「論点を研ぐ」行為を実践してきたのだと思う。本書では、ひらめきやセンスに極力頼ることのない形で、「前提を問い直し、核心を突く技術」を追い求めていく。

技法の構築に当たっては、我々が実際のプロジェクトの現場でクライアントと共に粘り強く論点と仮説の問い直しを実行してきた経験を最も大切にしようと思う。実際に積み重ねた試行

図1-6

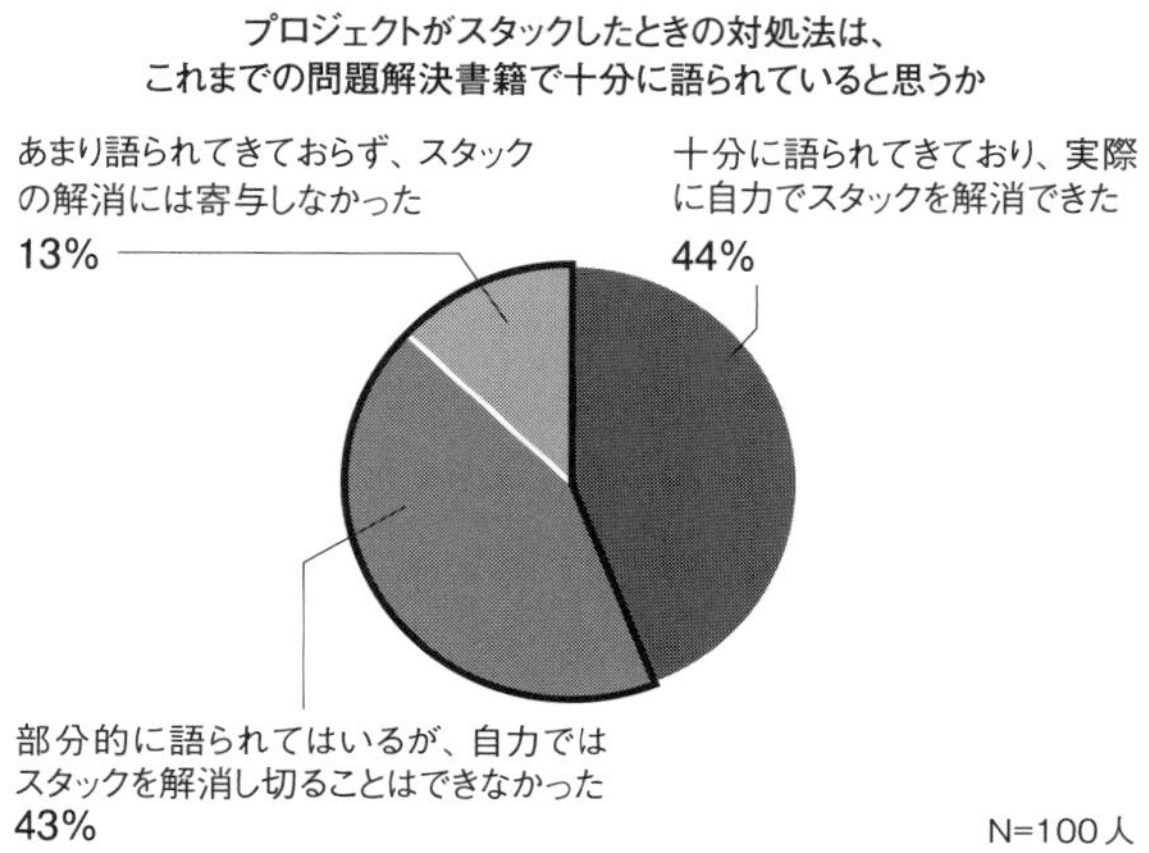
プロジェクトがスタックしたときの対処法は、
これまでの問題解決書籍で十分に語られていると思うか
あまり語られてきておらず、スタックの解消には寄与しなかった
13%
十分に語られてきており、実際に自力でスタックを解消できた
44%
部分的に語られてはいるが、自力ではスタックを解消し切ることはできなかった
43%
N=100人

出所：ベイカレント・コンサルティング

錯誤の中にこそ、本質があると信じるからだ。

一方で、社会には「戦略家」と呼んでも過言ではない、戦略立案と問題解決の能力がずば抜けている方たちがいる。そのような戦略家からも多くを学びたい。我々自身が積み重ねた試行錯誤に、戦略家からの学びを融合させることで、「論点を研ぐ」技法ははじめて形になる。

次のパートでは3人の「戦略家」に、「私の『論点の研ぎ方』」と題し、それぞれの思考のあり方を聞く。日立製作所、ソニーグループ、味の素。日本を代表するリーディングカンパニーである3社において、戦略家はどう腕を振るっているのか。「論点を研ぐ」ためのヒントを解き明かしていきたい。

戦略家に聞く

私の「論点の研ぎ方」

日立製作所

「相対化」で「次のイノベーション」を常に追い求める

マーケットとの対話で得た情報をもとに「帰納」で前提を壊せ

日立製作所
執行役専務 CSO兼戦略企画本部長
森田 守氏

（写真：北山宏一）

森田守氏は1983年に日立製作所日立工場原価管理部門に入社し、事業開発室室長や日立グローバルストレージテクノロジーズVice Presidentなどを経て、2015年に戦略企画本部長に就任。グループ全体の戦略立案を担う。「次のイノベーション」を常に追い求めるカルチャーを持つ日立にとって、戦略とは、社会や人のために、テクノロジーを次にどう生かすかを考えること。森田氏は「もっと良いものが提供できるはず」「次のイノベーションを起こしたい」という思いを実現するには、今の状況を俯瞰《ふかん》して捉えるために「一歩引いて見る」ことが大事という。「相対化」とも言えるこのキーワードを掘り下げることで、日立を日立たらしめる、その思考法に迫る。

「次のイノベーション」を常に追い求める日立のカルチャー

――この書籍は、戦略立案や問題解決に挑む際の「論点の研ぎ方」をテーマとしています。日立グループ全体の戦略立案を担う森田さんからは、日立における戦略立案の肝を伺いたいと思います。その肝をきちんと理解するために、まずはそもそも日立とはどういう会社なのか、日立にとっての戦略とは何なのかから、お話に入らせていただけますか。

森田 日立製作所の創業は明治時代にさかのぼります。欧米列強のテクノロジーになんとか追いつこうと模索していた時代背景の中、会社の立ち上げ方は大きく2種類ありました。スタートアップを立ち上げ、試行錯誤しながら自分たちで独自に事業をつくろうとした会社。もしくは、欧米企業と手を組み、ライセンスを得て事業を立ち上げた会社の2種類です。日立は前者です。自分たちが開発したテクノロジーをベースに、イノベーションをなんとか生み出そうとし、事業をつくり出してきました。そういうテクノロジーオリエンテッド（技術志向）な会社のキャラクターは、今も色濃く残っています。

日立は、そのときに会社が持っているケイパビリティー（組織能力）やテクノロジーを、次の新しい領域に使おうと考える会社です。例えば、かつて日立は、オールトランジスタのカラーテレビを日本で初めて製品化し、大いに収益を上げた時期があります。そして、その資金を、新たに半導体事業や情報システム事業を創出することにつぎ込みました。まさに「この木なんの木」でおなじみの日立のコマーシャルソング「日立の樹《き》」の歌詞の通り、「見たこともない花が咲くでしょう」です。日立グループの総合力を生かし、より良い社会のために「次にどんなイノベーションを起こすか」を常に考えるのが、日立のカルチャーです。

もちろん、事業部の人たちは、今手掛けている事業が競合に打ち勝てるよう、目標を設定し、収益や投資を管理しながら必死にオペレーションしています。そしてそれぞれの事業は、ある事業領域で結果を出すと、次に行きたくなる。テクノロジーの目線で「次」を見つけ、「次」がやりたくなるのです。

――そういう日立にとって、戦略とは何でしょうか。

森田 自分たちが持っているケイパビリティーとテクノロジーを使って、次はどこで、どのように社会の役に立てるのかを見つけることが戦略で、現在はOT（制御・運用技術）とITをつなぐ社会イノベーション事業でこれを実現しています。

常に社会に役立つことを求め、事業を「相対化」し続けてきた

――役に立つことを見つける際には、何をポイントとしていますか。

森田 基準と方法論の2つの切り口で説明しましょう。

我々はテクノロジーが社会をより良くし、人を幸せにすると信じています。それが本当に実現できるのか。これが、我々が「次」の事業領域を定める基準です。

例えば、戦後間もない時期の日本には上水道がなく、ポンプで井戸水をくみ上げていたので、自動でくみ上げられる電動モーターの事業を拡大しました。高度経済成長期には、核家族の家庭生活向上に貢献するため、洗濯機や掃除機などの家庭電化事業に取り組みます。また、人々の生活が落ち着いてくると、エンターテインメントが求められるようになったため、カラーテレビの事業に手をつけました。そして、エネルギー不足が懸念されるようになると、出力が高く効率の良い大型発電所を取り扱い、1964年の東京オリンピック前には、人々が安全に、

日立製作所 執行役専務 CSO兼戦略企画本部長の森田守氏（写真：北山宏一）

簡便に、速く移動できるよう、列車の運行管理システムや座席予約システムを提供するようになりました。常に社会に良いこと、人を幸せにすることを実現できるのかを、事業領域を定める基準としてきたのだと思います。

方法論に関しては、我々のお客様を通じて、「社会や個人が対価を払ってもよいと考える領域はどこか」を見つけ出すようにしており、社会とお客様がテクノロジーの使い方を導いてくれると思います。

我々のビジネスはBtoBが中心ですが、お客様のことを理解するためにはその企業に聞くだけでは足りないので、その先のエンドユーザーである企業や消費者のことも理解するように努めます。例えば、金融機関に対してシステムを提供する際には、預金者である消費者や決済する事業者が、どのように資金を動かそうとしているかを理解します。それが、社会の役に立つイノベーションを生み出すには不可欠なのです。

――常に、社会や人のために、テクノロジーを「次」にどう生かすかを考えることが戦略立案の肝になっているのですね。

森田 日立の各事業は常に「もっと良いものが提供できるはず」「次のイノベーションを起こしたい」と考えています。私はこれを「一歩引いてみる」と表現しています。

――「一歩引いてみる」というのは、「相対化」とも言えますね。どのような意味合いか、もう少し詳しく説明していただけますか。

森田 「相対化」の反対は「絶対化」です。今の主力事業を絶対化すると、次の主力事業を産み出すことやイノベーションが難しくなると思います。例えば、デジタルや生成ＡＩ（人工知能）によって事業環境は瞬く間に変わります。これに絶対的な主力事業を中心に対応することは良いとは思えません。

日立の場合は、そういう局面に迫られることは少なかったと思います。「この事業がコア事業」「この事業が絶対」とはなっていないからです。これまで、日立全体を「モーターをつくる会社」「コンピューターをつくる会社」「半導体をつくる会社」と定義づけたことはなかったと思います。「半導体をつくることが我々のミッション」と考えたこともありません。常に「相対化」して「次のイノベーションは何か」と考えているので、環境変化に迫られて「次を探さなくては」と後追いにならないのです。

前提の正誤はマーケットが教えてくれる

――「絶対化」することなく、「相対化」し続ける上で大切なことは何でしょうか。戦略を立案する際には、バイアスがかかったり、前提に囚われたりしがちです。その解消も必要だと思いますが、いかがですか。

森田 事業に取り組んでいると、誰でもバイアスがかかったり、前提に囚われたりすると思います。事業を運営していく上での意思決定のほとんどは、バイアスや凝り固まった前提がベースになってしまっているのではないでしょうか。その前提が合っている場合もあれば、合っていない場合もあるので、確認する作業が必要です。

それを教えてくれるのはマーケットです。マーケットというのはお客様であり、その先のエンドユーザーです。お客様が物流会社であれば、その会社を利用する事業者や消費者。お客様が鉄道会社であれば、電車に乗る利用者です。

机上で考えると、自分の知識や思い込み、成功体験の範囲から抜け出た発想をすることはできません。そして、そんな発想から描いたニーズは、だいたいは合っていません。「社会や個人が何に対して対価を払いたいか」、その声を直接聞くことが、バイアスと前提の打破につながると思います。

もう1つ、マクロの環境を押さえることも重要です。スタートアップの動きやベンチャーキャピタルの資金の流れを見たり、企業の発表や学会などを確認したりするのです。これらは、主に研究開発部門と一緒にやっています。

この2つを掛け合わせることが、「次に手掛けるのはこの事業」と、発想を飛ばす手助けになります。

――お客様と対話し、「何が求められているか」を確認する際に意識すべきことはありますか。

森田　「お客様を理解したい」「お客様の役に立ちたい」というマインドを持つことです。鉄道の乗客は今、何に困っているのか。それを理解し、「なんとかしよう」と考える人間が、次なるイノベーションを生み出します。結局、それは我々の売り上げや利益に結びつきます。

日立は2015年に、研究開発部門を3つに分けました。3つのうちの1つは基礎研究に携わる部門、もう1つは技術開発をする部門、最後の1つを事業部門と一緒にお客様の声に触れる部門としました。

以前から、営業部や事業部の人間が、お客様から「困っている」という話を聞くと、研究所の人間を連れて行って解決しようと動くことがありましたが、研究開発部門を分割することで、それを組織化しました。言ってみれば、「相対化」を組織的に実現できるようにしたのです。その後、さらに組織再編を進める中でも、お客様の声に触れられる体制としています。

演繹《えき》だけでなく帰納をせよ

――我々コンサルタントも、クライアントやその先のお客様の生の声を、いろいろな場面で耳にします。今のお話を聞いて、我々が前提を打破できる瞬間とは、そうやって知らず知らずのうちに蓄積された生の声が、ある見解やアクションを前にして「何か変だ」という違和感を抱かせるときに訪れるのかなと。その違和感を契機にピンときて、凝り固まった前提から抜け出せているのだと感じました。

森田　私は自分で考えるときには「演繹」だけではなく「帰納」も意識するようにしていますし、社内の人ともよくこのことを話題にします。演繹法では、前提条件を置き、そこに事実を当てはめて理屈で考えます。戦略立案や意思決定において演繹だけすると、間違えることも多く、あまり良い結果にならないこともありました。たくさんの事実を見て、共通点を見いだし、結論を導き出す帰納法の方が良かったのです。両方の方法をやってみることが重要だと思って

聞き手を務めた、ベイカレント・コンサルティング常務執行役員の則武譲二（写真：北山宏一）

います。その際に重要なのがエクスペリエンス（経験）です。

——どういう経験を積むと帰納の力を高めることができるでしょうか。

森田　お客様の声を聞いて、実際にプロダクトをつくる。イノベーションを生み出す。そういう経験が必要でしょう。日立の場合でいうと、事業部の中の開発業務や、営業部の中の提案業務などで、経験を積むことができます。通常のオペレーションの中で、帰納の経験を積む機会はたくさんあると思います。

「次」に進む際には、やめるべきものもある

——日立は以前、巨額赤字を計上する経営危機に直面した時期がありました。その後、事業のポートフォリオを大きく組み替える構造改革を断行し、再生を果たしました。当時を振り返ると、「相対化」の力が落ちていたのでしょうか。

森田 「次」への動き方を誤ったのだと思います。それまで、我々の持つテクノロジーを使い、家電、産業用機械、情報システム、発電所、新幹線など、社会にも人にもベネフィットがあると思う事業は何でもやっていました。

ところが事業を広げすぎて、次のイノベーションを起こすのが難しくなり、業績が低迷しました。「次」に行くためには、やめるべきものがあったということです。

ポートフォリオを入れ替える構造改革によって、自分たちが手掛ける事業を、最も価値を創出できる領域、すなわちIT、OT、プロダクトを統合してお客様や社会の課題を解決する「社会イノベーション事業」に絞りました。社会イノベーションに集中することで、もう一度「一歩引いて考える力」、すなわちイノベーションを生む力を取り戻そうとしたのです。「この木なんの木」の花が、しっかりと咲く会社にしようとしました。

当時の社長だった中西宏明が描いた青写真をもとに、同じ方向を向いて取り組んできて現在があると思います。ただ、日立という会社のキャラクターは変わっていないので、次に行きた

くなってしまい、今も量子コンピューターなど、次を見据えた研究開発に取り組んでいます。

――戦略には間違いがつきものです。バリューを創出できる、お客様の役に立てると考えたものの、実態は違うということもあり得ます。やってみて変えるということも大切でしょうか。

森田 企業のビジネスパーソンは誰でも、比較優位を常に追求しています。他の企業よりも、我々の方が上手に効率よく提供できるならば、まずは始めてみる。立ち上がらなかったら早いうちにやめる。そのサイクルを早くすることで、次々と変わっていくイノベーションが生まれます。全社の経営戦略や中期経営計画も、ダメだと思えば、途中でも迅速に変えます。

実は日立の場合、事業を早く始めすぎたため、マーケットがまだ立ち上がらず、事業収益が拡大せずにやめてしまうというケースが全体の3分の1ぐらいありました。後から、その市場が大きくなると、「なんでやめてしまったのか」となることもありますが、それはイノベーションを選好した結果だと思っています。

マーケットを逃すのは惜しくはありますが、「次」に挑み続けるためのイノベーションの方を大切にしたいと思います。

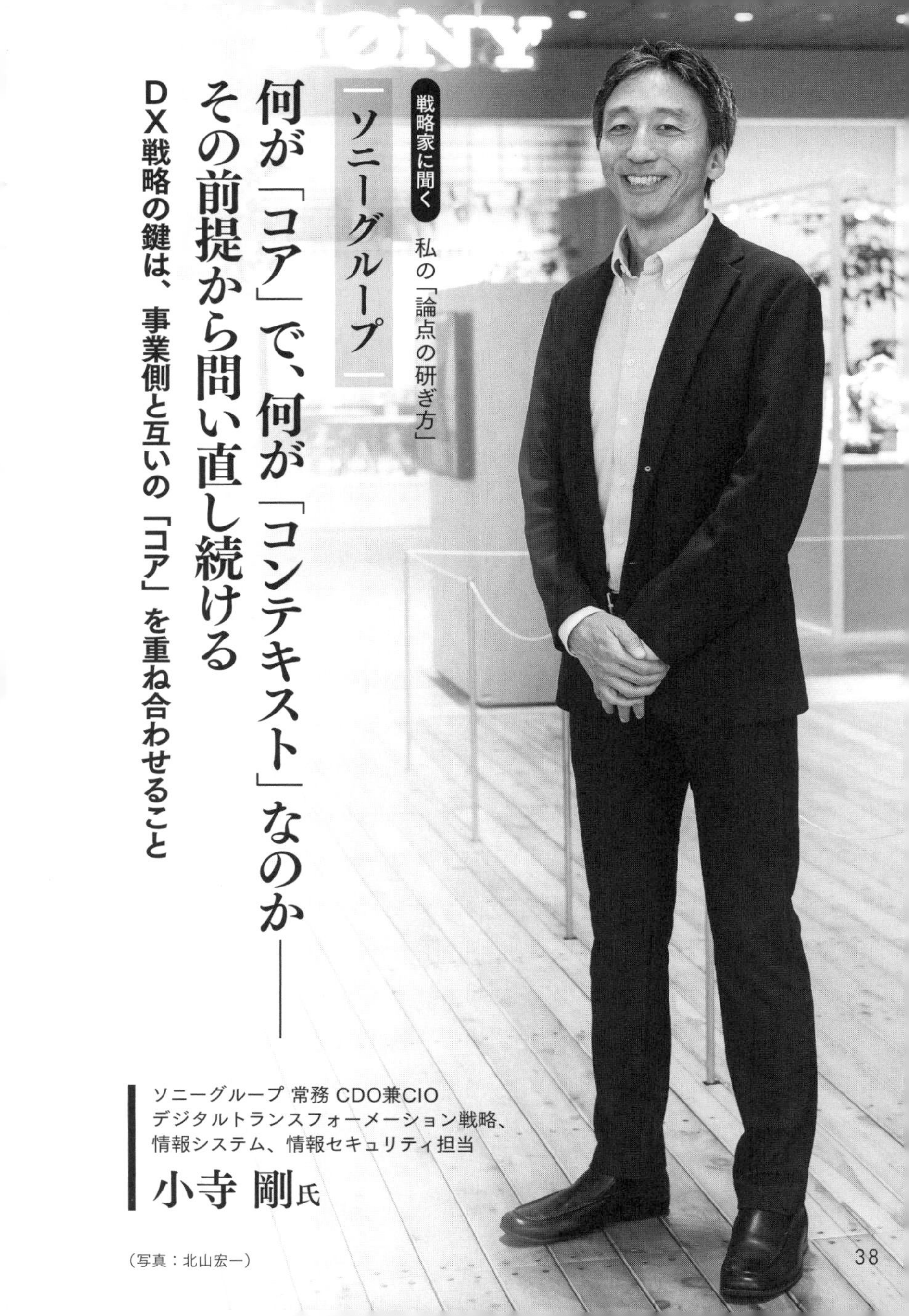

戦略家に聞く

私の「論点の研ぎ方」

ソニーグループ

何が「コア」で、何が「コンテキスト」なのか——その前提から問い直し続ける

DX戦略の鍵は、事業側と互いの「コア」を重ね合わせること

ソニーグループ 常務 CDO兼CIO
デジタルトランスフォーメーション戦略、
情報システム、情報セキュリティ担当

小寺 剛氏

（写真：北山宏一）

小寺剛氏の歩みは、時代の変遷と共にあったと言っても過言ではない。PlayStation Network（プレイステーションネットワーク）成長の功労者であり、現在は、CDO（最高デジタル責任者）とCIO（最高情報責任者）として、グループ全体のDX戦略を推進する。そんな小寺氏が重視する戦略概念が、「コア」と「コンテキスト」だ。そして、変化が激しい時代だからこそ、「コア」とその前提を問い直し続けることが重要だと言う。この戦略概念と問い直しの意味合いを、DX戦略の内容と、PlayStation Networkの立ち上げ過程から明らかにする。

DXプラットフォームを整備し、ビジネスイネーブラーになる

――ソニーグループ（以下、ソニー）はグローバルで幅広い事業を展開しています。これまでどのような分野でご活躍されてきたのか教えてください。

小寺 私は1992年に入社して30年以上、ソニーで働いてきました。幸運なことに、時代やテクノロジーの変遷のど真ん中を歩む形で様々な役割を担う機会を得てきました。

最初はウォークマンなどを含むポータブルオーディオ系商品カテゴリーの経営企画を担当していましたが、インターネットの普及に伴って、IoTデバイスや、VAIOの担当へとシフトしました。その後はさらに、こうした「つながるデバイス」に欠かせないコンテンツやサー

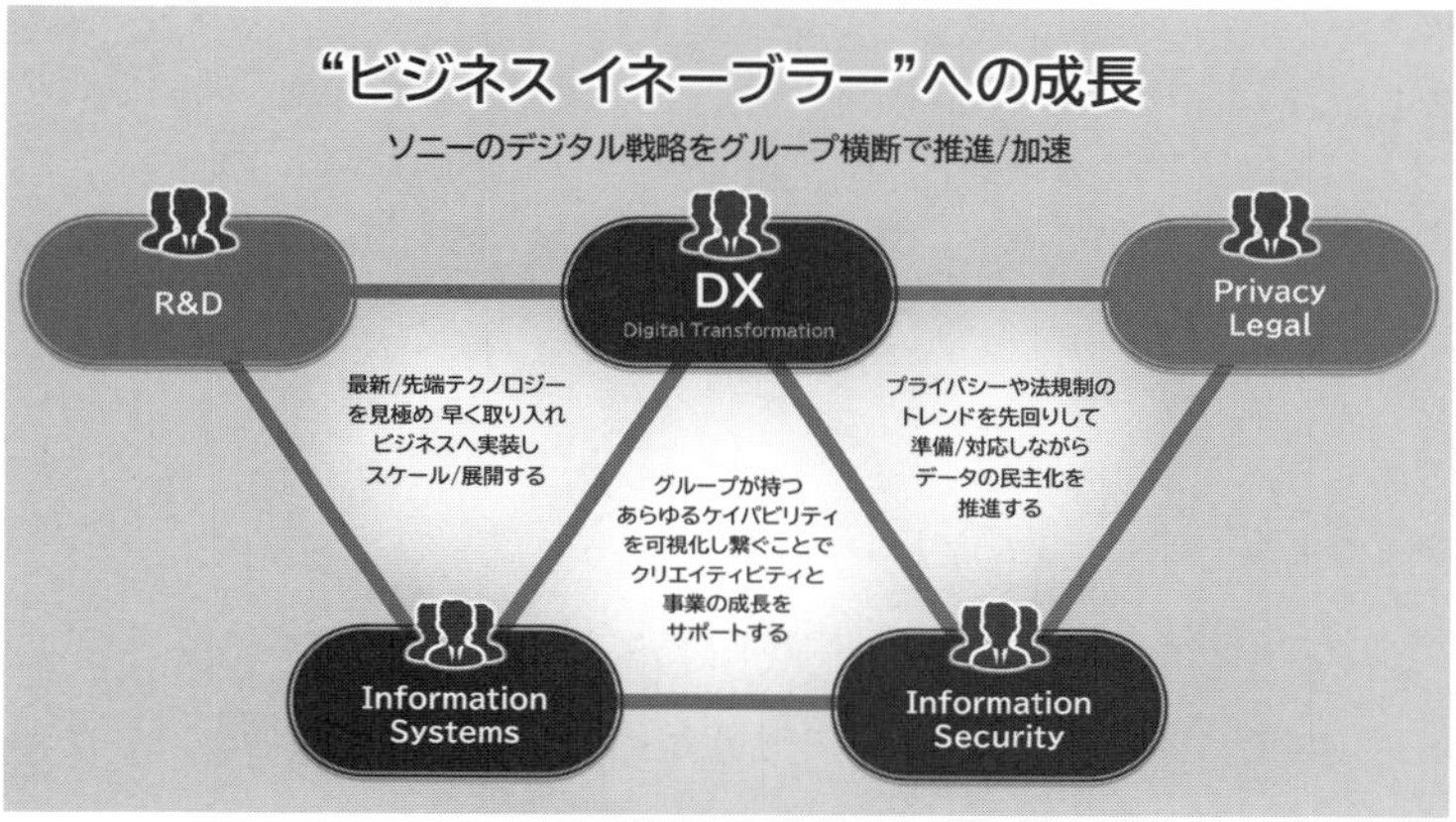
"ビジネス イネーブラー"への成長
ソニーのデジタル戦略をグループ横断で推進/加速
R&D
DX
Digital Transformation
Privacy
Legal
最新/先端テクノロジーを見極め 早く取り入れビジネスへ実装しスケール/展開する
グループが持つあらゆるケイパビリティを可視化し繋ぐことでクリエイティビティと事業の成長をサポートする
プライバシーや法規制のトレンドを先回りして準備/対応しながらデータの民主化を推進する
Information Systems
Information Security

ソニーグループのDX戦略の概要（同社提供）

ビスへと担当が広がりました。

　2010年以降は、ネットワーク事業を皮切りにプレイステーション事業に携わり、最後は「PlayStation 5」の製品化に携わりました。2019年からは、同時に本社のデジタルトランスフォーメーション（DX）戦略の担当役員を兼務し、現在は事業から離れ、CDO（最高デジタル責任者）とCIO（最高情報責任者）を務めています。

――今、取り組んでいるDX戦略は具体的にどのようなものですか。

小寺　「ビジネスイネーブラーになる」が大方針です。ここで言うイネーブラーは、ソニーらしさとも言える価値創出や、新事業・サービスの立ち上げを加速させるものと捉えてください。

　ビジネスイネーブラー化に向けて、5つの機

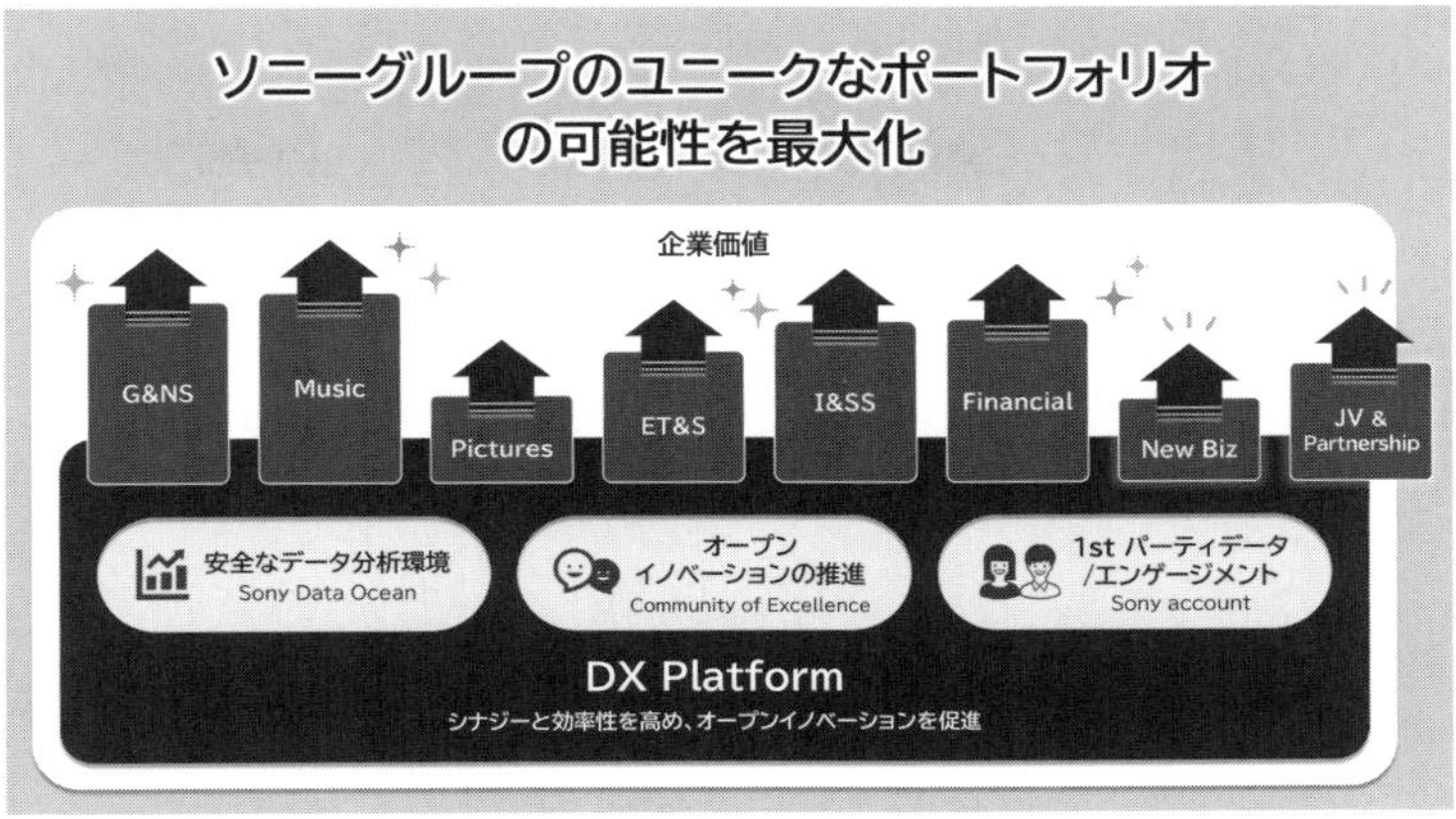

ソニーグループの「DX Platform」の概要（同社提供）

能で、3つの活動を推進しています。5つの機能は、私が担当している「DX戦略、情報システム、情報セキュリティ」に、R&Dとプライバシー／リーガルを加えたものです。そして3つの活動とは、「ケイパビリティーの可視化とつなぎ合わせ」「最先端テクノロジーのビジネス実装とスケール」「データの民主化の推進」を指します。

この3つの活動を、ソニーの事業ポートフォリオを横断的に支えるものとして昇華させたのが、「DXプラットフォーム」です。

――「ビジネスイネーブラーになる」というのは、DX部門の目指す姿だと思います。それを具現化するための「DXプラットフォーム」について、詳しく伺いたいです。

小寺　では、ソニーの事業ポートフォリオの可能性を最大化する上で、我々が重視していることから、お話しさせてください。

まずは、「群として戦う」ということ。各事業の強みを磨いて成長することはもちろん必要ですが、グループとしてシナジーを効かせ、おのおのの強みの一層の強化や、新たな付加価値の創出を果たしてこそ、複数事業を有している価値が発揮されます。

次に重視しているのが、群としての強みを増幅するための「テクノロジーの活用」です。そして、これを形にしたものが、「DXプラットフォーム」です。DXプラットフォームは、3つから構成されます。

1つ目は、「Sony Data Ocean」（データの流通・分析基盤）です。データで事業に横串を通すには、各社が安心安全な環境でデータを交換しながら分析を行えるようにすることが必要です。2つ目は、お客様とのエンゲージメントを強化する「ファーストパーティーデータ／共通ID認証基盤」。ファーストパーティーデータを獲得するためには、お客様接点の入り口において共通ID認証が不可欠です。最後は、「オープンイノベーションの推進」。テクノロジー知見を持つ人と人をグループワイドでつなぎ合わせて、事業成長機会の模索と顧客エンゲージメント強化を加速させています。年3回程度、グループのDX関係者が一堂に会すDXフォーラムはその一例です。

これが「DXプラットフォーム」の全体像です。

何が「コア」で、何が「コンテキスト」なのか

――多様な事業ポートフォリオを持つ企業におけるDX戦略として、そしてソニーらしさを発揮するための基盤として、DXプラットフォームは非常に的を射ていると思います。そんなDX戦略の立案や実行は、非常に難易度の高い取り組みです。小寺さんは戦略を練ったり、実行過程で発生する課題を解決したりしていく上で、何を重視していますか。

小寺 ソニーは多様な事業を展開していますが、事業特性はそれぞれ異なるため、戦略立案のポイントも異なってきます。一方で、事業共通で有効な戦略概念があります。それが、私が重視している概念であり、言葉としてもよく使っている「コア」と「コンテキスト」です。

コアは差異化を図り、競争力につなげ、事業としてもスケールできるような部分のことです。ソニーの将来を考えた上で、投資するに足るものとも言えます。一方、コンテキストは各事業にとって必要ではあるけれど、それ自体が競争力や差異化の源泉にはならない、もしくは、なりにくいもののことです。私が担当しているデータ基盤や認証基盤などは、事業側から見ればコンテキストです。

この「コア」と「コンテキスト」をしっかり区別して考えることが大切です。新しい試みや投資をするときに、これは本当にコアと位置づけるべき活動なのか、それとも、コンテキストと位置づける活動なのかを検討します。投資の規模や求めるものが違ってきますから。0か

ら1を作るとか、1から10、100、1000に持っていくような事業はコアとして新たに投資する必要があります。一方、コンテキストの場合、効率化を図ることで再投資できないかという視点も重要です。

――何が「コア」で、何が「コンテキスト」か。しっかりと見分けて戦略を練ることや、課題解決に当たることが重要と理解しました。ただ、コアだと思っていたことが、外部環境の変化などでコアとは言えなくなるということも起きると思います。コアの見定めはどのようにされていますか。

小寺 そうですね。見定める上で「問いかけ」は有効だと考えています。例えば、新事業の立ち上げに情熱を持って取り組んでいる人がいたとします。その人が、新事業に必要なすべてのものを自分でつくり上げたいと言っている。そんなとき、私はこう問いかけます。「やりたいことの核心となるケイパビリティーは何ですか?」次に、核心なのか曖昧な部分について、こう問います。「曖昧な部分のインフラをゼロから用意する必要がありますか?」その過程で、コアとコンテキストが分けられていきます。そして、コンテキストの部分には、既存のケイパビリティーを流用するなり移植するという発想がおのずと出てきます。

また、コアだと考えて走り始めたものの、しばらくして見込み違いではないか、ということも、もちろんあります。どうも最初の想定と違うなとか、マーケットが思ったより実は大きく

ソニーグループ 常務CDO兼CIOの小寺剛氏（写真：北山宏一）

ないんじゃないかとか、狙った顧客がそこにいなかったというようなことですね。

「何がコアなのか？」「コアだと考える根拠は妥当なのか？」こうした問いかけは、事業を始めてからも続ける必要があると考えています。

――コンテキストについて伺います。コアとそうではない部分、いわゆる「ノンコア」の見極めとは別の世界として、コンテキストの見極めがあると思います。その場合、何がコンテキストなのかをどのように判別していけばよいのでしょうか。

小寺　私なりの解釈ですが、「ノンコアであれば、もう関わる必要はないはずだ」と見なします。そこに無駄な経営資源を割くべきではなく、戦略立案の過程で排除すべきものです。一方、コンテキストはそれ自身が競争力や差異化にはつながりませんが、事業を運営して拡大するためには絶対に必要なケイパビリティーだと考えます。

コンテキストだと判別できたとして、その上でポイントとなるのが、自社でやることに価値があるのか、それとも外部に切り出した方が、よりコアに注力できる、より効率化できるなどの利点があるのかといった判断です。

事業とDX　両者にとって「コア」であるデータが、ビジネスイネーブラー化の鍵

小寺　コアは各事業の強みをより一層磨いて成長につなげる部分が多いのですが、コンテキストは各事業が共通して同じものを有している場合も多い。その場合は、共通の課題に対する打ち手を検討し、実装することで、投資効率を上げることができます。先ほども挙げたデータ基盤や認証基盤などは、多くの事業におけるコンテキストと言えるでしょう。

――各事業にとってのコンテキストが、DXプラットフォームのような事業共通機能の立ち位置から見ればコアになっている。この関係性は重要ではありますが、ともすれば、事業共通機能が、単なる「コンテキストアウトソーサー」となりかねない。そうではなく、「ビジネス

イネーブラー」となるためには、事業側、共通機能側、双方にとって「コア」となる部分も必要なのではないでしょうか。

小寺 そこに着目することは、素晴らしいポイントだと思います。DXプラットフォームの一部であるデータ基盤、認証基盤は、各事業の目線ではコンテキストです。

一方、そこで共有されるデータは、両者、ひいてはソニーグループ全体にとって「コア」だと言えます。データは無形のものですが、グループ内で流通させ、分析から示唆を導出したり、効率化につながる自動化を実現したり、様々な価値に変換できます。その意味で、データはコア中のコアとも言え、さらにそれを事業側、共通機能側双方が「コア」と認識しているからこそ、我々DX機能がビジネスイネーブラーとなれるのです。

SNEIでの苦しみを乗り越え、戦略概念を磨いた

――コアとコンテキストという概念は、長年のキャリアの中で、どのように培われたのでしょうか。

小寺 成功事例があって学んだというよりは、これまでいろいろなチャレンジを乗り越える過程で、私だけでなく仲間と共に学んできました。ソニー・ネットワークエンタテインメントインターナショナル（SNEI）注）という事業会社の設立に2010年、携わったときの経験

注）2016年にソニー・コンピュータエンタテインメントと統合し、現在のソニー・インタラクティブエンタテインメントに至る。

を踏まえてお話しします。同社はプレイステーションのネットワーク化を背景に設立しました。ネットにつながる機器が増える中、ゲームだけではなく音楽やビデオなどのコンテンツを配信する共通のネットワークを整備し、事業化していくのが狙いでした。

当初、このネットワークはすべて自前でサーバーも自社保有し、運用していました。ゲームなどのコンテンツ配信・販売プラットフォームやアプリケーションを開発しながら、ネットワークの開発・運用も自前でした。設立当初でまだ会社の規模が小さかったにもかかわらず、各商品群のロードマップを着実に実施しながら、顧客体験の提供からシステムの運用まですべて自前でやらなければなりませんでした。そのため、スキルがない、人も足りないお金も足りないというような状況になって、非常に苦しい時期がしばらく続きました。

「まんべんなくなんでも手がけようとすると、事業のけん引力が生み出せず拡大もままならない」との思いが募り、その後、私も一瞬立ち止まって、「顧客エンゲージメントを広げるための私たちの一番の強みは何か?」と、みんなで議論することにしました。議論を重ねながら帰結した答えがやはり「プレイステーションのゲーム」でした。ゲームユーザーのグローバルコミュニティーはすでに存在し、そのコミュニティーはゲームを求めていますから、そこを起点にサービスに価値を付加していくという視点に切り替えました。

音楽やビデオはゲームを期待しているユーザーにとってはあくまで追加的な要素ですので、例えば、「ゲームをしながら音楽を聴きたい」というような要望に応えるなど、「ゲーム体験を

聞き手を務めた、ベイカレント・コンサルティング常務執行役員の則武譲二（写真：北山宏一）

豊かにする」という視点に変えました。

その視点で考えれば、音楽配信などのネットワーク事業のすべてを自社でやらずに、ゲームとのインテグレーションを図るところに注力する。それ以外は外部委託し、強いプレーヤーと組んだ方が価値を最大化できます。例えば、音楽配信ではまず世界大手のスポティファイと連携しました。自社のサービスに対する投資や負担の軽減を図りつつ、実は顧客にとってもより一層良い体験になっていきます。ゲームに注力したことでクラウドベースのストリーミングテレビのサービスがコアにならないことにも気がつきました。当初、個人的にも魅力を感じていた事業だったのですが、本社のトップを含め議論を重ね、最終的には撤退を決めました。

こうした苦い経験を通してコアとコンテキストを改めて再認識し、事業をピボット（方向転換）することを積み重ねてきた結果、コアとコンテキストという戦略上の視点を培ってきたということだと思います。

ＶＵＣＡ時代、「前提は常に変わるもの、問い直すべきもの」だと捉えよ

――今までの延長線上ではなくブレークスルーするための出発点として、暗黙の「前提」を意識する必要性には同意いただけると思います。そして、この前提が最初から実は違っていて悪い方向に進んでしまったり、最初は良かったが外部環境の変化でその前提が通用しなくなってしまったりすることがある点にも共感いただけるのではないでしょうか。お話の中で、コアを問い続けることの重要性にも触れておられましたが、これはもう少し一般化すれば「前提を問い直す」とも言えるのではないかと思いました。前提を問い直すことの重要性や、お話との共通点について、どのようにお考えでしょうか。

小寺　今、世界はＶＵＣＡ（ブーカ＝変動性・不確実性・複雑性・曖昧性）の時代と言われ、私も社内でよくこの言葉を使っていますが、地政学リスクや環境などにとどまらず、テクノロ

ジー自体にも当てはまると考えています。例えば2023年、突然、生成AIが世界的に話題となり、利活用の話が急激に加速しました。顧客の嗜好やトレンドもダイナミックに変わる世の中ですので、何が「前提」となっているのかを、定期的に問い直すことはとても重要だと思っています。

一度、前提を作ると多くの人はそれを真面目に守ろうとします。「当初の前提はこうだった」という考えに、疑いもなく縛られてしまう傾向があります。ですから「前提は常に変わるもの」だと捉えることが必要です。そうすれば、おのずと継続的に前提を見つめ直すようになり、戦略的にピボットできるかどうかの判断が早くできます。

ピボットが早ければ早いほど、事業経営継続のリスク低減になるだけでなく、先々、事業をけん引し拡大する機会も広がりますので、前提に対するこの考え方はますます重要になっています。

何がコアなのか、何がコンテキストなのか。その前提となっていることは何で、今も妥当と言えるのか。それを問い直し続けることが不可欠という意味で、コアとコンテキストへの問いかけと、前提の問い直しには深い関係があると思います。

――前提を問い直してピボットする上では、何がポイントとなるのでしょうか。

小寺 ピボットを起こすためには、ピボットしやすいビジネス・アーキテクチャーやテクノロジー・アーキテクチャーが大切になります。そこを突き詰めて考えると、やはりコアが重要になってきます。先ほどコアは変わりうるものと言いましたが、コアには重要な別の側面もあります。「立ち返る場所」でもあるのです。ピボットにあたって、「立ち返る場所」があると、戦略や施策の軌道修正がしやすくなります。

物事がうまく進まないとき、ゼロから考え直すのではなく、核心であるコアに、いったん自分を引き戻してみるのです。コアが明確であれば、コアの中で何を守り、何を変えていくべきかも考えやすく、ピボットも的確になるのです。

味の素

問題解決力の源泉は「コミュニケーション」と「クリエーティビティー」

生きた情報を取り、場数が培う新たな視点で事業アイデアを生み出せ

味の素 執行理事
コーポレート本部R&B企画部長
榛葉 信久氏

（写真：北山宏一）

榛葉信久氏は研究開発に携わった後、新事業開発担当として、企業買収による医療食品事業への参入などをけん引。業績が低迷していた子会社の再建にも力を注いだ。現在は、グループ全体の研究開発・事業開発を指揮する。

多様なポジションで、経営を左右する問題を解決してきた榛葉氏。彼が重要だと語る信頼関係の構築や、異なる経験の積み重ねは、「論点を研ぐ」上でいかなる意味を持っているのか。多くの成果をあげてきた榛葉氏の思考の技術を解明する。

コミュニケーションを通じて「生きた情報」を取れ

——榛葉さんはこれまで新事業立ち上げや企業再建など、様々な戦略立案や問題解決に取り組んでいらっしゃいます。その中で重視しているものを結晶化するとしたら、どんな言葉に収れんされるでしょうか。

榛葉　２つあります。「コミュニケーション」と「クリエーティビティー」です。もちろん、事業として何を手掛けるかを決めていく際には、「社会に貢献できるか」「味の素がやる意味はあるか」を根底に考えます。しかし、それに続く戦略立案や問題解決の局面では、この２つが鍵になります。

――では まず、「コミュニケーション」について深掘らせてください。具体的にどういうことを指しているのでしょうか。なぜ、重要と考えているのでしょうか。

榛葉　まず、1人でビジネスはできません。そして、ビジネスにおける問題は、各所に点在しています。的を射た戦略や、センスの良いアイデアのもとになるのは「生きた情報」です。「生きた情報」はコミュニケーションからしか得ることはできません。そして、コミュニケーションの対象は、ケースによって様々です。例えば、大きな戦略を立て、実行する際には、経営陣の理解が不可欠です。一方、戦略を円滑に実行する上では、様々な役割を果たすメンバーとの密なコミュニケーションが重要となります。

――「生きた情報」という表現がありました。〝生きた〟に込められている意味合いをぜひ知りたいです。

榛葉　例えば、日本は「人口が減少する」「高齢化が進む」というのは重要な情報ではありますが、誰もが知る日本社会全体の流れであって、その情報から事業アイデアは生まれません。一方で、高齢者施設に行って、入居するお年寄りが暮らしの中で具体的に何に困っているかを聞き出すことができれば、解決するための事業アイデアが思い浮かぶかもしれません。それこそが、「生きた情報」です。「生きた情報」を得られれば、現場で何が起きているか、人々は何に困っているかを真に理解することができます。そのために大事なのがコミュニケーションです。

「習慣」に潜むクリエーティビティーのヒント

――「生きた情報」が、事業アイデアを発想する上で不可欠なことはわかりました。そして、「生きた情報」を事業アイデアにつなげる力がクリエーティビティーである、と理解しました。次に伺いたいのは、どうクリエーティブなアイデアを発想するのかという、榛葉さんの頭の使い方です。

榛葉 頭の使い方ですか。即答はなかなか難しいですね（笑）。ただ、間違いなく言えるのは、私の場合、強迫観念に駆られているのか、アイデアを出そうとする習慣が根付いているということです。

――その「習慣」に、榛葉さんのクリエーティビティーのヒントがある気がします。**習慣は何によって形成されたのでしょうか。**

榛葉 それはおそらく、経歴から来るものです。

私はもともとサイエンティストで、味の素に入社後、研究所でバイオ・ファイン、ヘルスケア、食品などの研究開発に携わりました。科学の世界では、誰かを模倣しても論文は書けません。常に新しいアイデアを出そうとしますし、自分でアイデアが出せないときは、周りの人とコミュニケーションを取り、議論をして、アイデアを生み出そうとします。そういうトレーニ

味の素 執行理事の榛葉信久氏（写真：北山宏一）

ングを何年もしてきました。

その後、研究開発企画部に異動し、サイエンスの世界からトランジションして新事業開発担当になりました。米国に渡り、新事業開発担当としてスタートアップとのコラボレーションをけん引したり、米マサチューセッツ州に本社がある医療食品会社のキャンブルックの買収にかかわったりもしました。

異なる機能を担うようになったり、新しいエリアに置かれたりしたときには、自分がどんな価値が提供できるかと不安になるものです。「榛葉と一緒に仕事をしたい」と思ってもらえるよう、どんな局面でもアイデアを出し、付加価値を創出しようとしてきました。

経歴を通して、そういう習慣が培われたことが、私のクリエーティビティーの源泉になっていると思います。

異なる経験の積み重ね。それが「視野と視点の広さ」を育む

――部門や国など環境が変わった先で付加価値を創出した瞬間には、何が起きていたのでしょうか。バリューが生まれたということは、それまでとは違う何かが起きたということですよね。異動先に榛葉さんという異質なサイエンティストが加わり、どんな化学反応が生まれたのでしょうか。

榛葉 私はスーパーマンではないので、新しいビジネス環境に行った際、彼らが困っていることをすぐに解決できるわけではありません。まずは、彼らの困りごとに強い、過去のビジネス仲間を連れてくるところから始めます。そうやって価値提供をしていくうちに、彼らに対する理解も深まります。価値提供の積み重ねと深い理解が信頼を生み、私のところに入る情報、私が取りにいける情報が増えていくのです。

「生きた情報」が増えるということは、だんだんと付加価値につながるアイデアを思いつく基盤が整うことを意味します。そこに「場数」が掛け合わさると、クリエーティブなアイデア

を思いつく確率が大きく高まる。そんな構造なのではないでしょうか。

──「場数」という言葉が出ましたが、これは先ほどの「習慣」にもつながる重要なキーワードだと思います。詳しく伺いたいです。

バリューを出すとは、クリエーティブなアイデアを提供するということです。自然とできる人もいるかもしれませんが、私はある程度、トレーニングが必要だと思います。トレーニングといっても、セミナーを受講したりスクールで学んだりすることではなく、「場数」を踏むことです。研究開発しか経験していないのであれば、出るアイデアも研究開発周辺のことに限定されます。逆に、研究開発も調達も生産もマーケティングも人事も経営も経験すると、視野が広がり、視点も幅広くなります。広い視野、幅広い視点が、クリエーティブなアイデアを発想する際には不可欠です。先ほど話したアイデア出しの「習慣」は、「場数」を踏むスピードを加速させることにつながるのでしょうね。

繰り返しになりますが、その前段階として重要なのがコミュニケーションです。「榛葉にはどんなことも打ち明けられる」「安心して話せる」と理解してもらい、信頼関係を築く。コミュニケーションを通じて「生きた情報」が得られるような状況をつくり、それまでの「場数」を生かしていくと、クリエーティブなアイデアがスムーズに出せると思います。

――「場数」を生かしてアイデアを出すときに気をつけていることはありますか。

榛葉 良いアイデアが出ないときは、少し時間を置くことです。「なんとかしよう」と時間を置きながら何度もトライしていると、いつか良いアイデアに至ります。

仮に問題を的確に認識したとしても、百発百中で良いアイデアなど出るわけがありません。良いアイデアが出るケースは半分以下でしょう。でも、良いアイデアが出ない場合は1週間後、1カ月後にもう一度仲間と集まり議論する。それを繰り返すうちに、光が見えてきて、解決することが多いです。

「生きた情報」と「視野・視点の広さ」が、〝ずらし〟を可能にする

――時間を置くことが、新しい発想のきっかけを増やすのだと思います。「生きた情報」が増えたり、さらなる「場数」を踏んだりなど、いろいろと効用がありそうです。

榛葉 確かに、そういう面はあると思います。そういう意味でも、諦めないことは大切な気がします。

――私たちコンサルタントは、クライアントに対してバリューを出そうとする際、前提をチェックし、それを問い直します。疑わしい前提があれば、それを外すことでブレークスルー

聞き手を務めた、ベイカレント・コンサルティング常務執行役員の則武譲二（写真：北山宏一）

の道を探ろうとします。お話をそしゃくすると、榛葉さんもコミュニケーションとクリエーティビティーを追求される中で、近いことをされているのではないかと感じました。コミュニケーションを通じて「生きた情報」を取り、そこに「場数」が生み出す新たな視点を加え、「何かを壊す」ことによりクリエーティブなアイデアを生み出していく。

榛葉　共通している部分があると思います。コンサルタントの方たちは、視点をずらす〝ビジネス神経〟のようなもので、アイデアを出しているのだと感じています。私自身も振り返ると、実際にずらす行為をしていますね。

――最後に、これまでの取り組みの中で、コミュニケーションとクリエーティビティーをベースに問題解決したエピソードをお聞かせいただけますか。

榛葉　医薬品受託製造をビジネスとする米子会社の味の素バイオファーマサービスでの事例を2つお話しします。

新型コロナウイルス感染症が収束する過程で、米国では多くの人が新しい職を求め転職していきました。結果として、米・味の素バイオファーマの工場でも、生産後に製品の目視検査を担当するスタッフが減ってしまい、目視検査が終わらず出荷できなくなる事態が発生。お客様である医薬品メーカーからのクレームの嵐に応えられず、米・味の素バイオファーマとしても右往左往した時期があります。そこで、ある顧客の経営陣と私が直接話し合う場を設け、生の声を聞きながら状況を把握しました。

3回目に会ったとき、私は言いました。「今の時期、スタッフをスピーディーに採用するには、大変なコストがかかり、その費用をすぐに我々が捻出できる状況にはない。一方で、あなたたちにとっては、出荷こそ最優先事項と理解した。そこで、提案がある。あなたたちの会社専属の目視検査スタッフを20人採用するから、その費用を負担してほしい」。先方はこのアイデアを「良い考えだ」と即座に受け入れました。

この事例におけるコミュニケーションは、お客様との徹底した会話。クリエーティビティーは、採用コストは自社で負担するものという前提を壊すことから生まれました。まさに、コミュニケーションとクリエーティビティーが生きた事例と言えます。

もう1つ事例があります。新しい装置を導入し生産を始めたところ、故障やトラブルが多発してしまいました。本来、半年で20バッチぐらい生産できるはずが、8バッチしか生産できません。歩留まり40%です。なんとか立て直そうと従業員も徹夜で対応し、疲弊していました。話を聞くと、装置のメーカーとは、最も高いレベルのメンテナンス契約を締結していて、「これ以上できることがない」と言います。

そこで、メーカーの経営陣と直接話し合う場を設けてもらいました。彼らの話を聞いている間に、アイデアが浮かび、こう提案しました。「メンテナンス契約は機械が正常に動いていることを前提に設計されたもの。今は正常に稼働しておらず、このメンテナンス契約は不十分。この局面を打開するため、エンジニアを毎月1週間以上、我が社に駐在させてほしい」

先方は驚きつつもその提案を受け入れ、多いときには月に4人、2週間くらいエンジニアを常駐させてくれました。その効果で、歩留まりを80%に改善することができました。現在は、通常のメンテナンス契約に移行しています。

この事例におけるコミュニケーションは、メーカー経営陣との徹底した会話。クリエーティビティーは、エンジニア常駐という通常にはない、すなわち前提を破壊した契約で発揮されています。

――とても示唆に富むエピソードです。目視検査スタッフの費用を相手に持たせたり、メンテナンス契約の枠を超えてエンジニアを常駐させたりというアイデアは、どこから生まれたのか、何が触媒になったのか。振り返ってみていかがでしょうか。

榛葉 私が米・味の素バイオファーマサービスでいろいろな発想を生むことができたのは、その前にキャンブルックの経営に携わったことが大きく影響していると思います。

キャンブルックでは、買収後の経営を軌道に乗せようと、旧経営陣と本当によく議論をして、いろいろなアイデアを出し、試しました。キャンブルックでは見る範囲が極めて広く、アイデア次第で業績を向上できる機会にあふれていました。それを貪欲に探求したことで、私自身のトレーニングにもなりました。まさに、「場数」を踏んだのです。そして、「生きた情報」を自ら取りにいったこと。それが、米・味の素バイオファーマの社長としてアイデアを出すときに生きたと思います。

3人の戦略家との対談を終えて　～そこにある共通項とは?～

3人の戦略家の言葉はいかがだっただろうか。戦略家によって語る内容はもちろん異なるものの、共通点があったことに皆さんは気づいたはずだ。

我々は、この共通点に着目した。そこには、スタックする状況にブレークスルーを起こすための鍵が必ずある。まずは、抽出した3つの共通点を示したい。

1. 前提を疑う
2. 生きた情報で疑いに向き合う
3. 機動的にピボットする

続いて、この3つの共通点の意味するところとその重要性を、戦略家の言葉を振り返りながら整理する。

1. 前提を疑う

日立製作所 森田氏の言葉

● 〝事業に取り組んでいると、誰でもバイアスがかかったり、前提に囚われたりすると思います。事業を運営していく上での意思決定のほとんどは、バイアスや凝り固まった前提がベースになってしまっているのではないでしょうか。〟

● 〝たくさんの事実を見て、共通点を見いだし、結論を導き出す帰納法の方が良かったのです。〟

ソニーグループ 小寺氏の言葉

● 〝コアだと考えて走り始めたものの、しばらくして見込み違いではないか、ということも、もちろんあります。どうも最初の想定と違うなとか、マーケットが思ったより実は大きくないんじゃないかとか、狙った顧客がそこにいなかったというようなことですね。〟

● 〝一度、前提を作ると多くの人はそれを真面目に守ろうとします。「当初の前提はこうだった」という考えに、疑いもなく縛られてしまう傾向があります。〟

● 〝顧客の嗜好やトレンドもダイナミックに変わる世の中ですので、何が「前提」となっているのかを、定期的に問い直すことはとても重要だと思っています。〟

● 〝何がコアなのか、何がコンテキストなのか。その前提となっていることは何で、今も妥当と言えるのか。それを問い直し続けることが不可欠という意味で、コアとコンテキストへの問いかけと、前提の問い直しには深い関係があると思います。〟

味の素 榛葉氏の言葉

● 〝この事例におけるコミュニケーションは、お客様との徹底した会話。クリエーティビティーは、採用コストは自社で負担するものという前提を壊すことから生まれました。〟

● 〝この事例におけるコミュニケーションは、メーカー経営陣との徹底した会話。クリエーティビティーは、エンジニア常駐という通常にはない、すなわち前提を破壊した契約で発揮されています。〟

2. 生きた情報で疑いに向き合う

日立製作所 森田氏の言葉

● 〝我々のビジネスはＢｔｏＢが中心ですが、お客様のことを理解するためにはその企

業に聞くだけでは足りないので、その先のエンドユーザーである企業や消費者のことも理解するように努めます。〃

●〃机上で考えると、自分の知識や思い込み、成功体験の範囲から抜け出た発想をすることはできません。そして、そんな発想から描いたニーズは、だいたいは合っていません。「社会や個人が何に対して対価を払いたいか」、その声を直接聞くことが、バイアスと前提の打破につながると思います。〃

味の素　榛葉氏の言葉

●〃的を射た戦略や、センスの良いアイデアのもとになるのは「生きた情報」です。〃

●〃「生きた情報」を得られれば、現場で何が起きているか、人々は何に困っているかを真に理解することができます。〃

●〃例えば、日本は「人口が減少する」「高齢化が進む」というのは重要な情報ではありますが、誰もが知る日本社会全体の流れであって、その情報から事業アイデアは生まれません。一方で、高齢者施設に行って、入居するお年寄りが暮らしの中で具体的に何に困っているかを聞き出すことができれば、解決するための事業アイデアが思い浮かぶかもしれません。それこそが、「生きた情報」です。〃

3. 機動的にピボットする

日立製作所 森田氏の言葉

- 〝日立グループの総合力を生かし、より良い社会のために「次にどんなイノベーションを起こすか」を常に考えるのが、日立のカルチャーです。〟
- 〝自分たちが持っているケイパビリティーとテクノロジーを使って、次はどこで、どのように社会の役に立てるのかを見つけることが戦略。〟
- 〝他の企業よりも、我々の方が上手に効率よく提供できるならば、まずは始めてみる。立ち上がらなかったら早いうちにやめる。そのサイクルを早くすることで、次々と変わっていくイノベーションが生まれます。全社の経営戦略や中期経営計画も、ダメだと思えば、途中でも迅速に変えます。〟

ソニーグループ 小寺氏の言葉

- 〝「前提は常に変わるもの」だと捉えることが必要です。そうすれば、おのずと継続的に前提を見つめ直すようになり、戦略的にピボットできるかどうかの判断が早くできます。〟
- 〝ピボットが早ければ早いほど、事業経営継続のリスク低減になるだけでなく、先々、

事業をけん引し拡大する機会も広がります。〃

第1部の前半で、「前提を問い直し、核心を突く技術」を、我々の技法のコンセプトに据えることを宣言した。くしくも、このコンセプトの有効性を、戦略家の言葉から見いだした3つの共通点が裏づけてくれた形だ。

「**前提を問い直し、核心を突く技術**」――。

このコンセプトが問題解決技法のさらなる進化につながる。その確信を持って、第2部で技法化に挑む。

Issue Re-Think

第2部

ブレークスルーを起こす「論点を研ぐ」技法

第1章

技法の全体像

論点を研ぎ、思考のブレークスルーを起こす。

第1部でも語った通り、これは多くのビジネスパーソンがトライしてもなかなか成し遂げられない、難度の高い行為だ。一方で、論点の前提を疑って再考する行為は、クリティカルシンキングの一つの側面であり、新しい考え方ではない。しかし、難度の高い行為であり続けているのが現実だ。その主な原因は、皆が使える技法に落とし込まれている度合いが低く、反復経験による習熟に頼り過ぎている点にあることは、第1部で述べてきた。

第2部では、その「論点を研ぐ」技法を体系的に伝えたい。ここに記す技法は、机上の空論ではない。我々が、日々のプロジェクトにおける試行錯誤の中で築き上げてきたものだ。また、今回の書籍化にあたって過去のプロジェクトを改めて振り返り、「核心に迫る論点」と「スジの良い仮説」を導き出した過程を整理し、技法の妥当性の検証も徹底的に行った。

それが、以下の5ステップである（図2-1）。

ステップ①「同質化する」
ステップ②「前提を自覚する」
ステップ③「前提を問い直す」
ステップ④「核心を突く」
ステップ⑤「再構築する」

先に説明した通り、世間でよくある問題解決書籍では、論点設定と仮説立案の技法の言語化は不十分だ。また、クリティカルシンキングにおける論点の前提を疑う技法についても同様だ。シンプルだが奥深いこの思考、この行為を技法として落とし込んだ5ステップの概要をまずは説明していこう。

1-1 5ステップの概要

「前提を疑え」「前提を覆せ」、その先に論点の核心がある

ステップ①「同質化する」

ステップ①の「同質化する」は、問題解決に直面するクライアントや自組織の上長が解決し

図2-1　「論点を研ぐ」5つのステップ

出所：ベイカレント・コンサルティング

たいと考える論点と現時点の仮説を、その背景や思考構造まで含めて理解するステップである。クライアントや上長など、プロジェクトに関わる人たちが、何を目的に、なぜその論点を掲げてプロジェクトを推進しようとしているのか。それを理解するために、思考や意思決定の過程も追体験する。もちろん、業界や業務に関する知識をキャッチアップすることも必要だ。

実はこのステップの最大のポイントは、入り口にある。同質化の対象、すなわち自身が取り組む主論点を、意思を持って勝ち取ることである。目的達成に関わるいくつかの大きな論点の中で最もバリューを出せる論点を、自身の主論点とすることを、クライアントや上長と合意するのだ。

同質化するための具体的なサブステップとして、以下の４つを挙げている。

サブステップ①「主論点の定義」
サブステップ②「最低限の情報収集」
サブステップ③「論点・仮説の書き下し」

サブステップ④「認識点検」

ステップ①の「同質化する」は、クライアントや上長と同じ目線に立つことを狙いとするが、一方で全く同じ思考になるまで同質化してしまうと同じように悩み、行き詰まってしまうことから、批判的目線を常に持ち続けることも重要となる。

ステップ②「前提を自覚する」

続くステップ②は「前提を自覚する」という作業を行う。ステップ①「同質化する」では、クライアントや上長の頭の中にある論点や仮説を組み立てた。その論点や仮説を支えるファクト（事実）や、ロジック（論理）などの前提を整理するステップとなる。

以下の4つのサブステップで構成される。

サブステップ①「論点からのサルベージ」
サブステップ②「仮説からのサルベージ」
サブステップ③「『7つの観点』からの推察」
サブステップ④「ラベリング」

後述する「7つの観点」などを使い、現時点の論点と仮説が良いと思っている理由を様々な角度から幅広く書き出すことで、暗黙的なものも含めて前提としている事項を認識し、言語化していく。

ステップ③「前提を問い直す」

ステップ③は「前提を問い直す」だ。ステップ②「前提を自覚する」で洗い出した前提の中から、その真偽に疑いのあるものを抽出する。

人間には誰しも思考の癖があり、バイアスもかかる。そういう見落としや危うさを検知するステップである。

以下の2つのサブステップを踏む。

サブステップ①「本当にそうか？」

サブステップ②「〝疑い〟の書き出し」

「本当にそうか？」と問いかける際には、後述の「3つの質問」を使う。すべての前提に関して、「なんとなくおかしい」「すっきりしない」と違和感を抱いた点を、〝疑い〟として書き出す。

ステップ④「核心を突く」

ステップ④が「核心を突く」である。ステップ③「前提を問い直す」で見つけた〝疑い〟を見極め、核心を突く切り口を見つけるステップである。核心を突く切り口を見つけるとは、〝疑い〟の正体を明らかにして前提の誤りを正し、新前提と新たな問いを明らかにすることを指す。

以下の3つのサブステップに分解できる。

サブステップ①「〝疑い〟の正体解明」
サブステップ②「新前提の据え直し」
サブステップ③「新たな問いの導出」

ここでポイントとなるのは、〝疑い〟の正体をいかに解明していくかである。ここでは具体的なアクションとして、4つの方法を提示する。

ステップ⑤「再構築する」

最後のステップ⑤が「再構築する」だ。ステップ④「核心を突く」で据えた新前提から得た新たな問いを軸に、論点と仮説を再構築する。前提が覆った結果、見つかった新たな問いこそが、これまでの停滞を打破する鍵であり、主論点に答えを出すための〝本当のメカニズム〟を明らかにしうる。
ここでのサブステップは3つある。

サブステップ①「主論点の再確認」
サブステップ②「サブ論点の組み直し」
サブステップ③「新仮説の立案」

以上の5ステップで、最終的に「核心に迫る論点」と「スジの良い仮説」を作り上げる。

1-2 5ステップの基礎となる思考法

「ロジカルシンキング」「イシューアナリシス」の習得が前提

ビジネスシーンにおける問題解決には、様々な経営理論やフレームワークが役に立つ。もちろん、それらの理論やフレームワークについて知識を得ておくことは、前述の5ステップを高い品質で実行できることにもつながる。代表的なものはぜひ習得した上で、5ステップに臨んでいただきたい。

加えて、5ステップに臨む上で、身につけていることを前提としている手法がある。一つは物事を論理的に深掘りする思考法「ロジカルシンキング」だ。特に、ロジカルシンキングの具体的手法の一つである「ロジックツリー」は学んでおいてほしい。

世の中の問題は多くの要素が絡み合い生じている。その問題を分析する際に、「MECE(Mutually Exclusive and Collectively Exhaustive：モレなく、ダブリなく)」の概念を使い、ツリー（樹木）状に構成要素を分解し書き出す手法がロジックツリーだ。樹木が枝分かれするように、大きな項目から小さな項目へと分解・階層化し整理することで原因や解決策を見いだす。

また、ロジックツリーの中でも、論点を構造的に分析する「イシューアナリシス」については十分な知識を持っておいてほしい。主論点を要素分解してサブ論点に、サブ論点をさらに要素分解してサブサブ論点にと小分けにし、解くべき問いを明確にする手法で、5ステップを実践する上でも不可欠なものとなる。

本書では、「ロジカルシンキング」や「イシューアナリシス」について詳細に説明することはしない。すでに一定の知識やノウハウがある前提で、5ステップを紹介していく。ロジカルシンキングもイシューアナリシスも、多くの書籍が刊行されている。必要に応じて、それらにも目を通しておいてほしい。

繰り返し5ステップを実行することで習熟する

今回提示する「論点を研ぐ」技法は、既存事業改革、新事業立ち上げ、マーケティング高度化、サプライチェーン再構築、人材育成など、ビジネスの最前線で何らかの目的を達成しようと企画・実行するような場面で、幅広く活用することができる。

5ステップ、そしてそれぞれのサブステップを丁寧に実践していけば、「核心に迫る論点」と「スジの良い仮説」の構築が可能になるはずだ。すなわち、問題解決力が向上する。

一般に、問題解決が必要な場面に直面したビジネスパーソンは、一足飛びに良い論点、良い仮説を設定しようと考え、議論に多大な時間を割いてしまいがちだ。だが、良い論点や良い仮説が突然、頭に思い浮かぶという機会は決して多くない。それに頼っていては、日々、直面する問題を解決する力は一向に身につかないだろう。

重要なことは、クライアントや上長の頭の中にある現時点の論点と仮説、それがなければ自身でざっくりと立ててみた初期的な論点と仮説を出発点として、5ステップを忠実に、愚直に繰り返すことである。それによって、ひらめきやセンスに頼ることなく、技法とその活用を積み重ねた経験によって、必ず良い論点や仮説を生み出せるようになる。

そう、この5ステップを実践すれば、「今すぐ、素晴らしい論点が設定できるようになる」わけではないのだ。5ステップの途中でつまずいたり、行き詰まったりすることもある。試行錯誤が当然続くだろう。

だが、意識して繰り返し、この5ステップを実践することで、徐々にその思考ややり方にも慣れ、どうしても経験の裏打ちが必要な部分にも習熟してくる。いずれは必ず、「論点を研ぐ」技法を自分のものとすることができるはずだ。最初はうまくいかなかったとしても、あきらめずに日々のビジネスの現場での問題解決にぜひ活用し続けてみてほしい。

次章以降、①~⑤のステップごとに、具体的に実行すべき手順や作業を解説していく。解説の中には、着実に、かつスムーズに手順や作業を実行するためのコツをまとめた「論点を研ぐTips」を盛り込んだ。

また、各ステップの解説は抽象的な表現にならざるをえない点ももちろんある。そこでイメージがわき、理解が進むよう、ベイカレントがコンサルティングを行った消費財メーカーA社（匿名）のプロジェクトを例に挙げ、実際に各ステップで行ったことを示していく。

A社のプロジェクトの概要は以下の通りだ。

消費財メーカーA社のプロジェクト

A社は日本を含むグローバル市場で、高額なラグジュアリーブランド事業を推進している。このラグジュアリーブランド市場で、圧倒的な競争力を持つのが海外高級ブランドX社、Y

社、Z社（すべて匿名）など。強力な競合がひしめく中、いかにラグジュアリーブランド事業の売り上げ・利益を拡大するかは、A社にとって重要な経営課題となっている。

ラグジュアリーブランド事業の利益拡大のため、A社は価格改定の検討を始めていた。競合ブランドは、A社よりも高い価格帯で製品を販売している。A社も、競合に負けない価格で販売し、利益向上を図りたい。

一方、ラグジュアリーブランド市場におけるブランド力という点で、A社はX社、Y社、Z社など競合ブランドの後じんを拝しているのが実情である。

「競合に負けない製品別の価格を探りたい」というのが、A社のニーズであった。

次章以降、A社の事例を織り交ぜながら、「論点を研ぐ」5ステップを解説していく。

第2章

ステップ①「同質化する」

2-1 的を外すな、「何について同質化するか」

同質化の意義と危うさ

「論点を研ぐ」において、まず実践すべきステップは「同質化する」ことである。

同質化とは、クライアントや自組織の上長が解決したいと考えている論点と現時点の仮説を、その背景や思考構造まで含めて理解することを指す。自分の立場で物事を考えるのではなく、まずは相手の立場に立って相手の頭の中を理解することに努めることから、「同質化」と呼んでいる。「論点を研ぐ」に本格的に取り組むための準備とも言えるステップだ。

ビジネスパーソンが既存事業改革や新事業立ち上げ、新技術の活用などに取り組む際には、その事業や技術のことを知ろうとするものだ。ステップ①「同質化する」でも、取り組む論点に関する知識は当然キャッチアップする。

ただ、このステップで行うことは、それだけではない。クライアントや上長がこれまで積み重ねてきた、思考や意思決定の過程を〝追体験〟することこそが鍵となる。

そもそも、クライアントや上長が問題解決に取り組むのは、「現状ではうまくいっていない」「行き詰まっている」という局面である。そして、自社・自部門を思い起こしてみてほしい。問題と言われるものの多くが、以前から存在しつつも、解決されず今に至っているのではないだろうか。そのようなときこそ、「論点を研ぐ」ことが求められる。「論点を研ぐ」には、まずはクライアントや上長が考えている、もしくは考えてきた論点と仮説、すなわち研ぐ対象を理解せねばならない。これまで、クライアントや上長は何を考え、どのような思考の下でどんな検討を行い、どう意思決定したのか。その過程を〝追体験〟してこそ、同じ目線に立つことができる。

一方、逆説的だが、同質化のステップでは〝知りすぎない〟ことも重要となる。過剰に知ると、クライアントや上長らと全く同じ思考回路に陥ってしまう。つまり、〝完全に〟同質化してしまった状態だ。そうなれば、同じように悩み、同じようにうまくいかず、結局は行き詰まってしまいかねない。

同質化によって同じ目線に立ちつつも、同じ轍《てつ》を踏まないよう、客観的に俯瞰《ふかん》する目線も持たなくてはならない。そのためにも、同質化では「必要最低限のことを知る」ことがポイントとなる。

図2-2　ステップ①「同質化する」の全体像

ステップ①
同質化
する
ステップ②
前提を
自覚する
ステップ③
前提を
問い直す
ステップ④
核心を
突く
ステップ⑤
再構築
する
1
主論点の定義
●クライアント・上長にとっての論点群を捉える
●その中から自身が最もバリューを出せる論点を、主論点として勝ち取る
2
最低限の情報収集
●主論点に対するこれまでの取り組みを把握する
●主論点に関する基礎情報を確認する（業界・業務の知識や直近のトピック等）
3
論点・仮説の書き下し
●クライアント・上長の頭の中にある論点と仮説を書き出す
●欠けている部分、不十分な部分を想定で補う
4
認識点検
●イシューツリー・対応仮説を、クライアント・上長にぶつける
●論点・仮説に至った背景も含め認識合わせし、必要に応じて修正する

出所：ベイカレント・コンサルティング

〈ステップ①「同質化する」を実現するためのサブステップ〉

「同質化する」ためには、以下の４つのサブステップが必要となる（図2-2）。

サブステップ①「主論点の定義」
サブステップ②「最低限の情報収集」
サブステップ③「論点・仮説の書き下し」
サブステップ④「認識点検」

順に、それぞれのサブステップでやるべき具体的な内容を説明していこう。

サブステップ①「主論点の定義」

まずは、クライアントや上長が達成したいこととその背景、それらを取り巻く論点群を捉える。そして、その中から自身が取り組む事柄、すなわち自身にとっての主論点を定めるのだ。

具体的には、クライアントへのヒアリングや、上長とのミーティングから始めよう。初回のヒアリングやミーティングでは、1時間程度の時間をかけ、必要項目を確認する。

論点を研ぐTips その1

初回のヒアリング・ミーティングで確認すべき項目

- 会社/部門/あなたのミッションは何ですか?
- 何に、なぜ困っていますか?
- やりたいことは何ですか?
- 当社/私に期待することは何ですか?

主論点は与えられるものではない、自ら勝ち取るものだ

このサブステップ①「主論点の定義」において重要なのは、クライアントや上長の目的達成に関わるいくつかの大きな論点の中から、自身が最もバリューを出せる論点を、自身の主論点として勝ち取ることだ。前述のヒアリング・ミーティングで確認できた事柄に基づいて、経営インパクトが大きく、かつ自身の能力でも価値を出しうる論点を考え、こちらから提案し、ク

ライアントや上長と合意するのである。

せっかくプロジェクトに取り組んでも、会社や部門に及ぼすインパクトが小さくてはあまり意味がない。一方、会社や部門へのインパクトが大きくなりうるテーマだとしても、自身が得意でないことに無理に挑戦してしまうと、生み出すバリューは大きくならない。

つまり、「経営インパクト」と「自身が価値を出しうること」を幾つかかけ算しながら、最もバリューが大きくなる形で、主論点を据えることが肝要だ。

例えば、過去にベイカレントが手掛けた食品メーカーB社（匿名）とのプロジェクトにおいて、どのように主論点を定めたかを説明しよう。

B社は複数の食品や調味料を手掛けているが、その中に赤字を垂れ流し続けている問題事業があった。社長肝いりの事業ではあったものの、これ以上の赤字継続は看過できない状況となり、早期黒字化のプロジェクトが立ち上がった。

赤字脱却に向けては、大きく3つの着眼点があり、それぞれが大きな論点の候補と言えた。1つ目は「M&A（合併・買収）によるスケールメリットの享受」、2つ目は「不採算製品廃止を伴う一部工場の閉鎖」、3つ目は「リベート・営業改革」である。

1つ目の「M&Aによるスケールメリットの享受」については、生産・物流機能の再編や、規模拡大による調達コストの削減など、コスト削減の観点で大きなシナジーを見込める。加えて、小売りとの交渉力向上による値上げも収支改善の大きな武器になるだろう。しかし、慢性的な赤字体質の中、M&A投資が今後重くのしかかることが懸念であり、かつ、そもそも都合よくM&A候補が見つかるかも不透明である。赤字脱却への即効性や、M&A候補探索の成否が自身でコントロールしきれない点など、主論点に据えるには課題が多かった。

2つ目の着眼点は、「不採算製品廃止を伴う一部工場の閉鎖」である。不採算製品が半数以上を占めることが初期分析から見えており、この生産・販売停止と一部工場閉鎖を、工場の稼働率が過度に下がらないよう計画的に進めていけば、極めて大きな収支改善を早期に期待できた。そして、ベイカレントにもその取り組みの知見があり、創出できるバリューは大きいと考えられた。

3つ目は「リベート・営業改革」である。リベートの見直しが実現できれば相当な収支改善が見込めるものの、小売りとの力関係を考えるとあまり現実味がないと思われた。営業改革も一定のトップライン（売り上げ）向上は見込めるだろうが、不採算製品の廃止ほどのインパクトは期待できなかった。両方ともベイカレントの得意テーマではあったが、バリューの大きさは不十分と見立てざるを得ない。

以上のことから、B社とのプロジェクトは、2つ目の「不採算製品廃止を伴う一部工場の閉鎖」をいかに実現するかを主論点に据えて進めることにした。

このように、主論点の定義においては、「会社や部門のミッション・課題・やりたいこと」のうち、自身の能力を踏まえ価値を出しうることを見極め、出せるバリューが大きくなるよう設定することが重要となる。

消費財メーカーA社での「主論点の定義」実践例

高額なラグジュアリーブランド領域でグローバルに事業を推進しているA社は、ラグジュアリーブランド事業の利益拡大のため、プライシング見直しの検討を始めていた。

コンサルティングの依頼を受けたベイカレントのチームは、ラグジュアリーブランド事業の企画部のメンバーにヒアリングを行い、A社の状況を確認した。

●ミッションは何か

A社ラグジュアリーブランド事業部のミッションは「ラグジュアリーブランド事業の利益向上」である。

●何に、なぜ困っているのか

適正価格の設定に悩みを抱えていた。海外ラグジュアリーブランドなど、グローバル市場で高い競争力を持つ競合は、A社よりも高い価格帯で製品を販売している。A社も競合に近い価格に設定することで、粗利益を向上したいという思いがあった。

一方、グローバルで強いブランド力を持つ競合と同程度の価格に設定しては、現実的には勝負ができないのではないかという懸念もあった。

Ａ社は、数年前から別のコンサルティング会社と、プライシングを検討するプロジェクトを進めていた。検討を進めるうち、Ａ社のラグジュアリーブランドは各国の物価水準を勘案しても、自社内でも国ごとに価格が相当ばらついている実態がわかってきた。そのコンサルティング会社とのプロジェクトは、国ごとに存在する価格のばらつきを是正する取り組みに終始し、本来取り組むべき競合を意識したプライシングの検討が停滞していた。

●やりたいことは何か

「競合に負けない価格の設定による利益の向上」がＡ社のやりたいことである。

適正価格を探る中で、Ａ社はラグジュアリーブランド製品の「価格弾力性」の把握に関心を寄せていた。

価格弾力性とは、製品やサービスの価格の変動に対し、需要がどのように変化するかを表したもの（図2-3）。一般に、ステータスにもつながる高級な製品・サービスの市場では、価格弾力性は低くなる。

だが、ラグジュアリーブランドと一言で言っても多様な製品が存在する。Ａ社は製品によっては、価格弾力性の高いものもあるのではないかと想定していた。

さらに、Ａ社は価格弾力性について、「ロイヤルティー度合い」との関係性も突き止めたいと考えていた。消費者のブランドや製品へのロイヤルティー、すなわち愛着度の度合いによって、価格

図2-3　価格弾力性の分析方法

一般的に、商品の販売価格を下げれば販売数量が増える（左）。その関係を数式化すれば、粗利益を最大化する価格が導出できる（右）

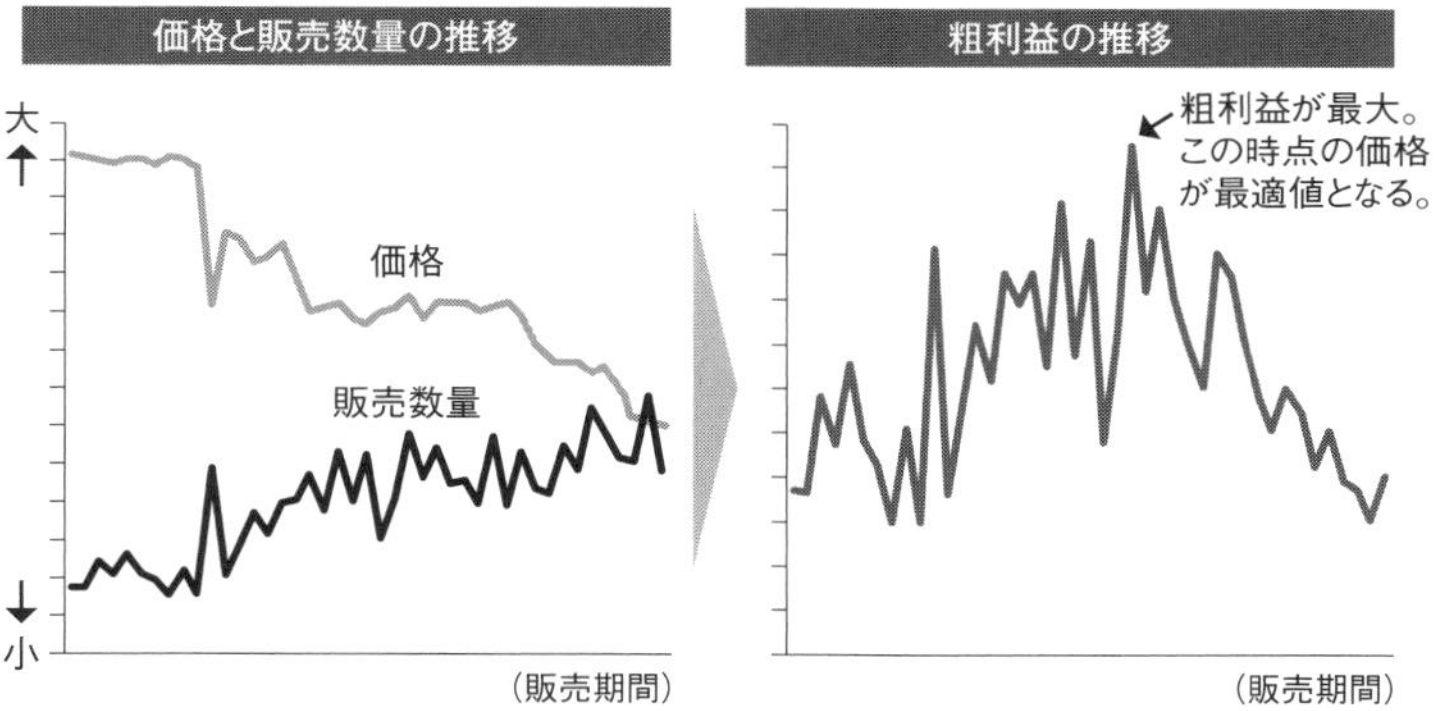

出所：ベイカレント・コンサルティング

弾力性も変化するのではないかと見ていたのである。

ラグジュアリーブランドの価格弾力性やロイヤルティーとの関係性を突き止め、競合に負けないプライシングを実現したいというのがA社の思惑だった。

●ベイカレントにやってほしいことは何か

価格弾力性やロイヤルティー度合いについて分析を行い、競合に匹敵する適正価格の割り出しを支援してほしいというのがA社のベイカレントへの依頼だった。

「適正価格の追求による粗利益向上」は、A社ラグジュアリーブランド事業部の利益に多大なインパクトをもたらす。

一方、ベイカレントとしてもこれまで消費財メーカーのプライシングのプロジェクトに取り組んだ経験があり、データ分析によって適正価格を導出する知識やノウハウは十分に持っている。市場や競合の分析に必要な資料やデータを提供してもらえれば、Ａ社に大きな価値を提供しうる。

以上のことから、ベイカレントはＡ社のプロジェクトの主論点を「競合に負けない製品別の価格はいくらで、その事業インパクトはいかほどか」と捉え、プロジェクトをスタートした。

2-2 相手の思考過程を「追体験」する

〝知りすぎない〟ことが重要

サブステップ②「最低限の情報収集」

ステップ①「同質化する」における2番目のサブステップは「最低限の情報収集」である。サブステップ①で捉えた主論点について、クライアントや上長がどのような思考や意思決定を経て、現在の認識・考えに至ったのか。その過程を追体験する。

収集すべき情報は大きく2種類ある。

1つは、サブステップ①で定めた主論点に対するこれまでの取り組みである。クライアントや上長などから資料を受け取り、質問も交えながら情報を得る。

もう1つは、主論点に関する基礎情報だ。ウェブで簡易なリサーチを行ったりしながら、業界・業務の知識や直近のトピックス等を確認する（図2-4）。

図2-4 「最低限の情報収集」で知るべきこと

知るべきこと		調査方法
主論点に対するこれまでの取り組み	●直近の報告資料 ●その他関係者が論点に関係していると思うもの	資料受領 ＋ 質問など
主論点に関する基礎情報	●決算説明会資料（3年分）、中期経営経営計画など ●一般的な認識のされ方 ●分からない用語 ●バリューチェーン／ステークホルダー ●収支構造 ●トッププレーヤーの方針・取り組み内容 ●仮説や通説と真逆のことを実施、発言している競合／研究者の取り組み内容	ウェブリサーチ ＋ 日経新聞など

出所：ベイカレント・コンサルティング

論点を研ぐ Tips その2

最初にもらうのはこの資料だけ

・直近の報告資料
・その他関係者が論点に関係していると思うもの

「直近の報告資料」とは、サブステップ①「主論点の定義」で捉えた論点に関して、社内の会議体で報告する際に使った資料を指す。

一方、「その他関係者が論点に関係していると思うもの」というのは、担当者らが「これを読むと参考になる」と思うような資料のことだ。

上長や役員向けに報告資料を仕上げる過程では、たいてい、市場や競合動向を調査・分析した結果をエクセルシートやパワーポイントなどにまとめている。論点を取り巻く事柄に関するありものの資料も、同質化には非常に役に立つ。

ここでのポイントは、資料を数多くもらいすぎないこと。そして、欲しい資料を指定しすぎないこと。

本章の冒頭で書いたように、同質化のステップでは〝知りすぎない〟ことが重要になる。クライアントや上長らと全く同じ思考回路に陥れば、同じように悩み、行き詰まってしまう。

たいていの場合、報告資料の裏には、担当者レベルで検討した資料が山ほどある。担当者も苦心して資料を入手したり作成したりしているから、「こういう資料をください」「こんな資料はありますか」と指定すると、「ぜひ見てもらいたい」とリクエストした資料をどんどん出してきてしまう。時には、頑張って新たに資料を作ってしまう人もいる。それらをすべてもらうと、確実に〝知りすぎ〟になってしまう。

加えて、資料の指定には、得られる情報の幅を狭めてしまうという側面もある。具体的にリクエストしすぎると、リクエストには沿わないものの重要な意味を持つ資料が提供されないまま終わってしまうこともある。

適切な幅と深さの資料を適度にもらうコツは、あえて漠然と「論点に関係していそうな資料をください」と依頼すること。そして、「新しく作っていただく必要はありません。ありもので結構です」と付け加える。そうすると、担当者はすでにある資料から当たりをつけ、適度に見繕った資料を出してくるものだ。結果的に、クライアントや上長が重視している資料を手に入れることができ、彼らの思考を読み解くヒントにもなる。

資料をもらったら、今度は自分でも最低限の基礎情報を「勉強」する。

最低限の「勉強」には、ＩＲ資料・グーグル・日経新聞で十分

まずは、対象会社について知ろう。上場会社であれば、ＩＲ資料の中から、決算説明会資料を3年分、目を通しておく。中期経営計画やＤＸ戦略、技術戦略などを発表している場合は、これらも必ず読み込まねばならない。

その上で、以下の内容を勉強する。

論点を研ぐTips その3

最低限これは勉強する

・主論点について、一般的な認識のされ方
・分からない用語
・バリューチェーン（価値連鎖）とステークホルダー（利害関係者）
・収支構造
・論点に関わるトッププレーヤーの方針・取り組みの内容
・仮説や通説と「真逆」のことを実施したり発言したりしている競合や研究者がいる場合、それらの具体的な取り組みの内容

まずはサブステップ①で定めた主論点について、一般的な知識を得る。使うのは「グーグル」などの検索エンジンと、日本経済新聞などのビジネス記事だ。この段階では、グーグルの検索結果は画面3ページ分程度、つまり検索上位に挙がったサイトの内容を確認するだけでよい。日経新聞などのサイトも検索し、主な関連記事には目を通しておこう。

クライアントや上長から受け取った報告資料を読んでいると、社内用語や専門用語など、分からない言葉が出てくることがある。それらはクライアントや担当者に確認したり、ウェブ検索したりして理解しておく。

論点に関わる産業のバリューチェーンと、バリューチェーン内に出てくる関連プレーヤーも把握する。

収支構造については、主論点によって知るべき内容が変わってくる。

例えば、製品・サービス開発のプロジェクトであれば、売り上げを構成要素に分解し、何がどのくらい売り上げを左右するのかを把握する。同時に、コストも要素分解し、事業展開に応じてどう動くのかを理解する。売り上げについては、一部のコアな顧客に依存する製品・サービスなのか、不特定多数に大量販売する製品・サービスなのかといったスキームも読み解いておこう。

一方、人材育成や品質改善など、短期的には直接、売り上げ・利益拡大につながらないようなプロジェクトであれば、その施策を実現した際にかかるコストと、対象部門の利益とのバランスを見る。利益規模が小さいにもかかわらず、多大なコストがかかるようなプロジェクトは、実行に耐えない。収支構造を見ておき、推進すべきプロジェクトであることを確認する。

トッププレーヤーの方針や取り組みは、一般的な知識を知る際と同様、グーグルや日経新聞のサイトで検索する。トッププレーヤーがどんな戦略を立てているか、その取り組みにどれぐらい力を注いでいるかといったことを知っておく。

トッププレーヤーの動向はクライアントや上長から聞くことができるかもしれない。だが、その情報には偏りがある可能性があるから注意が必要だ。必ず、一般的な情報収集方法と併用する。トッププレーヤーの社内に、個人的に知っている友人や知人がいれば、会食などに誘って話を聞くのも良い方法だ。

あえて「真逆」の見解にも触れる

最低限の勉強として、現時点の仮説や通説とは「真逆」のことを言う関係者の方針や取り組みについても、あえて把握しておく。

例えば、クライアントからの依頼で、「C市場に参入するための戦略構築」をテーマにプロジェクトをスタートしたとする。その際は、「C市場ではもう稼げない。D市場こそ攻めるべきだ」といった発言をしている人を探す。

こうした真逆の発言も、グーグルや日経新聞から情報を入手できる。例えば、「C市場　撤退」「C市場　縮小」といった否定的な言葉を入れて検索すればよい。最近流行の「Ｃｈａｔ

ＧＰＴ（チャットＧＰＴ）」のような生成ＡＩ（人工知能）で、「Ｃ市場の将来性に否定的な見解はあるか」といった文章を打ち込み、調べてみてもよいだろう。

改めて申し上げるが、サブステップ②「最低限の情報収集」の最後に、真逆のことを言う関係者の方針や取り組みを把握するのは、同質化の〝罠《わな》〟にはまらないことを目的としている。解決すべき問題に直面するクライアントや上長らと、同じ思考回路に陥る危険性については何度も述べた。その対策として、〝知りすぎない〟ための情報収集や勉強方法も記してきた。

だが、やはり情も心もある人間は、ややもするとクライアントや上長の考えに引っ張られ、クライアントや上長がはまったのと同じ思考パターンをたどってしまうことがある。

そういうとき、真逆の意見や真逆の見方に触れておくと、フラットな立場に戻って冷静に論点に向き合うことができるようになる。同質化においては常に、クライアントや上長の思考に振れすぎないことを意識することが必要となる。

消費財メーカーＡ社での「最低限の情報収集」実践例

「競合に負けない製品別の価格はいくらで、その事業インパクトはいかほどか」という主論点に関係する最低限の情報収集を行った。Ａ社からこれまでの取り組みの資料を受け取り、関係する情報をリサーチした。

●直近の報告資料

Ａ社ラグジュアリーブランドの国別の損益計算書をもらった。「収益性を高める最も有効な手段はプライシングである」という結論に至った報告資料も受け取った。

●その他、関係者が論点に関係していると思うもの

競合のラグジュアリーブランド製品とＡ社の製品との価格にどれほどの差があるかを確認できる店頭の調査分析結果をもらった。

●主論点について、一般的な認識のされ方

グーグルや日経新聞を検索し、競合ラグジュアリーブランドは昨今、さらなる値上げを進めていることをつかんだ。

●分からない用語

ベイカレントのチーム内に男性が多く、対象製品についての一般的な知識が不足していたことから、競合ブランドやその製品、価格帯などについて一通り学んだ。

●バリューチェーン／ステークホルダー

日本と異なり、海外にはラグジュアリーブランドの販売チャネルとして、百貨店のほかに有力なチェーン店が数社あることを確認した。

●収支構造

競合に負けない価格を設定することで、A社ラグジュアリーブランド事業部の収支にどれほどの影響があるかを試算した。一部の製品について1割の値上げをすると、営業利益率が数ポイント上昇することを割り出した。

●トッププレーヤーの論点に対する方針や取り組み内容

A社がベンチマークしていたのは、ラグジュアリーブランドのX社、Y社、Z社（すべて匿名）など。これらの会社が、どの製品をいくらで販売しているかをチェックした。

●真逆のことを言っている競合／研究者の取り組み内容

A社は値上げすることによって、粗利益を向上したいという意向があった。その真逆のこと、つまり「ラグジュアリーブランドを値下げしていく」という方針を持つ関係者がいるかを調べた。グーグルや日経新聞のサイトで「(製品カテゴリー名)　高級　値下げ」などといった検索をしたが、値下げの方針を持つ競合はいないことを確認した。

サブステップ③「論点・仮説の書き下し」

サブステップ③では、サブステップ②「最低限の情報収集」でつかんだ情報を整理し、クライアントや上長の頭の中にあるであろう論点と仮説を書き出す。それをイシューツリーへ落とし込み、対応する仮説を書いてみる。

クライアントや上長が語ったキーワードを盛り込む

ここでは、クライアントや上長の頭の中にある論点と仮説をできるだけ正確に言語化したい。それには、クライアントや上長が語ったキーワードを確実に拾って盛り込む必要がある。クライアントや上長が実際発した言葉をもとに、論点や仮説を組み立てていくイメージだ。

主論点はあるもののサブ論点がないケース、主論点・サブ論点ともあるが仮説がないケースなど、不十分な論点設定・仮説立案に終わっていることも多い。クライアントや上長が設定したサブ論点だけでは主論点が解決できないと気づくようなこともある。

そういう場合は、サブステップ②「最低限の情報収集」を通して得た内容をもとに、欠けている部分、不十分な部分を想像しながら補足していく。

足りないところ、抜けているところを補うことはあっても、ここではあくまで、クライアントや上長の頭の中を反映した論点と仮説にすることがポイントとなる。今、行き詰まりを感じている当人の認識・考えの中にこそ、核心への入り口となる誤った前提がきっと存在するからだ。

消費財メーカーA社での「論点・仮説の書き下し」実践例

A社はこれまでの試行錯誤を経て、彼らなりの論点と仮説を持っていた（図2-5）。論点については、主論点・サブ論点ともあり、欠けている点、不十分な点などはなかった。同質化の過程で得た情報から、これらの論点に対する仮説を想像し、ベイカレントの言葉で記載した。

◎主論点：「競合に負けない製品別の価格はいくらで、その事業インパクトはいかほどか？」
（仮説：「価格弾力性を分析すれば、粗利益を改善できる最適価格が見つかるはずだ」）
○サブ論点：「価格弾力性がある製品はどれか？」
（仮説：「もともと価格弾力性が低いラグジュアリーブランドではあるが、中には価格弾力性が高い製品群も存在するはずだ」）
○サブ論点：「その価格弾力性はどの程度か？」
（仮説：「価格弾力性が低いものもあれば、高いものもあるはずだ」）
○サブ論点：「ロイヤルティー度合いを踏まえた適正価格はいくらか？」

図2-5　クライアントが思う論点・仮説
消費財メーカーA社の事例

主論点とサブ論点	仮説
競合に負けない製品別の価格はいくらで、その事業インパクトはいかほどか？	価格弾力性を分析すれば、粗利益を改善できる最適価格が見つかるはずだ
価格弾力性がある製品はどれか？	もともと価格弾力性が低いラグジュアリーブランドではあるが、中には価格弾力性が高い製品群も存在するはずだ
その価格弾力性はどの程度か？	価格弾力性が低いものもあれば、高いものもあるはずだ
ロイヤルティー度合いを踏まえた適正価格はいくらか？	消費者の製品に対するロイヤルティーの度合いで価格弾力性の式を分けると、価格弾力性がよりクリアに見えるはずだ

出所：ベイカレント・コンサルティング

（仮説：「消費者の製品に対するロイヤルティーの度合いで価格弾力性の式を分けると、価格弾力性がよりクリアに見えるはずだ」）

サブステップ④「認識点検」

ステップ①「同質化する」の最後のサブステップが④「認識点検」である。サブステップ③「論点・仮説の書き下し」でまとめたイシューツリー・対応仮説を、クライアントや上長にぶつけてみる。クライアントや上長とともに、なぜその論点・仮説に至ったか、その過程を再度確認し、それが合っているか、間違っていないかを確認しつつ、改めて認識合わせをするというステップになる。万一、認識にズレがあれば、

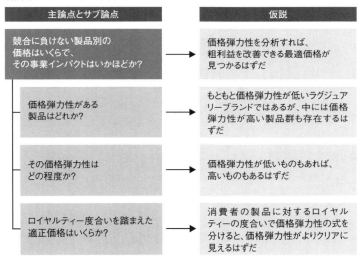

修正する。

消費財メーカーA社での「認識点検」実践例

サブステップ③「論点・仮説の書き下し」で仕上げたイシューツリーと対応仮説を示し、A社とディスカッションを行った。ベイカレントが言語化した部分について、A社の認識とズレがないかを確認した。

A社が関心を寄せていた「価格弾力性」や「ロイヤルティー度合い」を踏まえた論点・仮説認識となっており、これが検討の現在地ということで認識に相違ないことを合意した。

ここまでの4つのサブステップを踏むことで、「同質化する」のステップは完了となる。次はステップ②「前提を自覚する」に進む。

第3章

ステップ②「前提を自覚する」

同質化に続くステップ②では、「前提を自覚する」という作業を行う。

ステップ①「同質化する」では、クライアントや上長の思考と意思決定を追体験した上で、ひとまず現段階での論点や仮説を言語化した。このステップ②では、その論点や仮説の前提を洗い出す。

ここでいう前提とは、現状の論点・仮説が妥当であるという判断のもとになっているファクトやロジックを指す。論点で言えば、それを解くことで目的が達成できると思っている理由、その論点を「今」解く必要がある理由を書き出すイメージだ。

ステップ①では、同質化することによってクライアントや上長の頭の中にある論点や仮説を形にした。だが、この段階ではその論点や仮説が適切か、正しいかまでは、判断できていない。組み立てた現状の論点や仮説が、本当に主論点を解決しうるかを精査する必要がある。

後の章で詳しく解説するが、人間の思考の特性として、時間をかけて一度考え出したものを捨て、フラットな目線で再考することはなかなか難しい。だが、実際には思考の基盤としている前提がそもそも間違っているという場合がある。誤った前提に立脚したままでは、「今あるサブ論点を解きにいっても、主論点には永遠に答えは出ない」ということが、かなり後から判明することもありうる。

ステップ②「前提を自覚する」は、それを避けるために、論点と仮説を精査するにあたっての手始めの作業となる。同質化の過程で認識したファクトとロジックを改めて振り返り、前提を明らかにしていく。クライアントや上長の中に全く論点や仮説が存在せず、自力で初期的な論点・仮説をつくった場合にも、その初期的なものに対して同様に、自身が暗黙的に置いている前提を明らかにする。

3-1 裏側に眠るファクトやロジックをサルベージする

イシューツリーに前提を書き加えていく

〈ステップ②「前提を自覚する」を実現するためのサブステップ〉

このステップは以下の4つのサブステップで構成する（図2-6）。

図2-6 ステップ②「前提を自覚する」の全体像

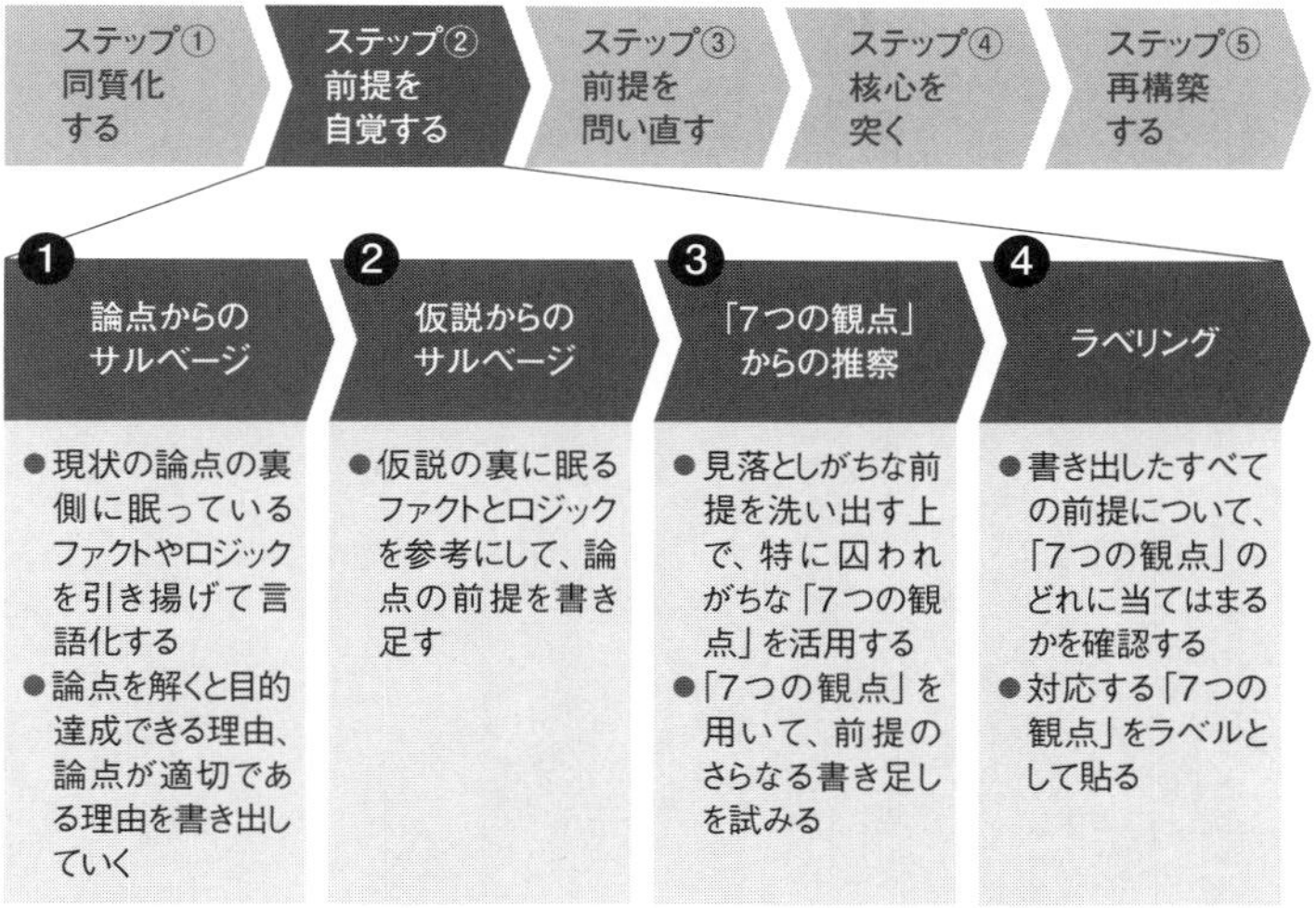
ステップ① 同質化する
ステップ② 前提を自覚する
ステップ③ 前提を問い直す
ステップ④ 核心を突く
ステップ⑤ 再構築する
1 論点からのサルベージ
●現状の論点の裏側に眠っているファクトやロジックを引き揚げて言語化する
●論点を解くと目的達成できる理由、論点が適切である理由を書き出していく
2 仮説からのサルベージ
●仮説の裏に眠るファクトとロジックを参考にして、論点の前提を書き足す
3 「7つの観点」からの推察
●見落としがちな前提を洗い出す上で、特に囚われがちな「7つの観点」を活用する
●「7つの観点」を用いて、前提のさらなる書き足しを試みる
4 ラベリング
●書き出したすべての前提について、「7つの観点」のどれに当てはまるかを確認する
●対応する「7つの観点」をラベルとして貼る

出所：ベイカレント・コンサルティング

サブステップ①「論点からのサルベージ」
サブステップ②「仮説からのサルベージ」
サブステップ③『7つの観点』からの推察」
サブステップ④「ラベリング」

以下、順にそれぞれのサブステップを解説していく。

サブステップ①「論点からのサルベージ」

ステップ①で組んだ現状の論点について、一つひとつ、裏側に眠っているファクトやロジックを確認し、引き揚げて言語化する。その論点を解くと目的を達成できると考えた理由、立てた論点が適切であると考えた理由などを書き出していくイメージだ。クライアントや上長が「このイシューツリーが良い」と判断する理由を挙げていくことで、同質化の妥当性を点検するという意味合いもある。

ステップ①「同質化する」の最後に作成したイシューツリーを使い、主論点やサブ論点の横に前提を書き加えていく方法がやりやすい。

ベイカレントが過去にコンサルティングを行った消費財メーカーA社を例に、どのように論点の前提を書き出すかを見ていこう。

消費財メーカーA社での「論点からのサルベージ」実践例

ステップ①「同質化する」の最後に設定した論点は以下の通りだった。

◎主論点：「競合に負けない製品別の価格はいくらで、その事業インパクトはいかほどか？」
○サブ論点：「価格弾力性がある製品はどれか？」
○サブ論点：「その価格弾力性はどの程度か？」
○サブ論点：「ロイヤルティー度合いを踏まえた適正価格はいくらか？」

これらの論点が、どのような前提のもとに導かれているのかを書き出した（図2-7）。

例えば、「競合に負けない製品別価格はいくらで、その事業インパクトはいかほどか？」という

図2-7 論点の前提を書き出す

消費財メーカーA社の事例

論点の裏に眠るファクトやロジックを書き出す

主論点とサブ論点	前提
競合に負けない製品別の価格はいくらで、その事業インパクトはいかほどか?	●プライシングの検討は、経営へのインパクトが大きい ●競合より競争力がある価格でないと、顧客は買ってくれない
価格弾力性がある製品はどれか?	●価格弾力性を踏まえたプライシングが、粗利益の最大化につながる
その価格弾力性はどの程度か?	●具体的な価格をいくらにすべきかは、価格弾力性の大きさ次第
ロイヤルティー度合いを踏まえた適正価格はいくらか?	●ロイヤルティー度合いが高い製品は、根強いファン層が購入を続けるため、値上げしたとしても販売量はあまり変わらない

出所：ベイカレント・コンサルティング

主論点の裏には、「プライシングの検討は、経営へのインパクトが大きい」という前提がある。

この前提は、過去の検討に基づいているものだ。A社のラグジュアリーブランドの国別の損益計算書から、「プライシングが高い国では収益性が高く、低い国では収益性が低い」ことが明らかになっていた。そこから導き出された前提である。

また、「競合に負けない製品別価格はいくらで、その事業インパクトはいかほどか?」という主論点に、「競合に負けない」という文言がある。「競合と同様の」とせず、「競合に負けない」

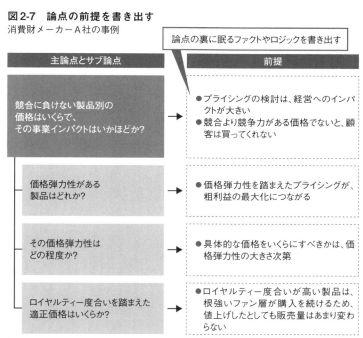

としたのは、「競合より競争力がある価格でないと、顧客は買ってくれない」という認識が前提になっている。それも書き出した。

「価格弾力性がある製品はどれか?」というサブ論点の前提となっているのは、「価格弾力性を踏まえたプライシングが、粗利益の最大化につながる」というロジックである。

価格弾力性が高い、すなわち価格を変えると販売量が明確に変わる製品のプライシングは慎重にならざるを得ない。一方、価格弾力性が低い、すなわち価格を変えても販売量がそれほど変わらない製品であれば、思い切った値上げによって粗利益を増やすことが可能になり、収益拡大が見込めるという論理だ。

「その価格弾力性はどの程度か?」というサブ論点には、「具体的な価格をいくらにすべきかは、価格弾力性の大きさ次第」というロジックが前提にある。

価格弾力性がある製品群においても、その程度は製品によって幅がある。例えば、少しでも値上げをしてしまうと敏感に販売数量に響くものもあれば、一定の値上げまでならば販売数量がそれほど変わらないものもある。

価格弾力性の程度を問うサブ論点は、その程度によって、プライシングの方針も変わるという考え方が前提になっている。

「ロイヤルティー度合いを踏まえた適正価格はいくらか?」というサブ論点は、「ロイヤルティー度合いが高い製品は、根強いファン層が購入を続けるため、値上げしたとしても販売量はあまり変わらない」という前提がベースにある。それを書き出した。

仮説の裏にも「論点を研ぐ」ヒントが眠る

サブステップ② 「仮説からのサルベージ」

ステップ①「同質化する」で組んだ論点から前提を書き出したら、続いて、そのときに立てた仮説にも着目する。

前提はなるべくたくさん書き出した方がいい。前提に気づくヒントは様々なところにあるが、その一つが仮説である。仮説を見て、サブステップ①「論点からのサルベージ」では気づけていなかった前提があれば加える。

サブステップ①「論点からのサルベージ」でイシューツリーに前提を書き加えたが、このサブステップ②で、さらに仮説から追加できる前提を書き足す。

消費財メーカーA社での「仮説からのサルベージ」実践例

A社のプロジェクトで、ステップ①「同質化する」の最後に設定した論点と仮説をもう一度見てみよう。

仮説の裏に眠るファクトとロジックを参考にして前提を書き足す

前提

- プライシングの検討は、経営へのインパクトが大きい
- 競合より競争力がある価格ではないと、顧客は買ってくれない
- **価格弾力性分析が、粗利益を最大化する価格を探る手段として適切である**

- 価格弾力性を踏まえたプライシングが、粗利益の最大化につながる
- **ラグジュアリーブランドにも価格弾力性が高い製品群がある**

- 具体的な価格をいくらにすべきかは、価格弾力性の大きさ次第
- **ラグジュアリーブランドの価格弾力性には、製品によって幅がある**

- ロイヤルティー度合いが高い製品は、根強いファン層が購入を続けるため、値上げしたとしても販売量はあまり変わらない
- **製品によって、ロイヤルティーの度合いが異なる**

◎主論点：「競合に負けない製品別の価格はいくらで、その事業インパクトはいかほどか？」
（仮説：「価格弾力性を分析すれば、粗利益を改善できる最適価格が見つかるはずだ」）
○サブ論点：「価格弾力性がある製品はどれか？」
（仮説：「もともと価格弾力性が低いラグジュアリーブランドではあるが、中には価格弾力性が高い製品群も存在するはずだ」）
○サブ論点：「その価格弾力性はどの程度か？」
（仮説：「価格弾力性が低いものもあれば、高いものもあるはずだ」）
○サブ論点：「ロイヤルティー度合い

図2-8　仮説をヒントに前提を書き足す

消費財メーカーA社の事例。太字の部分が仮説をヒントに書き足した前提

主論点とサブ論点		仮説
競合に負けない製品別の価格はいくらで、その事業インパクトはいかほどか？	→	価格弾力性を分析すれば、粗利益を改善できる最適価格が見つかるはずだ
価格弾力性がある製品はどれか？	→	もともと価格弾力性が低いラグジュアリーブランドではあるが、中には価格弾力性が高い製品群も存在するはずだ
その価格弾力性はどの程度か？	→	価格弾力性が低いものもあれば、高いものもあるはずだ
ロイヤルティー度合いを踏まえた適正価格はいくらか？	→	消費者の製品に対するロイヤルティーの度合いで価格弾力性の式を分けると、価格弾力性がよりクリアに見えるはずだ

出所：ベイカレント・コンサルティング

を踏まえた適正価格はいくらか？」（仮説：「消費者の製品に対するロイヤルティーの度合いで価格弾力性の式を分けると、価格弾力性がよりクリアに見えるはずだ」）

この仮説部分に注目し、そこから導き出される前提をさらに書き加えた（図2-8）。

サブステップ①「論点からのサルベージ」では、「競合に負けない製品別価格はいくらで、その事業インパクトはいかほどか？」という主論点の前提として、「プライシングの検討は、経営へのインパクトが大きい」「競合より競争力がある価格でないと、顧客は買ってくれない」という前提を書き出していた。

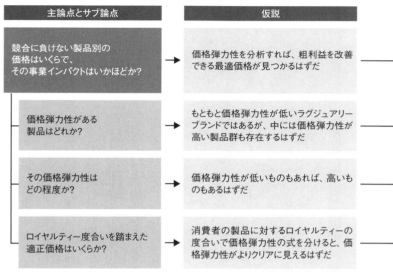

サブステップ②「仮説からのサルベージ」では、「価格弾力性を分析すれば、粗利益を改善できる最適価格が見つかるはずだ」という仮説から、「価格弾力性分析が、粗利益を最大化する価格を探る手段として適切である」という前提を新たに加えた。

同じように、「もともと価格弾力性が低いラグジュアリーブランドではあるが、中には価格弾力性が高い製品群も存在するはずだ」という仮説から、「ラグジュアリーブランドにも価格弾力性が高い製品群がある」という前提を加えた。

「価格弾力性が低いものもあれば、高いものもあるはずだ」という仮説からは「ラグジュアリーブランドの価格弾力性には、製品によって幅がある」という前提、「消費者の製品に対するロイヤルティーの度合いで価格弾力性の式を分けると、価格弾力性がよりクリアに見えるはずだ」という仮説からは「製品によって、ロイヤルティーの度合いが異なる」という前提を書き足した。

3-2 「7つの観点」でしつこく考え、前提を見逃さない

囚《とら》われがちなポイントを押さえるフレームワーク

サブステップ③『7つの観点』からの推察

サブステップ①「論点からのサルベージ」、サブステップ②「仮説からのサルベージ」を通

して、現段階で立てている論点や仮説から思い浮かぶ前提をなるべく数多く書き出した。だが、まだ抜け落ちていて、書き足せる前提がほかにもあるかもしれない。

さらに幅広く前提を洗い出すため、様々な観点から確認するのがサブステップ③『7つの観点』からの推察」だ。

同質化に取り組んだ人が、クライアントや上長の持つ前提にすべて気づくのは難しい。論点や仮説を設定した当事者であれば、論点や仮説を成り立たせている前提について、適切に捉えることはなおのこと難しいだろう。人によっては、「どういう切り口で前提を探っていけばいいのかわからない」と悩んでしまうことも多いはずだ。

そこでベイカレントは、無意識のうちに見落としがちな前提を洗い出す上で有効な「7つの観点」をフレームワークとして提示する。ベイカレントの知見をもとに特に囚われがちな観点を整理し、過去に取り組んだプロジェクトに適用し、その妥当性を検証したものだ。

サブステップ③では、この「7つの観点」を使い、さらに前提を書き足すことを試みる。

論点を研ぐTips その4

さらに書き足せる前提がないか、「7つの観点」でチェックする

1. 定義

・企業や部門独自の用語、関係者間で認識が揺れがちな事象の定義を見つめ直す観点。知

らず知らずのうちに陥ってしまいがちな認識齟齬《そご》を掘り起こす。

2．プレーヤー

・ビジネスで関わるプレーヤー（顧客、競合、パートナーなど）の選択肢や妥当性に関するバイアスを導き出す観点。例えば、競合だと思っていたプレーヤーが、実はパートナーになりうるのではないかと捉え直すなど、発想を広げる機会でもある。

3．セグメント

・顧客や事業、プロダクトの特性・ニーズを捉えるための観点。セグメンテーションの対象や、軸の切り方、フォーカスするセグメントのふさわしさについて、囚われている部分をあぶり出す。

4．バリューチェーン

・価値創造の一連の流れに関する囚われに気づくための観点。自社や担当者が携わってきた経験のある領域のみに着目しないように注意を促す。

5．マネタイズ

・持っている価値と、それに価値を感じてくれるプレーヤーとのつながりを捉えるための観点。

6．シチュエーション

・想定しているシチュエーションの漏れや、外部環境と内部環境を踏まえて論点や仮説が成り立つかを確認するための観点。

7. 時間軸
・時間がもたらす変化が、他の6つの観点からの考察にどのような影響を与えるかを見直すための観点。

サブステップ③では、「7つの観点」を使い、思いつく限りの前提を絞り出すことに挑む。

「当たり前すぎる」と思うこともどんどん書く

ここでは、「正しいか」「正しくないか」といった判断は不要だ。「当たり前すぎる」と思うようなこともどんどん書いていく。クライアントや上長の思考や意思決定のもとになっているファクトやロジックを洗いざらいあぶり出す意識で、なるべく多くの前提を書き出す。「7つの観点」を挙げているが、7つすべてから前提を導く必要はない。1つの観点から複数の前提を導き出しても構わない。前提をできるだけ漏れなく書き出す上で助けになるツールとして、「7つの観点」を活用してほしい。

消費財メーカーA社での『7つの観点』からの推察」実践例

消費財メーカーA社のプロジェクトで設定していた主論点は、「競合に負けない製品別の価格

前提
●プライシングとは最適価格を決めることである
●競合とはX社、Y社、Z社のことである
●プライシングは製品別で行う
●対象としているバリューチェーンは消費者への販売のみ。仕入れ価格は考慮しない
—
●外部環境が価格に与える影響は考慮しない
●時間軸の変化による最適価格の変化は分析しない

はいくらで、その事業インパクトはいかほどか？」である。これについて、「7つの観点」を活用し、さらに前提を導き出した（図2-9）。

1．定義

主論点の中に含まれているワードで定義が必要なものとして、「プライシング」を抽出した。A社とのこれまでの議論を振り返り、「プライシングとは最適価格を決めることである」という前提を加えた。

2．プレーヤー

ラグジュアリーブランド市場におけるA社の立ち位置やベンチマークする会社などを踏まえ、「競合とは

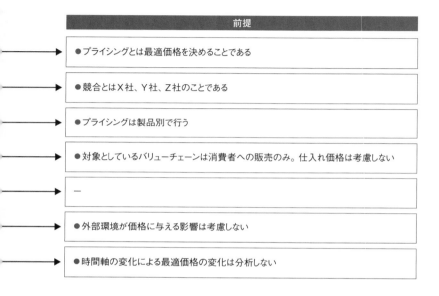

図2-9 「7つの観点」を活用し、前提をさらに書き足す
消費財メーカーA社の事例

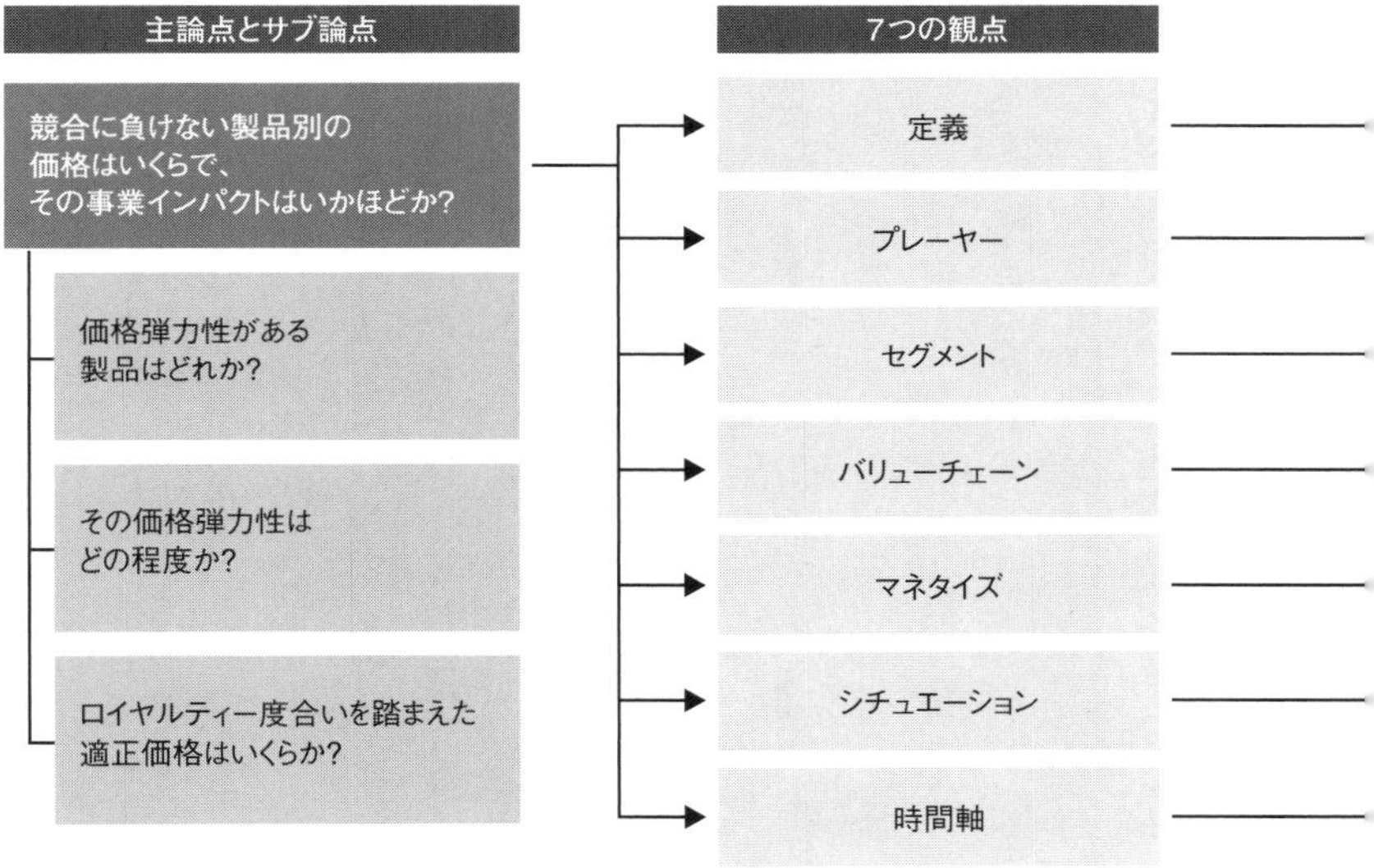
主論点とサブ論点
競合に負けない製品別の価格はいくらで、その事業インパクトはいかほどか?
価格弾力性がある製品はどれか?
その価格弾力性はどの程度か?
ロイヤルティー度合いを踏まえた適正価格はいくらか?
7つの観点
定義
プレーヤー
セグメント
バリューチェーン
マネタイズ
シチュエーション
時間軸

出所：ベイカレント・コンサルティング

X社、Y社、Z社のことである」という前提を書き足した。

3．セグメント

主論点で「製品別の価格」を問うていることから、セグメントの軸を製品に置き、「プライシングは製品別で行う」という前提を新たに加えた。

4．バリューチェーン

今回のプロジェクトの検討対象が販売価格であったことから、「対象としているバリューチェーンは消費者への販売のみ。仕入れ価格は考慮しない」という前提を加えた。

5. マネタイズ

前提となる事柄はなかった。

6. シチュエーション

一般に、製品価格には経済・政治状況など外部環境も影響するが、このプロジェクトでは「外部環境が価格に与える影響は考慮しない」ことを付け加えた。

7. 時間軸

適正価格は、時間の変化とともに変わる可能性がある。今回はそこまでは検討対象に含めていないことから、「時間軸の変化による最適価格の変化は分析しない」という前提を置いた。

サブ論点に関しても、すべて「7つの観点」を活用した前提の追加を試みた。以下がサブ論点と、書き足した前提である。

○サブ論点：「価格弾力性がある製品はどれか？」

特に新しい前提は見つからなかった。

○サブ論点：「その価格弾力性はどの程度か？」

「シチュエーション」→　前提「価格弾力性の程度に影響を与える、所得等の変数は考慮しない」

○サブ論点：「ロイヤルティー度合いを踏まえた適正価格はいくらか？」

「定義」→前提「ロイヤルティー度合いは、NPS（ネット・プロモーター・スコア）とリピート実績の両方で判断すべきものである」

「セグメント」→前提「製品とは別に、ロイヤルティー度合いによっても最適価格が異なる」

3-3 すべての前提を「7つの観点」に振り分ける

「前提を問い直す」前準備だからこそ丁寧な判断を

サブステップ④「ラベリング」

ここまで、サブステップ①「論点からのサルベージ」、②「仮説からのサルベージ」、③『7つの観点』からの推察」を通じて、同質化で把握した論点と仮説に関する多くの前提を書き出した。よって、ステップ①「同質化する」において作成したイシューツリーは、この時点で様々な前提が書き加えられた状態になっているはずだ。

サブステップ④「ラベリング」では、そのすべての前提について、サブステップ③で挙げた「7つの観点」のどれが当てはまるかを確認し、ラベルを貼る作業を行う。

サブステップ③『7つの観点』からの推察」を通して書き加えた前提は、その際に活用した観点をそのままラベリングすればよい。

サブステップ①「論点からのサルベージ」、サブステップ②「仮説からのサルベージ」を通して書き出した前提については、「7つの観点」のいずれに当てはまるかを検討し、ラベルを貼る。

次章で詳しく解説するが、次のステップ③「前提を問い直す」では、ステップ②「前提を自覚する」で洗い出した前提を疑ってかかる作業を行う。「前提を自覚する」のサブステップ④「ラベリング」は、その前準備と言える作業である。どの観点に分類される前提かを明確にしておき、前提を疑うための問いを投げかけやすくする。

このラベリングで、7つの観点すべてが出てこなくても全く構わない。洗い出した前提を納得感を持って分類し、ラベルを貼ることに徹してほしい。

消費財メーカーA社での「ラベリング」実践例

サブステップ③「『7つの観点』からの推察」までの作業を通して、A社の主論点、サブ論点、仮説には、様々な前提が書き加えられた。サブステップ④「ラベリング」では、これらの前提を「7つの観点」に分け、ラベルを貼っていった（図2-10）。

図2-10 「7つの観点」に照らし合わせてラベリングする
消費財メーカーA社の事例

主論点とサブ論点	前提
競合に負けない製品別の価格はいくらで、その事業インパクトはいかほどか?	Def プライシングとは最適価格を決めることである PI 競合とはX社、Y社、Z社のことである Seg プライシングは製品別で行う ⋮
価格弾力性がある製品はどれか?	Seg ラグジュアリーブランドにも価格弾力性が高い製品群がある MT 価格弾力性を踏まえたプライシングが、粗利益の最大化につながる
その価格弾力性はどの程度か?	Seg ラグジュアリーブランドの価格弾力性には、製品によって幅がある MT 具体的な価格をいくらにすべきかは、価格弾力性の大きさ次第 Sit 価格弾力性の程度に影響を与える、所得等の変数は考慮しない
ロイヤルティー度合いを踏まえた適正価格はいくらか?	Seg 製品によって、ロイヤルティー度合いが異なる Def ロイヤルティー度合いは、NPSとリピート実績の両方で判断すべきものである Seg ロイヤルティー度合いが高い製品は、根強いファン層が購入を続けるため、値上げしたとしても販売量はあまり変わらない

Def 定義　PI プレーヤー　Seg セグメント
MT マネタイズ　Sit シチュエーション

出所：ベイカレント・コンサルティング

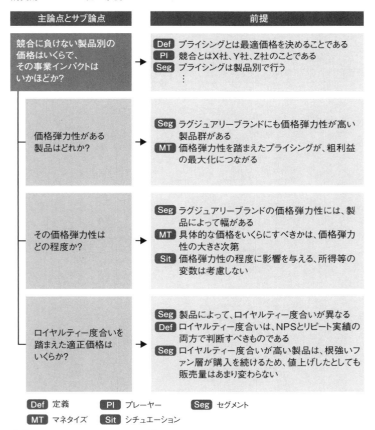

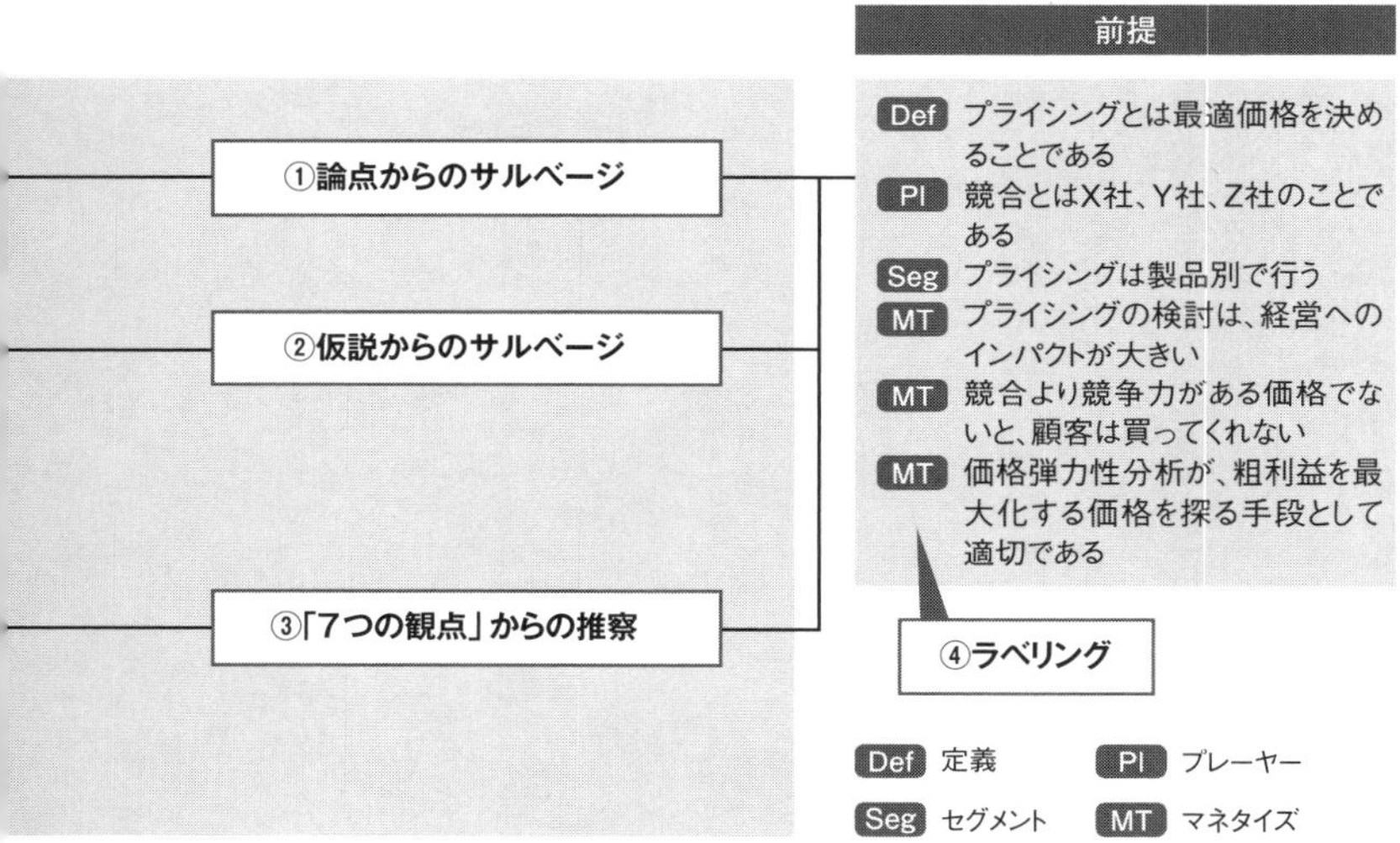
①論点からのサルベージ
②仮説からのサルベージ
③「7つの観点」からの推察
前提
Def プライシングとは最適価格を決めることである
Pl 競合とはX社、Y社、Z社のことである
Seg プライシングは製品別で行う
MT プライシングの検討は、経営へのインパクトが大きい
MT 競合より競争力がある価格でないと、顧客は買ってくれない
MT 価格弾力性分析が、粗利益を最大化する価格を探る手段として適切である
④ラベリング
Def 定義
Pl プレーヤー
Seg セグメント
MT マネタイズ

サブステップ③「『7つの観点』からの推察」から導き出した前提には、その際に活用した観点をそのまま当てはめた。主論点から導き出した前提のうち、「プライシングとは最適価格を決めることである」には「定義」、「競合とはX社、Y社、Z社のことである」には「プレーヤー」、「プライシングは製品別で行う」には「セグメント」のラベルを貼るという具合だ。

続いて、サブステップ①「論点からのサルベージ」、サブステップ②「仮説からのサルベージ」を通して書き出した前提について、「7つの観点」のどれに当てはまるかを検討した。

「競合に負けない製品別の価格はいくらで、その事業インパクトはいかほ

図2-11　ステップ②「前提を自覚する」の概念図
消費財メーカーA社の事例

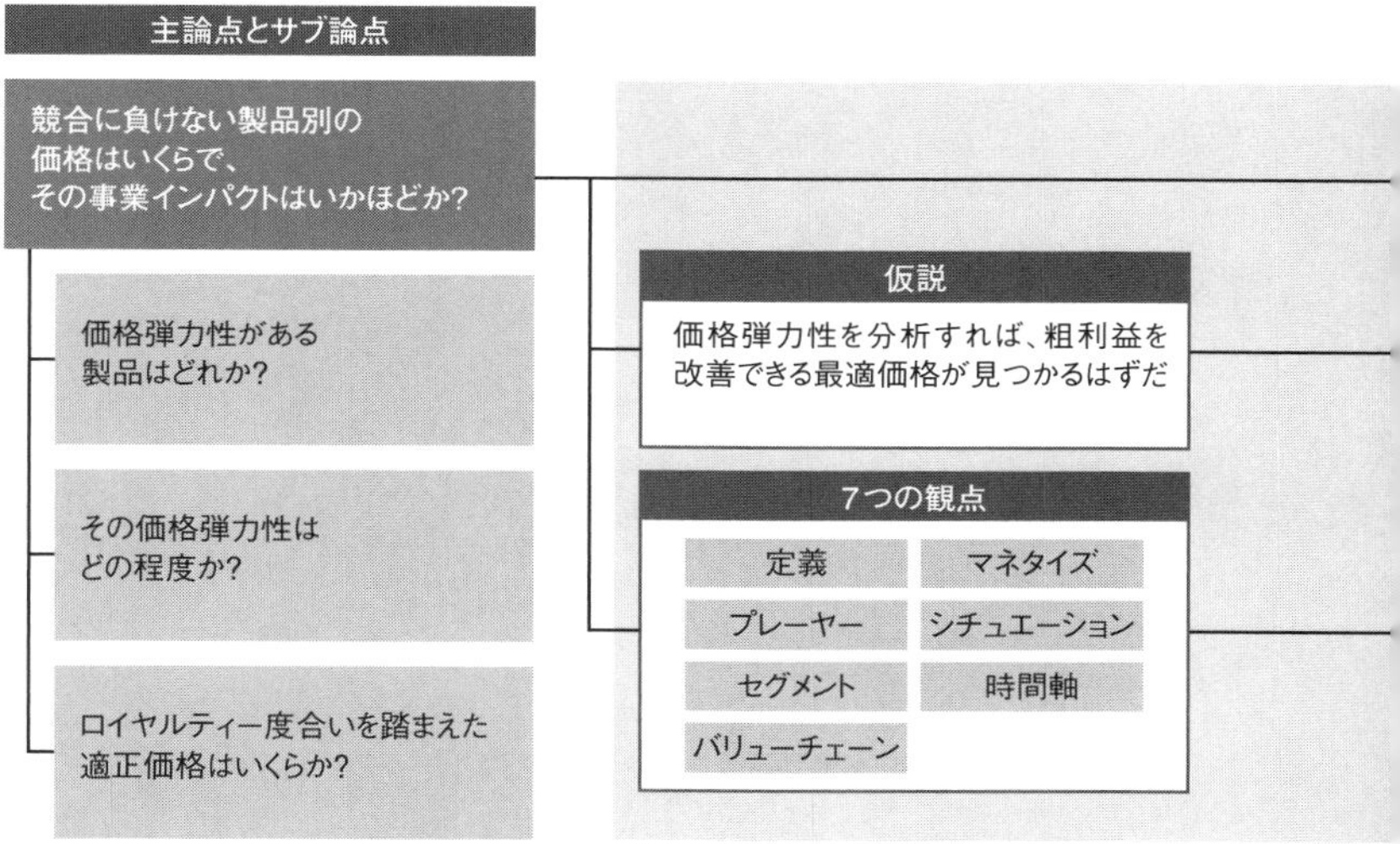

出所：ベイカレント・コンサルティング

どか？」という主論点からは、サブステップ①、サブステップ②を通して「プライシングの検討は、経営へのインパクトが大きい」「競合より競争力がある価格でないと、顧客は買ってくれない」「価格弾力性分析が、粗利益を最大化する価格を探る手段として適切である」という前提を導いていた。それぞれに、「マネタイズ」のラベルを貼った。

「価格弾力性がある製品はどれか？」というサブ論点には「ラグジュアリーブランドにも価格弾力性が高い製品群がある」「価格弾力性を踏まえたプライシングが、粗利益の最大化につながる」という前提があった。それぞれを「セグメント」「マネタイズ」とラベリングした。

「その価格弾力性はどの程度か?」というサブ論点の前提には「ラグジュアリーブランドの価格弾力性には、製品によって幅がある」「具体的な価格をいくらにすべきかは、価格弾力性の大きさ次第」があった。「セグメント」と「マネタイズ」のラベルを貼った。

「ロイヤルティー度合いを踏まえた適正価格はいくらか?」というサブ論点については、「製品によって、ロイヤルティーの度合いが異なる」「ロイヤルティー度合いが高い製品は、根強いファン層が購入を続けるため、値上げしたとしても販売量はあまり変わらない」という前提を書き出していた。どちらも「セグメント」にラベリングした。


以上のように、ステップ②「前提を自覚する」では、まず論点の裏にある前提を書き出し、次に仮説の裏にある前提を書き出し、「7つの観点」を使ってさらに前提を書き加え、最後に書き出した前提を「7つの観点」でラベリングするというプロセスをたどる(図2-11)。

サブステップ④「ラベリング」まで終えたら、次は5ステップの中でも〝肝〟となるステップ③「前提を問い直す」作業を行う。

第4章

ステップ③「前提を問い直す」

ステップ③では「前提を問い直す」作業を行う。ステップ②「前提を自覚する」で挙げた前提となっているファクトやロジック（と認識しているもの）の中に、事実誤認や誤った論理展開がないかをチェックする。

「核心に迫る論点」と「スジの良い仮説」を設定することを目的とする「論点を研ぐ」技法において、〝肝〟と呼ぶべきステップだ。

4-1 「3つの質問」で〝囚われ〟を解く

前提一つひとつに「漏れ」「妥当性」「あえて」を問う

第1部でも述べた通り、人間の思考には、「バイアス」と呼ばれる「偏り」「固定観念」などが存在する。

問題解決の場面では、自分にとって都合の良い情報ばかりに目が行く「確証バイアス」や、利益を得るよりも損失を避けようとする「損失回避バイアス」、先に与えられた情報の一片（アンカー）に判断が影響される「アンカリングバイアス」などが特に生じがちだ。こうした〝囚われ〟によって、自分に都合の良い論点や仮説を立ててしまうこともしばしばある。

なにがしかに囚われている状態では、視野狭窄《きょうさく》や視野固定化を起こしやすく、事実誤認にも気づきにくい。〝囚われ〟から抜け出すには、書き出した前提に対して一つひとつ、「本当にそうか？」と問い直し、疑わしいところ、怪しいところを見つけることが必要となる。

ここで、ベイカレントは〝囚われ〟を解くための問いの枠組みを提示する。それが「〝疑い〟を見つけるための『3つの質問』」である。

ステップ②「前提を自覚する」においては、思いつく限り洗いざらい前提を書き出し、「7つの観点」でラベリングした。ステップ③「前提を問い直す」で、そのすべての前提について、一つひとつ、「7つの観点」ごとに用意した「3つの質問」を投げかけ、疑いをあぶり出していく。

〈ステップ③「前提を問い直す」を実現するためのサブステップ〉

ステップ③「前提を問い直す」は、以下の2つのサブステップを踏む（図2-12）。

図2-12 ステップ③「前提を問い直す」の全体像

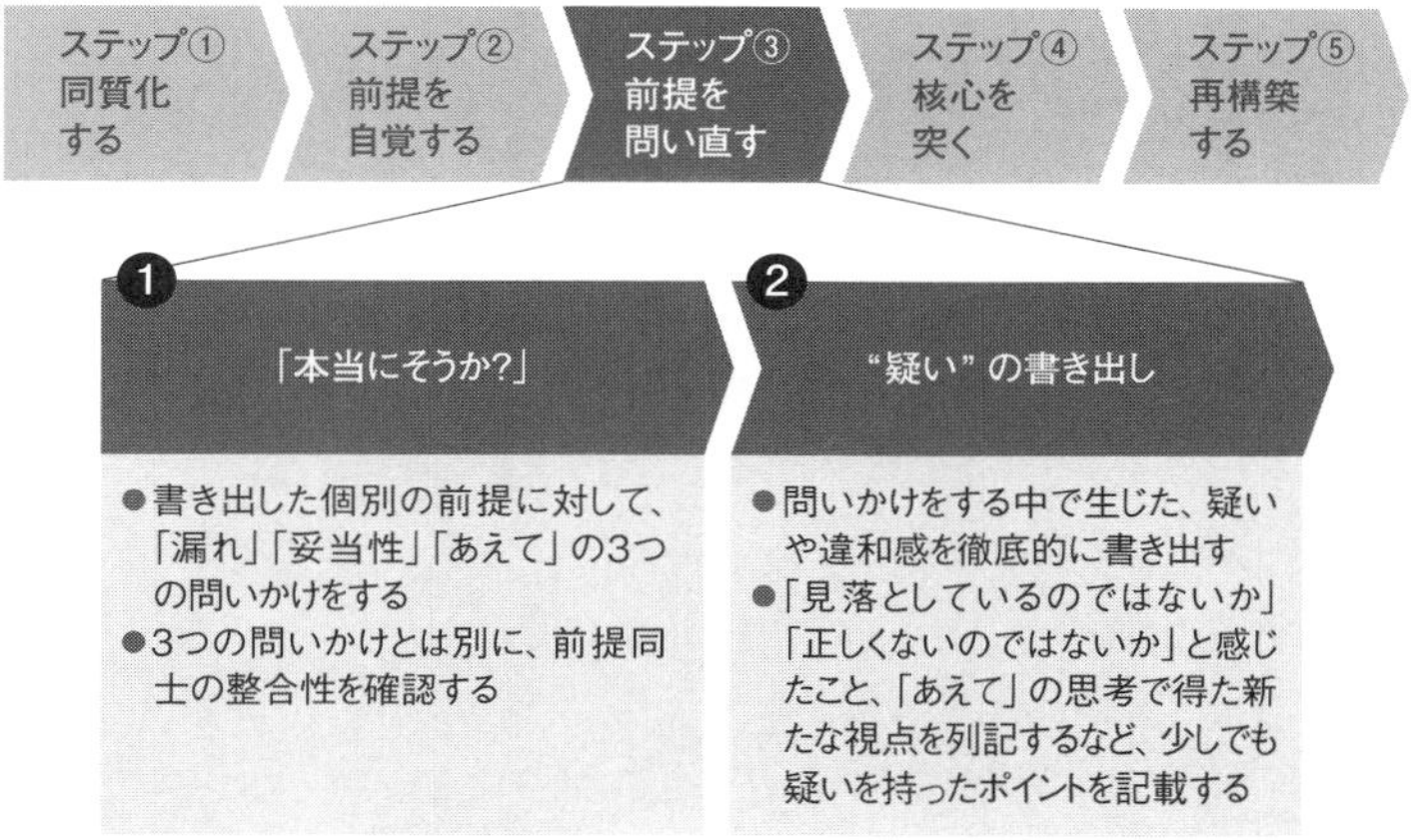
ステップ① 同質化する
ステップ② 前提を自覚する
ステップ③ 前提を問い直す
ステップ④ 核心を突く
ステップ⑤ 再構築する
1
「本当にそうか?」
●書き出した個別の前提に対して、「漏れ」「妥当性」「あえて」の3つの問いかけをする
●3つの問いかけとは別に、前提同士の整合性を確認する
2
“疑い”の書き出し
●問いかけをする中で生じた、疑いや違和感を徹底的に書き出す
●「見落としているのではないか」「正しくないのではないか」と感じたこと、「あえて」の思考で得た新たな視点を列記するなど、少しでも疑いを持ったポイントを記載する

出所：ベイカレント・コンサルティング

サブステップ①「本当にそうか？」
サブステップ②「〝疑い〟の書き出し」

サブステップ①「本当にそうか？」

脳科学的には、人間の思考の〝囚われ〟、すなわち偏りや固定観念を解くには、ハッとさせる問いかけが有効だという。

チームとして取り組む場合はもちろん、担当者が一人で問題解決に当たる場合であっても、偏りや固定観念を揺さぶるような問いかけは実現しうる。たとえ一人で取り組む場合であっても、「他人から新たな視点を得、それをきっかけに囚われに気づく」という本来チームでなすことに近いことを、実現できさえすればよいのだ。

我々が提示する「〝疑い〟を見つけるための『3つの質問』」が、チーム内で問いかけ合う際でも、自問自答を重ねる際でも問いかけの指針となるだろう。

論点を研ぐTips その5

前提を「3つの質問」で揺さぶり〝疑い〟を見いだす

- 「漏れ」：考える必要があるのに考えられていない観点はないか？
- 「妥当性」：ほかの選択肢・見解ではなく、本当にそれが正しいか？
- 「あえて」：あえて違う考え方をするとどうなるか？

この「3つの質問」を使い、ステップ②「前提を自覚する」で洗い出した前提の一つひとつに対して、「本当にそうか？」と問いかける。

「3つの質問」の意義をより理解いただくために、例を見てみよう（図2-13）。

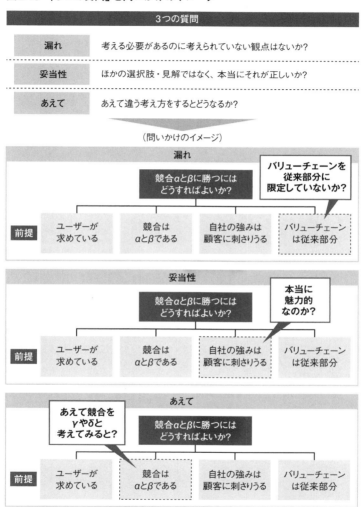

ある会社が、新事業の立ち上げを検討しているとする。その事業で競合となるのはαとβ（どちらも匿名）。「競合αとβに勝つにはどうすればよいか？」を探っている。この論点の裏には、「その事業の立ち上げをユーザーが求めている」「競合はαとβである」「自社は顧客に刺さりうる強みを持っている」「事業展開するのは、バリューチェーン上の従来部分とする」といった前提を置いている。

ここで、それぞれの前提に対して「3つの質問」を投げかける。「漏れ」は、検討する必要

図2-13 「3つの質問」と問いかけのイメージ

3つの質問	
漏れ	考える必要があるのに考えられていない観点はないか?
妥当性	ほかの選択肢・見解ではなく、本当にそれが正しいか?
あえて	あえて違う考え方をするとどうなるか?

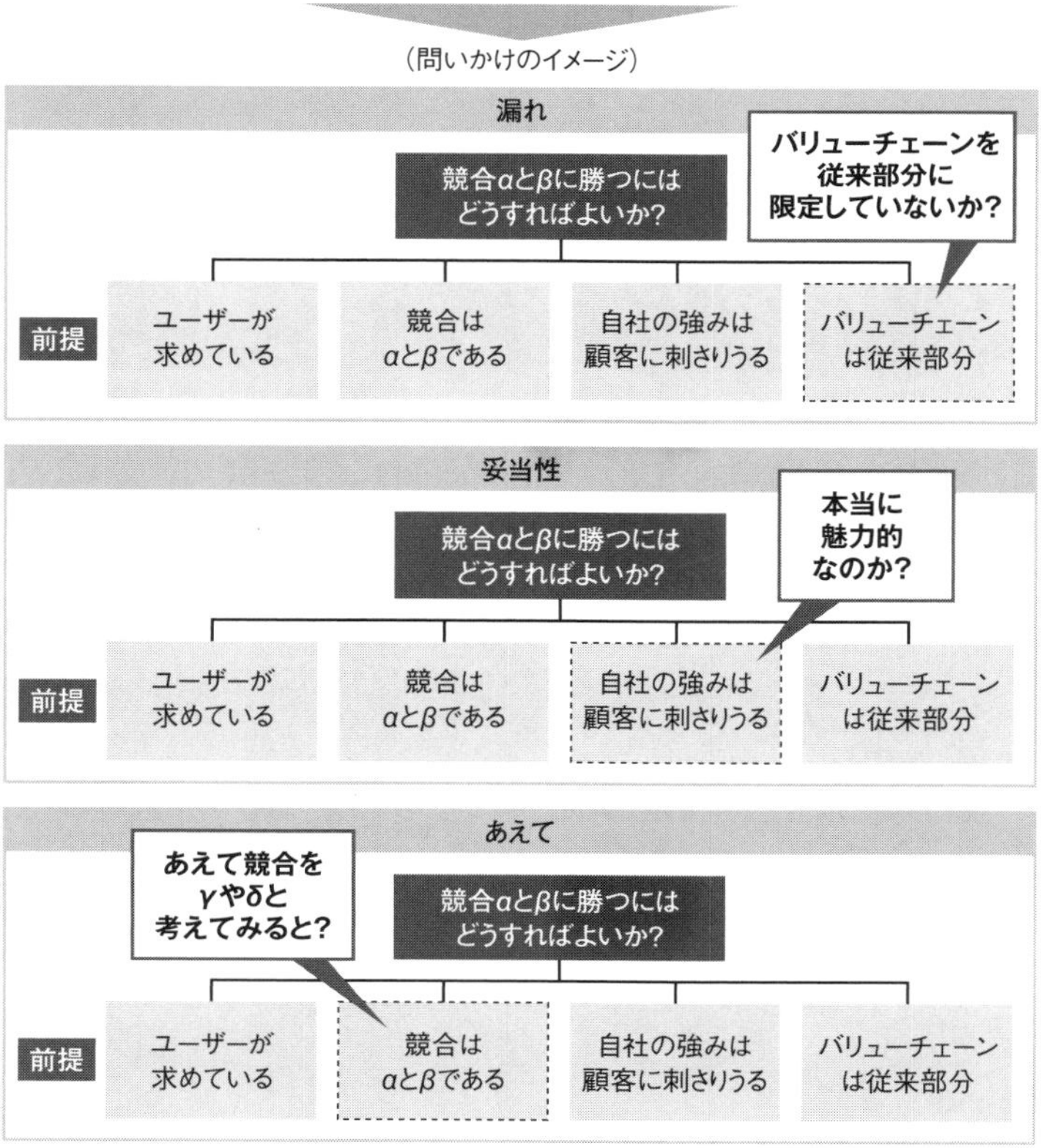
(問いかけのイメージ)
漏れ
競合αとβに勝つには どうすればよいか?
バリューチェーンを 従来部分に 限定していないか?
前提
ユーザーが 求めている
競合は αとβである
自社の強みは 顧客に刺さりうる
バリューチェーン は従来部分
妥当性
競合αとβに勝つには どうすればよいか?
本当に 魅力的 なのか?
前提
ユーザーが 求めている
競合は αとβである
自社の強みは 顧客に刺さりうる
バリューチェーン は従来部分
あえて
あえて競合を γやδと 考えてみると?
競合αとβに勝つには どうすればよいか?
前提
ユーザーが 求めている
競合は αとβである
自社の強みは 顧客に刺さりうる
バリューチェーン は従来部分

出所：ベイカレント・コンサルティング

があるのに検討していない領域がないか、無意識に選択肢を限定していないか、すべてを対象に考えているかを確認する問いである。前述の会社の例で言えば、「事業展開するのは、バリューチェーン上の従来部分とする」という前提に対して、「漏れ」の質問で、「バリューチェーンを広げたり、絞ったりすることで、さらなる戦略上の優位性を築けないか」をチェックする。

「妥当性」は、今置いている前提が正しいのか、間違いはないのかを改めてただす問いとなる。前述の例では、「自社は顧客に刺さりうる強みを持っている」という前提に対して、「妥当性」の面から、「狙う顧客層にとって本当に魅力的なのか」と問う。

「あえて」は、「あえて違う考え方をするとどうなるか？」と、「ずらし」や「逆張り」で新たな発想を誘う問いだ。「これが当たり前」と認識してしまっている〝囚われ〟が存在する可能性があるため、強制的に視点を変え、新たな思考を促す。前述の例では、「競合はαとβ」という前提に対して、「あえて競合をγやδ（どちらも匿名）と考えてみるとどうなるか」を問いかけるという具合だ。

「7つの観点」を通せば、「3つの質問」はさらに実用的なものとなる

サブステップ①「本当にそうか？」では、ステップ②「前提を自覚する」で使った「7つの観点」をもう一度利用し、「3つの質問」をより実用的な形に変換する。「3つの質問」を「7つの観点」のレンズを通して見ることで、「7つの観点」ごとに「漏れ」「妥当性」「あえて」

図2-14 「7つの観点」に対応する「3つの質問」

観点	質問	内容
❶ 定義	漏れ	論点に使われている用語のうち、関係者間で定義が異なるものはないか?
	妥当性	間違って定義されていないか?
	あえて	あえて違う考え方を採用すると、どのような定義になるか?
❷ プレーヤー	漏れ	考慮すべきプレーヤー(顧客・競合・パートナー)をすべて見ているか?
	妥当性	プレーヤーの捉え方は妥当か? 選択肢の中で、本当にそれが妥当なプレーヤーーか?
	あえて	プレーヤーをあえて違う立場に置くとどうなるか? あえて違うプレーヤーを選択するとどうなるか?
❸ セグメント	漏れ	(事業・顧客・プロダクトについて)セグメントの切り口に漏れはないか?
	妥当性	採用する切り口と、それによって捉えようとしている特性・ニーズは本当にそれで正しいか?
	あえて	あえて違う切り口・セグメントで考えるとどうなるか?
❹ バリューチェーン	漏れ	バリューチェーンの中で目を向けていないところはないか?
	妥当性	対象とするバリューチェーンは妥当か?
	あえて	あえて違うバリューチェーンを含めるとどうか?
❺ マネタイズ	漏れ	想定している製品・サービスに関連している価値を、すべて捉えているか?
	妥当性	顧客から最も対価をもらえる価値はその価値か? 対価を得る方法や対価の大きさは適切か?
	あえて	あえて違う側面で製品・サービスの価値を見いだしてみるとどうか?
❻ シチュエーション	漏れ	想定しているシチュエーション(外部環境・内部環境)に漏れはないか?
	妥当性	想定しているシチュエーションを考慮したときに、本当に今の仮説は成り立つか?
	あえて	あえて真逆のシチュエーションを想定した場合はどうなるか?
❼ 時間軸	漏れ	検討対象の中で、時間軸を考慮しないといけないのに、考慮していないものはないか?
	妥当性	考慮しているなら、本当にその時間軸が正しいか?
	あえて	あえて違う時間軸で考えるとどうなるか?

出所:ベイカレント・コンサルティング

を問う質問を見いだすことができる（図2-14）。

「定義」の観点では、まず「漏れ」の切り口で、論点に使われている用語のうち、定義できていないものはないか、関係者間で定義が異なるものはないかを問う。続いて、定義に漏れはなく、関係者間で統一されているとしても、その定義そのものが間違っていないかという「妥当性」を確認する。最後に、「あえて」視点を変え、違う考え方を採用すると、どのような定義になるかを確かめる。

「プレーヤー」の観点では、まず「漏れ」の切り口で、考慮すべきプレーヤーをすべて挙げられているかを問う。たいていの場合、顧客・競合・パートナーについて追加でプレーヤーを挙げる必要がある。「妥当性」の面では、プレーヤーの捉え方が妥当か、今設定しているプレーヤーでよいのか、他のプレーヤーを選択すべきではないかをチェックする。さらに、「あえて」プレーヤーを違う立場に置いてみたり、違うプレーヤーを選択したりした場合にはどうなるかを問う。例えば、従来想定していたプレーヤーとは全く異なるプレーヤーを競合に見立てたり、想定顧客を変えてみたりする。時には、顧客を競合として見たり、競合をパートナーとして考えたりするとどうなるかを確認する。

「セグメント」については、事業や顧客、プロダクトについて、セグメントの切り口を決める際に候補としたものに「漏れ」がないかをただす。また選んだ切り口によって、出てくる特性やニーズは変わる。例えば、属性でセグメンテーションすべきか、行動でセグメンテーションすべきか。採用する切り口と、それによって捉えようとしている特性やニーズは正しいかという問いによって、セグメンテーションの「妥当性」が見えてくる。さらに「あえて」違う切り口のセグメンテーションを行ったらどうだろう？　そこには、別の特性や別のニーズを見いだせる可能性がある。それがはまることはないかを問う。

「バリューチェーン」の観点では、「漏れ」の切り口として、バリューチェーンの中で目を向けていないところがないかをチェックする。「妥当性」については、捉え直したバリューチェーンについて、バリューチェーンの中身の理解や、検討対象とする範囲が妥当か否かだけでなく、そもそも提供する価値はそれでよいのかまで問い直す。その上で、「あえて」違うバリューチェーンを含めて考えるとどうなるかも確認したい。

「マネタイズ」の観点では、「漏れ」の切り口から、想定する製品・サービスに関連する価値をすべて捉えられているかを問う。製品やサービスには様々な価値がある。それらを多面的に捉えられているかをチェックする問いだ。「妥当性」では、こうして多面的に捉えた価値の中で、顧客から最も大きな対価を得られるのはその価値か、つまりマネタイズすべきポイントはそこで合っているかを問う。同時に、対価を得る方法や対価の大きさが適切かもチェックする。さらに、「あえて」違う側面で製品・サービスの価値を見いだしてみるとどうなるかを問い、想定以外の方法でビジネスとして成立しないかを探る。

「PEST」や「7S」など、伝統的フレームワークはここで生きる

「シチュエーション」は「外部環境」「内部環境」に分けて検討する。外部環境に関しては、競合や顧客のほか、PEST（「政治＝Politics」「経済＝Economy」「社会＝Society」「技術＝Technology」）などについて、「漏れ」なく検討できているかをチェックする。内部環境についても7S（「戦略＝Strategy」「組織構造＝Structure」「システム・制度＝System」「共通の価値観＝Shared Value」「人材＝Staff」「スキル＝Skill」「社風・経営スタイル＝Style」）などのフレームワークを活用し、自社や自社が所属するエコシステムを多面的に検討できているかを問う。続く「妥当性」では、想定しているシチュエーションを考慮したときに、本当に今の仮説は成り立つかを問う。さらに、「あえて」の観点から、真逆のシチュエーションとなった場合にどうなるかを検討する。

最後が「時間軸」の観点だ。まずは前述の6つの観点など検討対象の中で、時間軸を考慮すべきにもかかわらず、考慮していないものはないか、「漏れ」をチェックする。その上で、「妥当性」の切り口として、その時間軸が正しいかを問う。例えば、「何年を想定した戦略を練るべきか」「消費者や競合のこれからの変化をどこまで考慮するか」といった視点だ。加えて、「あえて」異なる時間軸で考えてみるとどうなるだろう？　足元を対象とするプロジェクトであっ

ても、「あえて」2030年を見据えて考えた際、前提が成り立つのかを問い直してみることで、新たな気づきを得られるケースもあるはずだ。

順に見てきたこれら観点ごとの実用的な質問を、すべての前提に対して、貼ったラベルに応じてぶつけていく。そうやって〝疑い〟をくまなくあぶり出していくのだ。まさに「前提を問い直す」のである。

4-2 〝囚われ〟解放に重要な「あえて」の思考

「ずらし」「逆張り」の微差の積み重ねが大差を生む

「3つの質問」の中でも、〝囚われ〟から抜け出す上で重要度が高いのが「あえて」の問いだ。「漏れ」や「妥当性」に比べ、問いかけ、思考するのも決して容易ではない。だが、そこで逃げずに頭を使い、ちょっとした「ずらし」や「逆張り」を手掛かりとして〝囚われ〟から少しでも距離をとる。その「微差」の積み重ねが非連続な着想を生み、結果として「大差」を生んでいくのである。

この「あえて」の問いかけは、我々コンサルタントもクライアントの問題解決を支援する際によく使う。

あるプロジェクトを進める際に、「A案でいく」と合意形成されそうになると、あえて「いや、やはりB案がよいのではないか」と検討し直してみる。結果的にA案のよさが際立つこともあるし、見落としていた重要な観点に気づくこともある。

慣れないうちは難しいかもしれないが、「ずらして考える」「逆張りで考える」といったことを意識的に続けるうちに、〝囚われ〟解放の強力な武器となる「あえて」の思考が身についてくるはずだ。

前提同士の整合性を問うことも忘れずに

サブステップ「本当にそうか?」では、前提同士の整合性も問う。ステップ②「前提を自覚する」では、主論点、サブ論点から成るイシューツリーに数多くの前提を書き出した。それらの中で、「1番目のサブ論点に書いた前提と、3番目のサブ論点に書いた前提の整合性がとれない」といったことがないかを確認する。

消費財メーカーA社での「本当にそうか?」実践例

A社のプロジェクトでも、ステップ②「前提を自覚する」で洗い出したすべての前提に対して、「本当にそうか?」を問いかけた。

「競合に負けない製品別の価格はいくらで、その事業インパクトはいかほどか？」という主論点に関しては、9つの前提を書き出していた。それらに「3つの質問」を投げかけた。その例を一部見てみよう。

「プライシングとは最適価格を決めることである」という前提には、「定義」をラベリングしていた。そこで、「定義」ですべき3つの質問、「関係者間で定義が異なるものはないか」「間違って定義されていないか？」「あえて違う考え方を採用すると、どのような定義になるか？」を投げかけた。

「競合とはX社、Y社、Z社のことである」という前提は、「プレーヤー」に関係する。「考慮すべきプレーヤーをすべて見ているか？」「プレーヤーの捉え方は妥当か？ 選択肢の中で、本当にそれが妥当なプレーヤーか？」「プレーヤーをあえて違う立場に置くとどうなるか？ あえて違うプレーヤーを選択するとどうか？」という3つを問うた。

「プライシングは製品別で行う」という前提は、「セグメント」の観点から、プライシングの方針が変わってくるだろうセグメントの「切り口に漏れがないか？」「採用する切り口と、それによって捉えようとしている特性・ニーズは本当に正しいか？」「あえて違う切り口・セグメントで考えるとどうなるか？」を問いかけた。

「外部環境が価格に与える影響は考慮しない」という前提については、「シチュエーション」の観点から、「想定しているシチュエーション（外部環境、内部環境）に漏れはないか？」「想定しているシチュエーションを考慮したときに、本当に今の仮説は成り立つか?」「あえて真逆のシチュエーションを想定した場合にどうなるか?」という3つの質問で問い直した。

主論点やサブ論点のすべての前提について、ラベリングした観点ごとに「3つの質問」を投げかけていった。

4-3 問いから生じたあらゆる〝疑い〟を書き出す

正誤はこの段階では問わない

サブステップ②「〝疑い〟の書き出し」

サブステップ①「本当にそうか?」では、前提に対し「3つの質問」を使い、「本当にそうか?」と問うた。次のサブステップ②「〝疑い〟の書き出し」では、問いかけた結果生じた疑いや違和感を、徹底的に書き出していく。

「漏れ」を検討した結果、「見落としているのではないか」と気づいたポイント、「妥当性」を問うた結果、「正しくないのではないか」と感じたファクトやロジック、「あえて」の思考で得た新たな視点などを列記する。

この段階では、「違っている」「おかしい」と確信していなくても全く構わない。「何となくすっきりせず気持ち悪い」と感じた点も含めてすべて書き出す。

行き詰まりを起こしている論点や仮説、一からの検討で初期的に立てた論点や仮説は、その精度は決して高くない。前提を書き出した際、「自信が持てない」「怪しい」というポイントは多々あって当然だ。後のステップでその正誤を検証することを前提に、ここではあらゆる〝疑い〟を漏れなく書き出そう。

消費財メーカーA社での「〝疑い〟の書き出し」実践例

すべての前提に対して「本当にそうか」と問いかけた結果、生じた疑いを書き出した。

「競合に負けない製品別の価格はいくらで、その事業インパクトはいかほどか？」という主論点には、９つの前提があった。

その１つ、「プライシングとは最適価格を決めることである」という前提に対し、ラベリングされていた「定義」の観点から〝疑い〟にかかった（図2-15）。

まず「漏れ」に関して、「関係者間で定義が異なるものはないか？」を考えたが、関係者間で定義は統一されており、「漏れ」は考えられない。

続いて、「間違って定義されていないか？」という「妥当性」については、「本当に製品別の最適価格を見つけるだけで、粗利益の最大化という目的は果たせるのか？」という〝疑い〟が生じた。

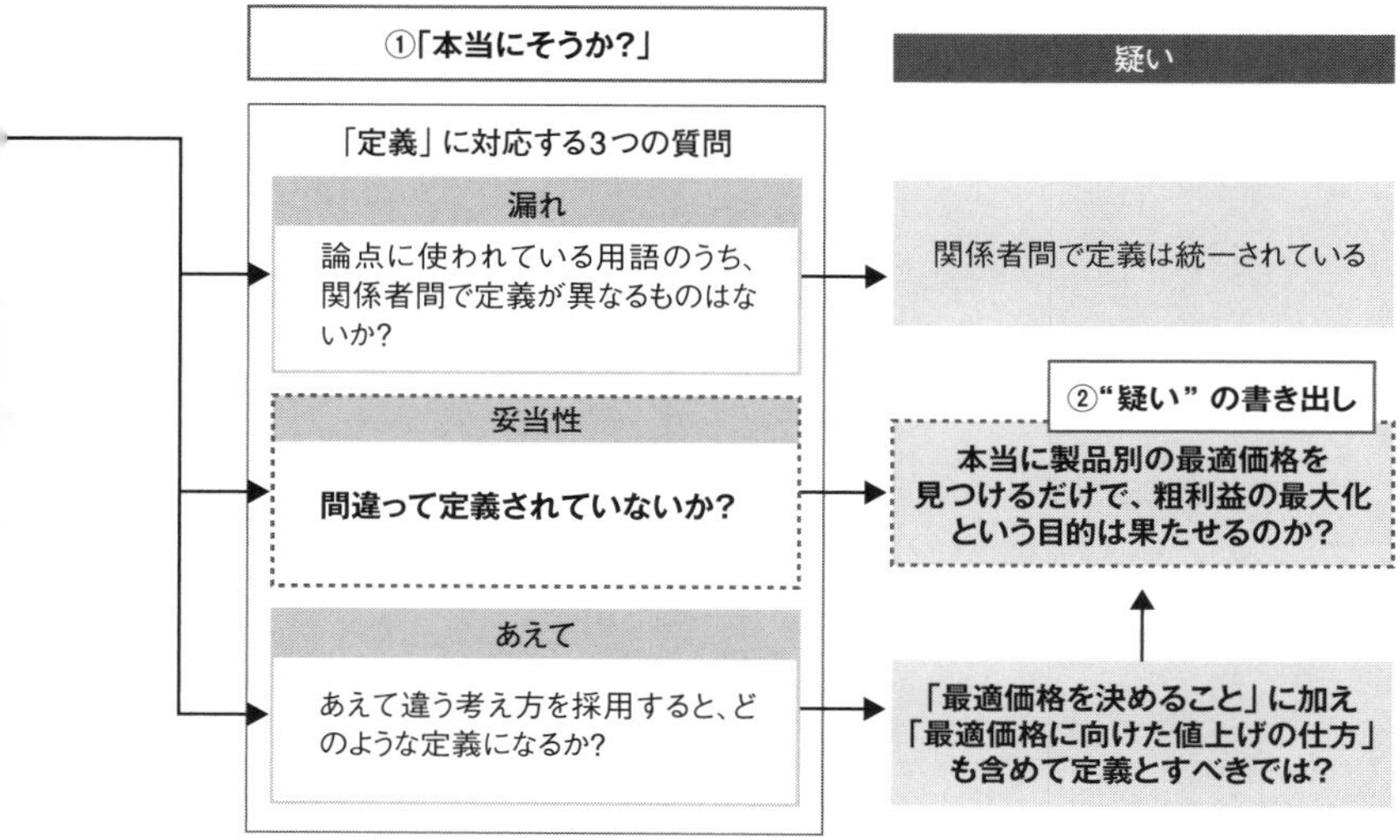
①「本当にそうか?」
疑い
「定義」に対応する3つの質問
漏れ
論点に使われている用語のうち、関係者間で定義が異なるものはないか?
関係者間で定義は統一されている
②"疑い"の書き出し
妥当性
間違って定義されていないか?
本当に製品別の最適価格を見つけるだけで、粗利益の最大化という目的は果たせるのか?
あえて
あえて違う考え方を採用すると、どのような定義になるか?
「最適価格を決めること」に加え「最適価格に向けた値上げの仕方」も含めて定義とすべきでは?

例えば、5000円で販売していた製品の最適価格が、実は8000円だったと分かったとする。その場合でも、最適価格と考える8000円へ移行する方法は多様にある。例えば、まずは6000円に値上げし、1年ごとに7000円、8000円と値上げする方法もありうるし、製品のリニューアル時に一気に値上げする方法もあるだろう。最適価格を見つけたからそれで終わりではなく、そこにどう至るかも大きな論点なのではないかという〝疑い〟を抱いたため、それを書き出した。

さらに「あえて違う考え方を採用すると、どのような定義になるか？」も問うた。妥当性で問うた内容と同じく、プライシングは「最適価格を決めるこ

図2-15　ステップ③「前提を問い直す」の流れ
消費財メーカーA社の事例

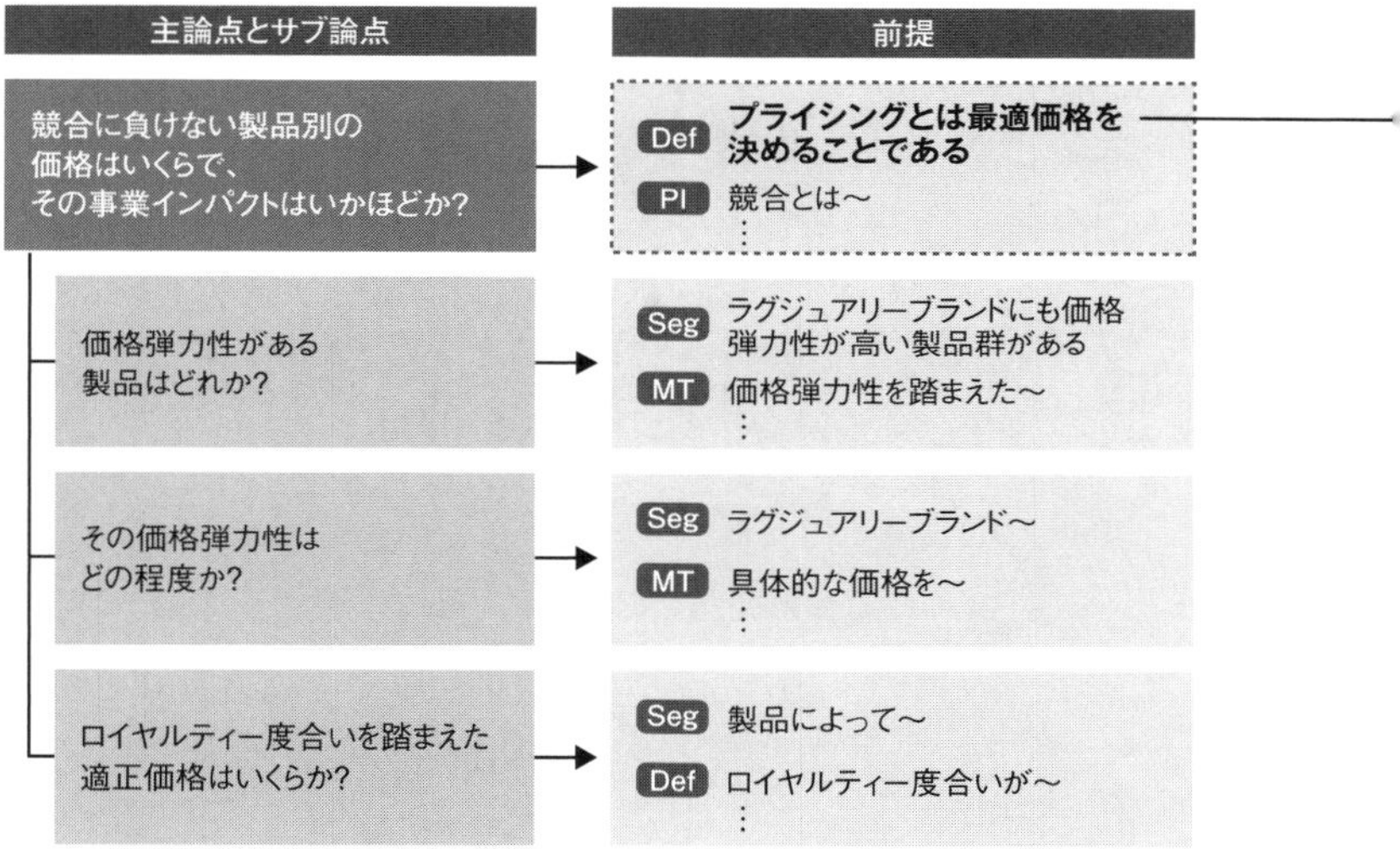
主論点とサブ論点
前提
競合に負けない製品別の価格はいくらで、その事業インパクトはいかほどか？
Def プライシングとは最適価格を決めることである
PI 競合とは～
価格弾力性がある製品はどれか？
Seg ラグジュアリーブランドにも価格弾力性が高い製品群がある
MT 価格弾力性を踏まえた～
その価格弾力性はどの程度か？
Seg ラグジュアリーブランド～
MT 具体的な価格を～
ロイヤルティー度合いを踏まえた適正価格はいくらか？
Seg 製品によって～
Def ロイヤルティー度合いが～

出所：ベイカレント・コンサルティング

と」に加え、「最適価格に向けた値上げの仕方」も含めて定義とすべきではないかと感じ、「妥当性」の切り口から書き出した〝疑い〟に自信を持った。

主論点について、「時間軸の変化による最適価格の変化は分析しない」という前提も書き出し、「時間軸」をラベリングしていた。この前提に対しては、「漏れ」の問いかけから、「本当に最適価格は1つの値であり続けるのか？」という〝疑い〟が生じたことから、それを記した。

主論点のそのほかのすべての前提についても、「3つの質問」を投げかけ、生じた疑いを書き出した。さらに、サブ論点についても、同様の作業を行った。

疑い	
（妥当性）	本当に製品別の最適価格を見つけるだけで、 粗利益の最大化という目的を果たせるのか？
（漏れ）	本当に最適価格は1つの値であり続けるのか？ ⋮
（妥当性）	ラグジュアリーブランドにおいて、本当に価格弾力性は存在するか？
（妥当性）	本当にそこまでロイヤルティーが効くのか？

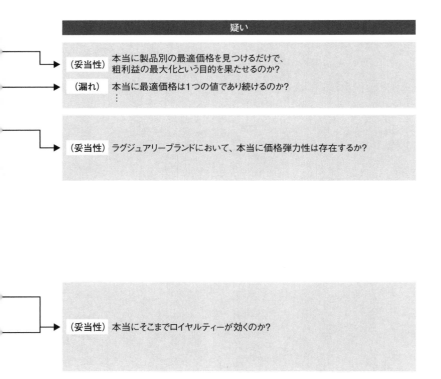

図2-16　“疑い”をすべて書き出す
消費財メーカーA社の事例

主論点とサブ論点	前提
競合に負けない製品別の価格はいくらで、その事業インパクトはいかほどか?	Def プライシングとは最適価格を決めることである Pl 競合とはX社、Y社、Z社のことである Seg プライシングは製品別で行う T 時間軸の変化による最適価格の変化は分析しない ⋮
価格弾力性がある製品はどれか?	Seg ラグジュアリーブランドにも価格弾力性が高い製品群がある MT 価格弾力性を踏まえたプライシングが、粗利益の最大化につながる
その価格弾力性はどの程度か?	Seg ラグジュアリーブランドの価格弾力性には、製品によって幅がある MT 具体的な価格をいくらにすべきかは、価格弾力性の大きさ次第 Sit 価格弾力性の程度に影響を与える、所得等の変数は考慮しない
ロイヤルティー度合いを踏まえた適正価格はいくらか?	Seg 製品によって、ロイヤルティー度合いが異なる Def ロイヤルティー度合いは、NPSとリピート実績の両方で判断すべきものである Seg ロイヤルティー度合いが高い製品は、根強いファン層が購入を続けるため、値上げしたとしても販売量はあまり変わらない

Def 定義　Pl プレーヤー　Seg セグメント　VC バリューチェーン
MT マネタイズ　Sit シチュエーション　T 時間軸

出所：ベイカレント・コンサルティング

「価格弾力性がある製品はどれか?」というサブ論点では、「ラグジュアリーブランドにも価格弾力性が高い製品群がある」という認識が前提になっていたが、「セグメント」の観点で「妥当性」を問うた結果、「ラグジュアリーブランドにおいて、本当に価格弾力性は存在するか?」という〝疑い〟を抱いた。

「ロイヤルティー度合いを踏まえた適正価格はいくらか?」というサブ論点には、「製品によって、ロイヤルティーの度合いが異なる」「ロイヤルティー度合いが高い製品は、根強いファン層が購入を続けるため、値上げしたとしても販売量はあまり変わらない」という前提があった。これについても、「セグメント」の観点で「妥当性」を問いかけた際、「本当にそこまでロイヤルティーが効くのか?」という〝疑い〟が生まれた。

このような作業によって、論点と仮説にまつわるすべての前提について、思いつく限りの疑いを書き出した（図2-16）。

次はいよいよ「核心を突く」ステップへ

論点・仮説の前提に対して、「7つの観点」ごとに「3つの質問」を投げかけ、それによって生まれた〝疑い〟をすべて書き出したら、ステップ③「前提を問い直す」は完了となる。次のステップ④「核心を突く」で、これら〝疑い〟の正体をあばき、覆った前提をヒントに、核心に迫る問いの導出に挑む。

第5章　ステップ④「核心を突く」

続いてのステップ④は「核心を突く」である。ステップ③の「前提を問い直す」は、問題解決のために「論点を研ぐ」上で〝肝〟になるステップだと説明した。ステップ④「核心を突く」は、ステップ③で挙げた〝疑い〟の正体を明らかにし、新たな前提の下、より核心に迫る問いを見いだすステップであり、ステップ③「前提を問い直す」と同様に極めて重要度が高い。

5-1　〝疑い〟の正体を解明する

従来の仮説検証と何が異なるのか

ステップ④「核心を突く」上でポイントとなることは2つある。

1つ目が、〝疑い〟の正体を解明することと、いわゆる仮説検証とは明確に異なることを理解することだ。

両者はそもそも検証にかかる対象が異なる。

〝疑い〟の正体を解明する際は、論点と仮説の裏にある前提の中で疑わしいものの正誤を確認する。前提の誤りを証明しつつ、新たに据え直すべき前提を探っていく。一方で、仮説検証は立てた仮説の確からしさを検証する。仮説の妥当性の根拠を、ファクトをもって明らかにしていくのだ。前提にある〝疑い〟なのか、仮説の根拠なのか。まずはこの違いをしっかり認識すべきだ。

加えて、検証の仕方も異なる。

〝疑い〟の正体を解明する際には、いち早く誤りに気づき、新たな前提を導くことが重要となる。そのため、調査や分析はクイックに行うことが必要だ。できれば当日、長くとも数日で完了させたい。ここでは、「疑いを持ったものの、実は問題なかった」ということがあっても全く構わない。前提に関する理解が確実に深まることから、それを知ることもむしろ重要だ。

一方で仮説検証では、仮説の確からしさをしっかりと裏付けることが求められる。プロジェクトにもよるが、数週間、場合によっては1カ月以上の時間をかけ、重厚な調査・分析によって検証を行うことも珍しくない。スピードなのか、蓋然性なのか。目的が異なるからこそ、異なる点を認識し、どちらを優先するのかを判断してほしい。

「核心を突く」上でのポイントの2つ目は、〝本当のメカニズム〟を捉えることである。〝本

図2-17　ステップ④「核心を突く」の全体像

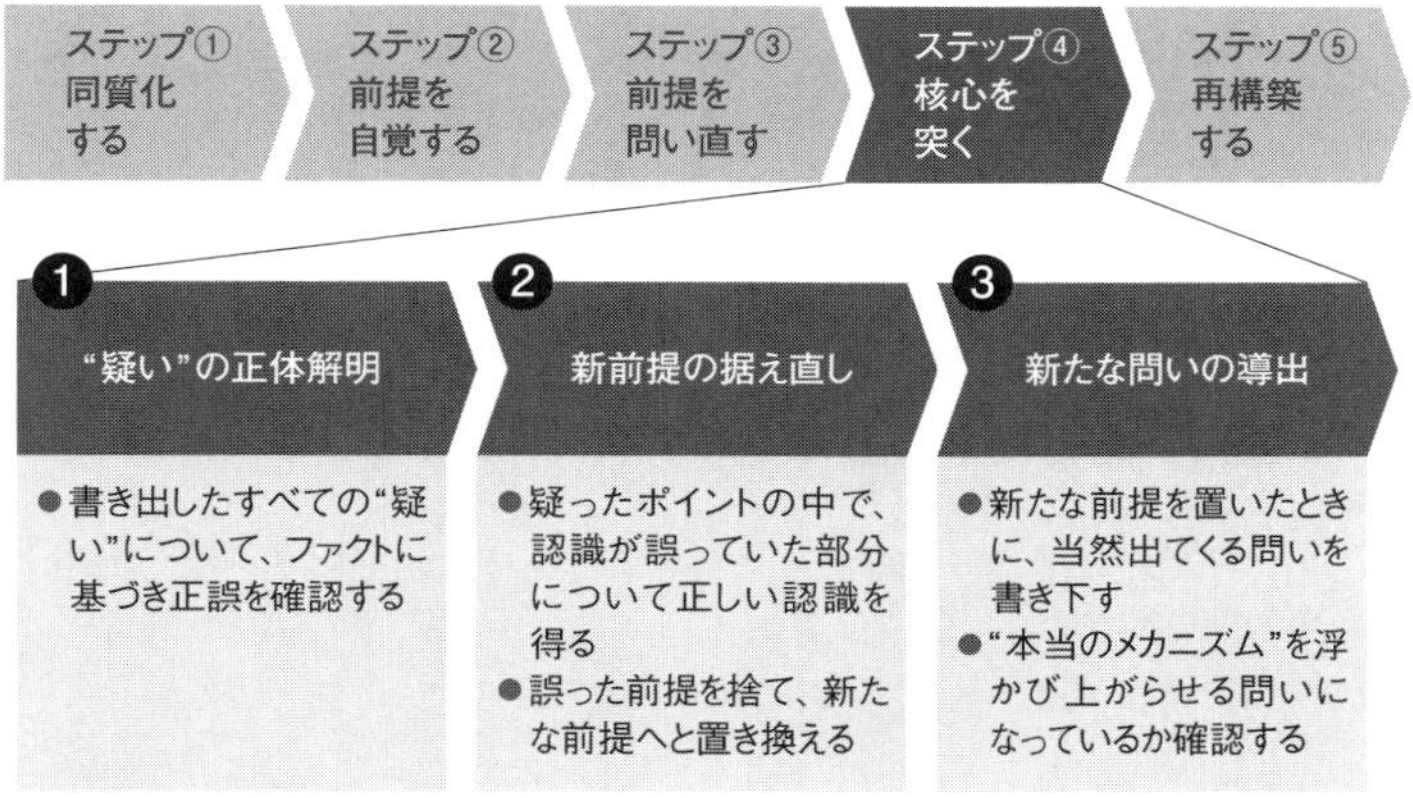

出所：ベイカレント・コンサルティング

当のメカニズム〞とは「問題が生じている構図」と言い換えられる。問題というのは複雑な要因が絡んで起きるものだ。それゆえ、問題が起きる構図を誤って捉えてしまうことも多い。

前提を問い直し、認識が誤っていた部分は、取り直したファクトや、考案し直したロジックをもとに新たな前提を据え直す。その際には、新たなファクトやロジックを手掛かりに、〝本当のメカニズム〞とは何なのかに徹底的にこだわろう。それこそが、その問題の「核心」なのだ。核心を内包する〝本当のメカニズム〞が、据えるべき新たな前提へと形を変える。逆に捉えれば、新たな前提を的確に捉えられたなら、「核心に迫る問い」が見えてくる。

〈ステップ④「核心を突く」を実現するためのサブステップ〉

ステップ④「核心を突く」には、以下の3つのサブステップがある（図2-17）。

サブステップ①「〝疑い〟の正体解明」
サブステップ②「新前提の据え直し」
サブステップ③「新たな問いの導出」

ステップ③「前提を問い直す」で書き出したすべての疑いについて、このサブステップ①～③を実行する。

サブステップ①「〝疑い〟の正体解明」

まず、ステップ③「前提を問い直す」で浮上したすべての〝疑い〟について、ファクトに基づき正誤を確認する。疑いの正体を明らかにするための手法は以下の通りだ。

論点を研ぐTips その6

〝疑い〟の正誤はこれで見極める

A ミッションに照らして目的を改めて確認し、立ち返る

・目指す先は何で、それはミッションにかなっているかを再確認する
・目指す先だけでなく、採ろうとしているアプローチと、ミッションの整合性も確認する

B　1次情報を取り直す（ソースを変える）
・疑った対象に関する情報を、ソースを変えて取り直す
・特に、世の中で認識が固まり切っていない物事については、複数のソースから集める

C　定量化する
・疑った対象に関連する数字をざっくりと定量化する
・特に、暗黙のうちに方向性が固まってしまっているものについて、一度数字で見る

D　言語化する
・疑った対象について、より具体的に言語化して書き記す
・認識がなんとなく定まったように感じるポイントや、概念的／抽象的な事象について、より具体的に言語化する

まずやるべきは、クライアントや上長のミッションや目的を改めて確かめることだ。ステップ①「同質化する」のサブステップ①「主論点の定義」でも、会社や部門のミッション、およびミッションに照らして成し遂げたいこと（＝目的）を確認していたが、そのときとはスタンスが異なる。

ステップ①「同質化する」でミッションや目的を聞いたときには、「クライアントや上長の頭の中を知る」ことを狙いとしている。あくまでもクライアントや上長の認識を受け入れる姿勢だった。

一方、このステップ④「核心を突く」では、いくつもの疑いを抱えた状態でミッション・目的を確認することになる。あれこれと考えるうちに問いが複雑化し、やっていることが当初の目的からずれることは往々にしてある。ミッションに照らして目的を改めて確認し、本当にやりたいことに結びつく前提なのか、そうでないのかの見極めをする。

1次情報取りはクイックに、ゆえに基本にはいつも以上に忠実に

〝疑い〟の正誤を見極めるには、1次情報の取り直しも欠かせない。

ステップ④「核心を突く」のサブステップ①「〝疑い〟の正体解明」では、〝疑い〟の内容に応じて、その前提の根拠となっている情報を疑いにかかる。自分たちにとって都合の良い情報が見つかると、そこに安易に飛びついてしまうことがよくあるからだ。偏った情報をもとに論点を設定していると、途中で行き詰まったり、後になって大きな間違いが発覚したりすることになりかねない。これまでとソースを変えて、1次情報を取り直すことには大きな意義がある。

実施手段としては、インタビューやアンケートが代表的であり、そこから得た新たなファクトの裏取りとして公開情報調査も行うことがある。

まずは「〝疑い〟の正体解明」におけるインタビュー調査のノウハウを述べていこう。

前述したように、ここでの調査や分析はクイックに行うことが重要となる。そのため、インタビューを行う場合は、1つのテーマについて相手を2〜3人程度に絞るのが定石だ。ここで、少人数のインタビューで効果的に有効なファクトを押さえるには工夫が必要となる。工夫の1つ目は適切なインタビュイー（インタビューを受ける人）を選択すること。「知りたいことを知っているかどうか」だけでなく、「聞きたいことを話してくれるかどうか」という視点も重要となる。

事前に社歴や所属部門の変遷などから、聞きたいテーマに詳しいこと、深く関与してきたことを確認しておく。現在のポジションから、どんな立場で関与しているか、どういう目線で話ができるかについても見当をつける。

良いインタビュイーは、質問の意図を理解した上で的確に回答してくれる。有意義な会話ができる人物かどうかを見極めた上でインタビューを申し込みたい。その際には、「スクリーニング質問」を使うのも効果的だ。スクリーニング質問とは、インタビュイーの選定に当たり、「知りたいことを知っているか」などを事前に確認する質問を指す。事前にどんなストーリーでインタビューを展開し、何を聞きたいと考えているかを伝え、テーマに対する理解度だけでなく対話力も測る。中には、一方的に自分の考えばかりを話したがる人もいる。このスクリーニング質問で、聞いたことに対して的確に答えてくれる人物かどうかを見極める。

2つ目の工夫は、インタビューの設計である。必要な情報を的確に得られるよう、〝疑い〟

の正体を解明する上で、「インタビューイーに話してほしいこと」をあらかじめ整理し、それを自然な流れに仕立てた質問票を手にインタビューに臨む。

これら2つの工夫は、いわゆる仮説検証におけるインタビュー調査でも同じく重要だ。ただ、クイックに〝疑い〟の正体を解明していくためには、仮説検証のとき以上に、2つの工夫をこらすことを徹底せねばならない。

過去に、「〝疑い〟の正体解明」で行ったインタビューの事例を紹介しよう。

クライアントはあるエネルギー企業で、組織設計がテーマだった。このエネルギー企業は、技術者人材の部門横断組織を構築することが、技術者不足への対策の一つになると考えていた。それに対し、我々は「組織の構築だけでなく、運用ルールの作り込みが肝になるのではないか」という〝疑い〟を持った。

そこで、1次情報を確認するべく、競合のエネルギー企業にインタビューを行った。部門横断型の技術者組織の中で、組織のルール設計・改変に携わった経験がある人物がベストと考え、部門横断組織を採用している企業において技術系業務に従事した経験と、マネジメント層としてルール設計・改変に関わった経験の両方を持つ人物を探索した。技術系業務のメンバーとして3年、マネジメントとして7年の経験を持つインタビューイーを見つけることができた。

スクリーニング質問で、「技術者不足は、グローバル全体で大きなトピックである。部門横断組織はその解決策の一つではあるが、ルール設計によって、いかに技術者たちに経営判断にのっとった動きをさせるかが重要。最も効くのは評価と求める動き方との連動」という回答を得られたため、インタビューに最適な人物と判断した。

実際のインタビューに向けては、「部門横断組織は作るだけではうまくいかない。組織を効率的に動かすためのルールを緻密に設計し、見直しを続けることが重要」という見解が妥当ならば、その話をきちんとしてもらえる設計を念頭に置いた。インタビュイーが部門横断組織の中で苦労した話や、組織のルール改変がそれを乗り越えるのに効いたのか、効いたのならば具体的にどう乗り越えたのかを話してもらえるような質問事項を設定した。

結果として、〝疑い〟が正しかったことが確認でき、前提の据え直しにつながった。

次は、「〝疑い〟の正体解明」におけるアンケート調査のノウハウだ。アンケート調査を実施する場合も、クイックに行うことを意識する。あくまでも、〝疑い〟の正誤を確認することが目的であり、大がかりな調査を行う必要はない。アンケート対象は10～100人程度でよい場合が多く、投げる質問も絞り込む。アンケート結果から得られた示唆について、対象者に再度聞き取りを行うのもよい。

アンケート調査についても、参考までに過去の事例を紹介しよう。

医療関係のあるクライアントは、電子カルテ事業の収益改善を図っていた。電子カルテは一部ベンダーが市場を寡占する状態にある。このクライアントは、オンライン診療に対応する機能を盛り込んだ次世代カルテの投入が、シェアを奪う有効な一手になると見ていた。

調査機関が医療従事者に対して実施した調査では、電子カルテの大手4社が市場の75％以上を寡占していた。だが、新興の電子カルテメーカーも台頭していることから、アンケート調査で1次情報の取り直しを行った。

医療従事者10人に、実際に使っている電子カルテを聞いた。大手4社の電子カルテを利用していると回答した医療従事者が7人いたが、そのうちの4人は、診療科専用の電子カルテも併用していた。大手メーカーの電子カルテは病院全体で導入しているが、業務の都合上、診療科独自の電子カルテも利用していたのである。

このことから、診療科特化型の電子カルテは、寡占市場においてもシェアを獲得する切り口になりうることを見いだした。

定量化は当然やる、言語化は想像以上にパワフル

「〝疑い〟の正体解明」では、定量化も手段の一つだ。定量化しないまま、漠然とした認識の下で置いていた前提について、〝疑い〟に関係するデータを集め、定量的に表してみる。必ずしも細かい実測値を求めなくともよい。あくまでもざっくりとした試算で構わない。ざっくりでも、具体的な数字にすることで、新たなファクトやロジックが見えてくる。

その際の1つ目のポイントは、試算ロジックの妥当性を保つことだ。試算のための計算式が、スジの通るものになるよう注意する。時には、クライアントが出した試算のロジックとは、あ

えて別の計算式で定量化し直してみることも必要だ。

もう1つ、仮置きする数字を妥当感のあるものとすることもポイントとなる。ざっくり試算を行う際、統計情報等の公開情報などから持ってこられない数字については、仮置きすることが必要だが、実態（リアルな世界）と照らしたときに妥当な数字とすることが重要だ。

例えば、「商業施設の照明は営業時間後には消えている」ことを理由に、照明設備の稼働率を50%と仮置いて計算するようでは実態に沿わない。商業施設の営業時間は10〜22時で1日の50%かもしれないが、従業員は8時ぐらいから出勤し、電気をつけて準備するであろう。飲食店の従業員は、後片付けなどで24時過ぎまで残っているかもしれない。照明設備の稼働率は50%ではなく、70%と見なすのが妥当ということになる。このように、頭の中でどれだけリアリティーを持って求められるシーンを想像できるかが、妥当性を左右するのである。

疑わしい点について、言語化することも〝疑い〟を解明する上で有効な方法だ。〝疑い〟を感じた前提について、「5W1H」（When：いつ、Where：どこで、Who：誰が、What：何を、Why：なぜ、How：どのように）の要素を盛り込みながら、明文化してみる。具体的に言葉で書き起こすことによって、曖昧だった部分が明確になったり、誤りがあると気づいたりすることもある。

言語化には、後にクライアントや上長に疑った結果を示す際に、説得力のある説明が可能になるという効果もある。

ここまで説明したミッション・目的の再確認、1次情報の取り直し、定量化、言語化といった作業を通して、〝疑い〟を持ったポイントが「やはり誤っていた」「実は正しかった」のいずれなのかを明らかにする。これが、「〝疑い〟の正体解明」の具体的な作業である。

消費財メーカーA社での「〝疑い〟の正体解明」実践例

消費財メーカーA社のプロジェクトでは、ステップ③「前提を問い直す」によって、主論点やサブ論点に対して、以下のような〝疑い〟が生まれていた。それらについて、疑いの正体を明らかにしていった。

◎主論点：「競合に負けない製品別の価格はいくらで、その事業インパクトはいかほどか？」
↓●疑い：「本当に製品別の最適価格を見つけるだけで、粗利益の最大化という目的は果たせるのか？」
○サブ論点：「価格弾力性がある製品はどれか？」
↓●疑い：「本当に最適価格は1つの値であり続けるのか？」
○サブ論点：ロイヤルティー度合いを踏まえた適正価格はいくらか？
↓●疑い：「ラグジュアリーブランドにおいて、本当に価格弾力性は存在するか？」

↓
●疑い：「本当にそこまでロイヤルティーが効くのか？」

続いて以下、「論点を研ぐTipsその6」に従って作業を進めていった。

Aミッションに照らして目的を改めて確認し、立ち返る

●疑い：「本当に製品別の最適価格を見つけるだけで、粗利益最大化という目的は果たせるのか？」

製品やサービスの価格改定は、極めて慎重に行うべきテーマである。ラグジュアリーブランドに限らず、通常の製品の価格改定においても、新たなターゲット価格が定まったとて、それはスタートにすぎない。プライシングが、消費者の購買行動にどう影響を与えるかを細かく分析し、ターゲット価格への移行計画を緻密に練るものだ。

最適価格を見つけるだけでは、事業インパクトを生み出すアクションをすぐに起こすことはできない。

どうも新しい前提を据え直す必要がありそうだ。

●疑い：「本当に最適価格は1つの値であり続けるのか？」

A社ラグジュアリーブランド事業部のミッションは、一時的な売り上げ・利益改善ではなく、それらを中長期的に向上させ続けることである。であるならば、プライシングの観点で言っても、ある時点の最適価格を見つけるだけでは十分ではない。最適価格の変化を捉え続け、アジャストし続けていくことが求められる。

こちらも、抱いた〝疑い〟は妥当だったようだ。

C 定量化する

●疑い：「ラグジュアリーブランドにおいて、本当に価格弾力性は存在するか？」

競合ラグジュアリーブランドの製品別の価格と販売数量のデータをクライアントから受領し、価格弾力性の有無をクイックに定量分析した（図2-18）。

その結果、製品βのように、値上げをしても販売数量が増えたものがある一方、製品γのように値下げ後、逆に販売数量が減ってしまったものもあることが分かった。このようにラグジュアリーブランドでは、多くの製品において、価格弾力性という概念がそぐわないのだ。つまり「値下げをすると販売数量が増え、値上げをすると販売数量が減る」という構図にはならないことが明らかになった。

●疑い：「本当にそこまでロイヤルティーが効くのか？」

顧客がブランドやメーカーに抱くロイヤルティーの程度ごとに、製品の価格の変化と販売数量の変化の関係性についても、定量的に調べた。

図2-18 ラグジュアリーブランド製品群における価格・数量変動パターン分析例

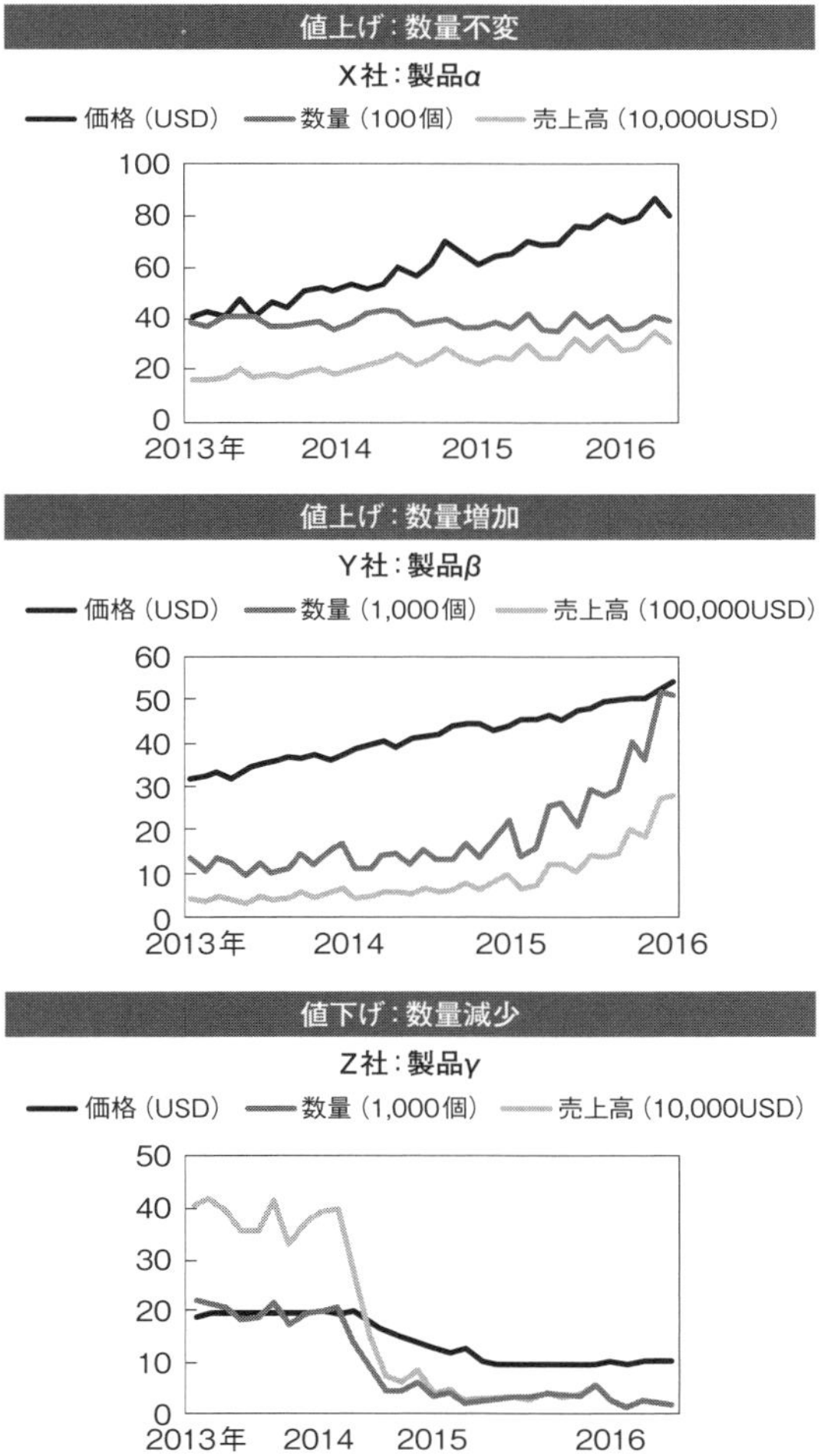

出所：ベイカレント・コンサルティング

その結果、ロイヤルティーによる違いはそれほど大きくないことがわかった。A社が扱うラグジュアリーブランド製品群では、ブランドや製品へのロイヤルティー度合いに関係なく、消費者は製品の価格変化に対して同じような購買行動を取っていることが分かった。

5-2 新前提を手掛かりに、問題の核心に迫れ

覆った前提が、実は新前提のヒントとなる

サブステップ②「新前提の据え直し」

〝疑い〟の正体を明らかにした後のサブステップ②で行うのは、「新前提の据え直し」だ。サブステップ①で疑ったポイントの中で、認識が想像通り誤っていた部分について新たな認識を得る。そして、誤った前提を捨て、新たな前提へと置き換える。

ここで、前提の据え直しには相当な発想力が求められると思う人もいるかもしれない。でも、安心してほしい。新たなファクトやロジックを得られたからと言って、新たな前提をゼロから考える必要はない。覆った前提と、新たなファクトやロジックを照らし合わせ、〝本当のメカニズム〟にこだわり抜いて考えれば、核心に迫る新たな前提はすぐそこに見えてくるものだからだ。

イメージがわかない方も多いと思うので、消費財メーカーA社の事例を早速見てみよう。

消費財メーカーA社での「新前提の据え直し」実践例

サブステップ①「〝疑い〟の正体解明」を通して、疑ったポイントの正誤を仕分けた後、誤っていた前提は破棄し、新たな前提を据え直した。

●疑い：「本当に製品別の最適価格を見つけるだけで、粗利益最大化という目的は果たせるのか？」

例えば、5000円で販売していた製品の最適価格が、実は8000円だったとわかったとする。その場合でも、いかに8000円へ移行するかには、様々な方法がある。

いきなり8000円に値上げする方法もあるが、時期を置いて6000円、7000円という具合に徐々に値を上げ、最終的に8000円に至る方法もある。どちらの方法を選ぶかで、消費者の購買行動には当然、大きな違いが出る。

値上げに際して、広告やパブリシティーでA社がどのようなメッセージを発信するかも、消費者の購買に影響するはずだ。どのように最適価格を実現するかによって、値上げ後の売り上げ・利益は大きく変動する。

↓新前提「事業インパクトを創出するためには、最適価格を実現する方法も組み立てる必要がある」

●疑い：「本当に最適価格は1つの値であり続けるのか？」
製品の最適価格は、1つの値で継続するものではなく、経済状況や市場・競合環境によって変動する。今回は外部環境の影響は考慮しないとしたものの、A社のラグジュアリーブランド事業部が継続的に売り上げ・利益を拡大していくには、一時的な取り組みで終えることなく、価格をアジャストし続けるための仕組みを構築することが重要である。
↓新前提「最適価格は変動するものであり、アジャストし続けるための仕組みが必要」

●疑い：「ラグジュアリーブランドにおいて、本当に価格弾力性は存在するか？」
A社のラグジュアリーブランド製品群には、価格弾力性がほぼないことが明らかになった。値下げをしても販売数量が増えない製品が多くあるのであれば、値下げをする意味は全くない。ラグジュアリーブランドならば、なおさらだ。A社が採るべきプライシングの方針は、値上げ、または現状維持のいずれかになる。
↓新前提「ラグジュアリーブランドには価格弾力性は存在しない」
↓新前提「すべての製品において、採るべき方針は値上げか現状維持」

●疑い：「本当にそこまでロイヤルティーが効くのか？」
顧客がブランドや製品に抱くロイヤルティーの度合いは、製品の価格と販売数量の関係にそれほど影響を与えないことが分かり、ロイヤルティー度合いを切り口にした検討は不要となった。

一方で、「競合に負けないプライシング」というテーマでプロジェクトに取り組むA社にとって、変わらず重要なのは競合のプライシングの分析だ。競合ブランド・製品の取り組みを分析することで、値上げするものと現状維持するものの仕分け方や、値上げの実施方法も学ぶことができる。

A社のチーム内からは、「適正価格を探る上で、やはり消費者分析も必要ではないか」という声も出たが、競合が設定する価格には、消費者の購買行動の分析結果が当然反映されているはずだ。競合のプライシングを分析することで、消費者観点も十分にカバーできると考えた。

↓新前提「顧客のロイヤルティーは分析の切り口から除外し、競合のプライシングに焦点を当てるべきだ」

サブステップ③「新たな問いの導出」

サブステップ②「新前提の据え直し」では、誤っていた前提を新たな前提に置き換えた。

こうして前提を置き換えると、問うべきことはおのずと変わってくる。では、何を問うべきか？

「新前提」を置けたならば、「核心に迫る問い」がおのずと生まれる

ここまで来れば、核心に迫る新たな問いを生み出す上で、特にコツやポイントはいらない。新たな前提を置いたときに、論理的に考えて当然出てくる問いを書けばよい。

ここで新たな問いが核心に迫るものとなるのは、サブステップ②「新前提の据え直し」において、新たなファクトとロジックを見つめながら、〝本当のメカニズム〟は何か考え抜いているからだ。

消費財メーカーA社での「新たな問いの導出」実践例

A社のプロジェクトでも、新たに据えた前提に基づき、新たな問いを導き出した。新たな問いの導出に至るまでの流れを図示しているので、参考にしてほしい（図2-19）。以下で、具体的にどのような問いを導き出したかを見ていこう。

従来、設定していた論点・仮説からは、最適価格の実現方法の組み立てが抜けていた。「事業インパクトを創出するためには、最適価格を実現する方法も組み立てる必要がある」という新前提に沿って、「最適価格をいかに実現するか？」を新たな問いに採り上げた。

「最適価格は変動するものであり、アジャストし続けるための仕組みが必要」という新前提か

らは、事業インパクトを創出し続けることを念頭に、最適価格の実現後にも目を配り、「値上げPDCAをいかに回すか？」を新たな問いとして導いた。

「ラグジュアリーブランドには価格弾力性は存在しない」という新前提を踏まえると、A社のラグジュアリーブランド製品群では、価格と販売数量の関係性の解明から始めなければいけないことになる。そこで、「価格と数量の関係はどう定義できるか？」を新たな問いに据えた。

「すべての製品において、採るべき方針は値上げか現状維持」という新たな前提を置いたことで、値上げする製品と現状維持する製品を仕分ける必要が生じることが明らかになった。そこから、「値上げすべき製品はどれで、据え置くべき製品はどれか？」を新しい問いに設定した。

「顧客のロイヤルティーは分析の切り口から除外し、競合のプライシングに焦点を当てるべきだ」という新前提からは、新たに「競合製品の価格変動幅の上限値はいかほどで、それを自社製品に適用すると、具体的にいくらになるか？」「競合は、値上げをどのように実現しているか？」という2つの問いを設定した。


ここで、前提を問い直し、新たな問いを導き出すことの重要性を改めて述べたい。

世に数多く刊行されている問題解決書籍は、まっさらな状態から問題に向き合うことを想定するものが中心だが、ビジネスの現場においては、過去に全く何も検討されていない状態から問題を提起し、解決していくという局面はそう多くない。基本的には、過去の試行錯誤という土台がある。

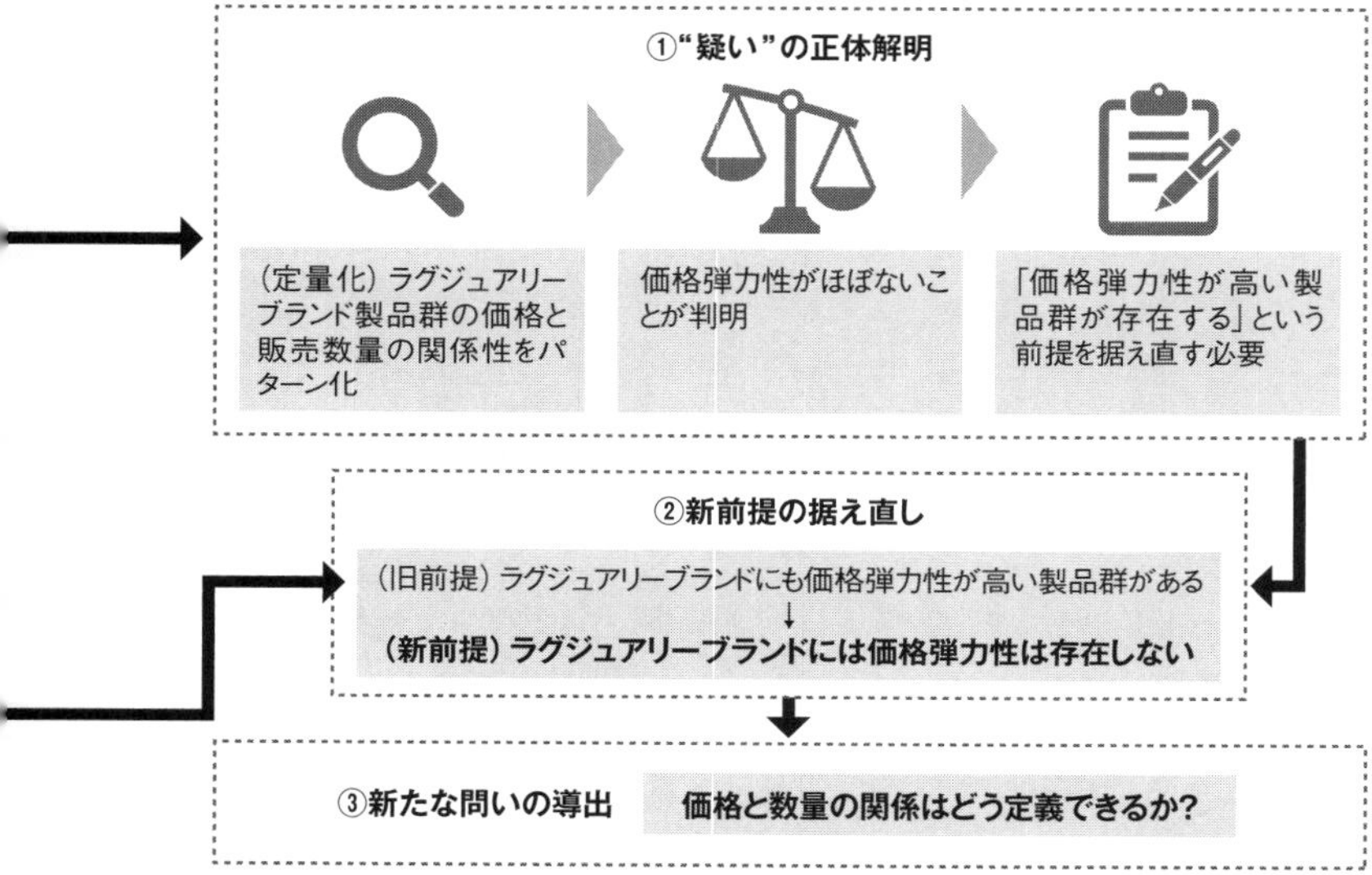
①“疑い”の正体解明
（定量化）ラグジュアリーブランド製品群の価格と販売数量の関係性をパターン化
価格弾力性がほぼないことが判明
「価格弾力性が高い製品群が存在する」という前提を据え直す必要
②新前提の据え直し
（旧前提）ラグジュアリーブランドにも価格弾力性が高い製品群がある
↓
（新前提）ラグジュアリーブランドには価格弾力性は存在しない
③新たな問いの導出
価格と数量の関係はどう定義できるか?

Def 定義　PI プレーヤー　Seg セグメント　VC バリューチェーン
MT マネタイズ　Sit シチュエーション　T 時間軸

図2-19　ステップ④「核心を突く」の概念図
消費財メーカーA社の事例

主論点とサブ論点	前提	疑い
競合に負けない製品別の価格はいくらで、その事業インパクトはいかほどか？	Def プライシングとは最適価格を決めることである PI 競合とはX社、Y社、Z社のことである Seg プライシングは製品別で行う T 時間軸の変化による最適価格の変化は分析しない ⋮	（妥当性） 本当に製品別の最適価格を見つけるだけで、粗利益の最大化という目的を果たせるのか？ （漏れ） 本当に最適価格は1つの値であり続けるのか？
価格弾力性がある製品はどれか？	Seg ラグジュアリーブランドにも価格弾力性が高い製品群がある MT 価格弾力性を踏まえたプライシングが、粗利益の最大化につながる	（妥当性） ラグジュアリーブランドにおいて、本当に価格弾力性は存在するか
その価格弾力性はどの程度か？	Seg ラグジュアリーブランドの価格弾力性には、製品によって幅がある MT 具体的な価格をいくらにすべきかは、価格弾力性の大きさ次第 Sit 価格弾力性の程度に影響を与える、所得等の変数は考慮しない	
ロイヤルティー度合いを踏まえた適正価格はいくらか？	Seg 製品によって、ロイヤルティー度合いが異なる Def ロイヤルティー度合いは、NPSとリピート実績の両方で判断すべきものである Seg ロイヤルティー度合いが高い製品は、根強いファン層が購入を続けるため、値上げしたとしても販売量はあまり変わらない	（妥当性） 本当にそこまでロイヤルティーが効くのか？

出所：ベイカレント・コンサルティング

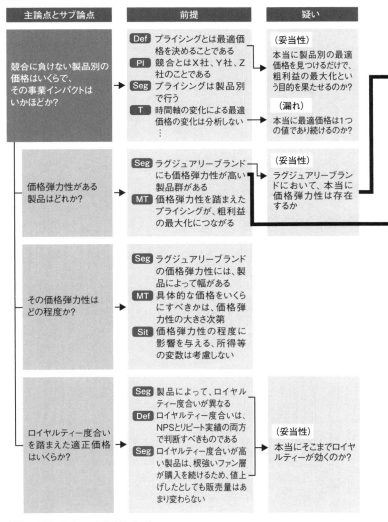

その場合、問題の解決に向け、どのように歩んでいくべきなのか？

従来の問題解決技法では、論点を設定し、仮説を立案し、その仮説を検証していく。その際、立てる論点はどうしても過去の試行錯誤に引っ張られるものであるが、そこから抜け出す術《すべ》は十分語られていない。

この場面での頼りは仮説検証となるのだが、重厚な調査・分析を経て誤っているとわかった場合でも、論点までは遡らず、仮説だけ見直すことが多いのが実態ではないだろうか。その仮説見直しループも、そもそも論点が的外れであれば、全く価値のないものとなる。

一方で、「論点を研ぐ」技法は、論点や仮説の背後にある前提の問い直しから着手していく。クイックな検証は、あくまで前提に対して生まれる〝疑い〟に対して行う。このプロセスを経るからこそ、問題解決を停滞させていた囚われに気づき、ブレークスルーを起こせるのである。そのブレークスルーは、「核心に迫る論点」と「スジの良い仮説」として結実する。

我々が、「論点を研ぐ」プロセスを細かい粒度まで分解し技法化することに、徹底的にこだわった理由はここにある。社会において行き詰まりを見せる様々な問題に、ブレークスルーを起こしたいのだ。

ここまで「論点を研ぐ」過程を、ステップ④「核心を突く」までたどってきた。〝本当のメカニズム〟、すなわち核心に迫る新たな問いを携えて、いよいよ最後のステップ、⑤「再構築する」に進むときがきた。「論点を研ぐ」を完成させよう。

第6章

ステップ⑤「再構築する」

いよいよ、「論点を研ぐ」最後のステップが⑤「再構築する」だ。

ステップ①「同質化する」、②「前提を自覚する」、③「前提を問い直す」というステップを通じ、疑わしい前提を洗い出した。続くステップ④「核心を突く」では、前提の正誤をはっきりさせた上で新たな前提を据え、そこから〝核心に迫る問い〟を導き出した。このステップ⑤「再構築する」では、その問いを使い、論点・仮説をよりシャープにすべく、再構築する作業を行う。

6-1 センスに頼らず、論点と仮説をどう組み直すか

〝核心に迫る問い〟を、新しいイシューツリーの核とする

ここでのポイントは、ステップ④「核心を突く」で導き出した〝核心に迫る問い〟を、新た

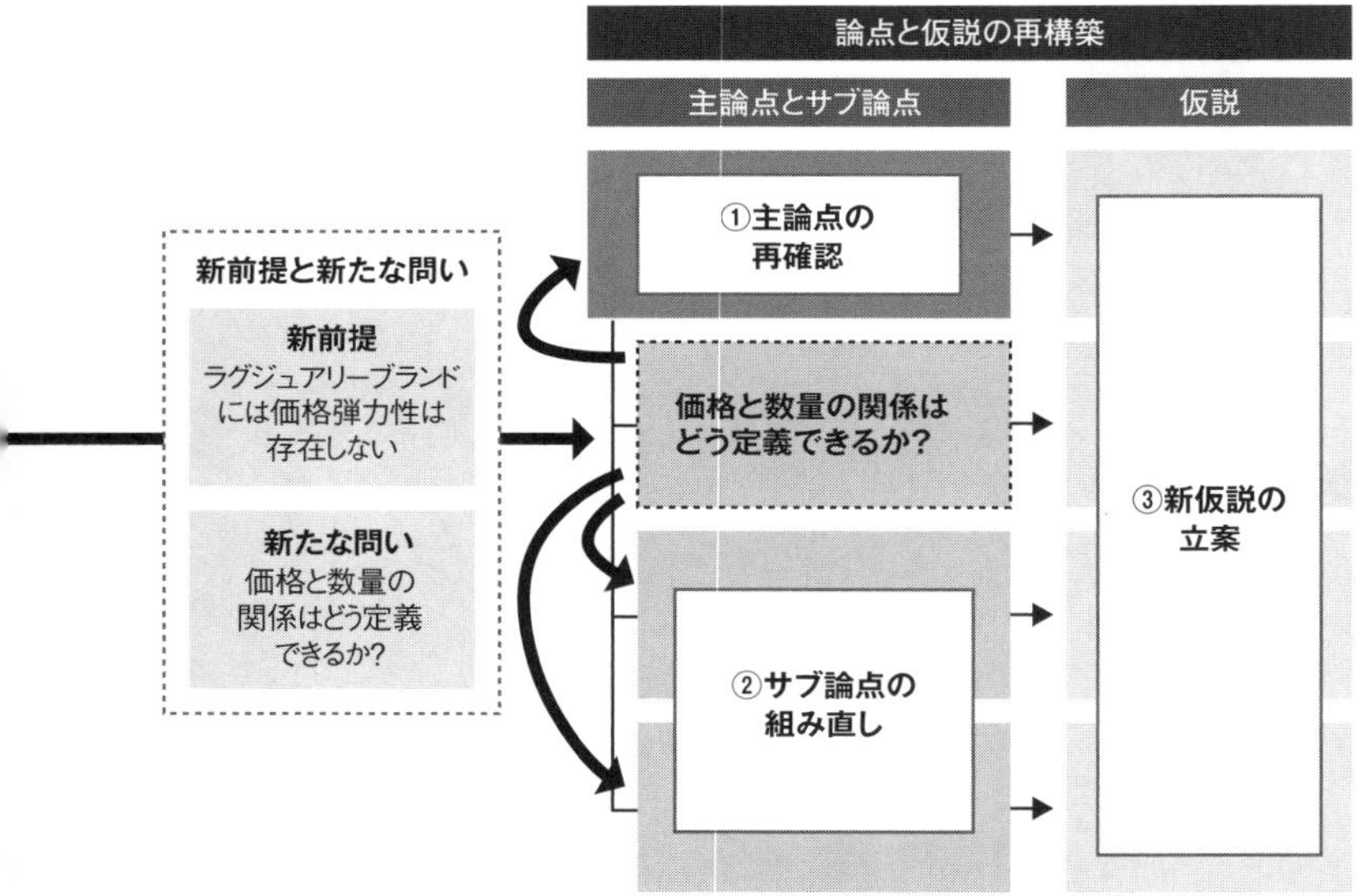
論点と仮説の再構築
主論点とサブ論点
仮説
新前提と新たな問い
新前提
ラグジュアリーブランドには価格弾力性は存在しない
新たな問い
価格と数量の関係はどう定義できるか?
①主論点の再確認
価格と数量の関係はどう定義できるか?
②サブ論点の組み直し
③新仮説の立案

図2-20　ステップ⑤「再構築する」のイメージ
消費財メーカーA社の事例

従前のイシューツリー

主論点とサブ論点	前提
競合に負けない製品別の価格はいくらで、その事業インパクトはいかほどか?	Def プライシングとは最適価格を決めることである Pl 競合とはX社、Y社、Z社のことである Seg プライシングは製品別で行う T 時間軸の変化による最適価格の変化は分析しない ⋮
価格弾力性がある製品はどれか?	Seg ラグジュアリーブランドにも価格弾力性が高い製品群がある MT 価格弾力性を踏まえたプライシングが、粗利益の最大化につながる
その価格弾力性はどの程度か?	Seg ラグジュアリーブランドの価格弾力性には、製品によって幅がある MT 具体的な価格をいくらにすべきかは、価格弾力性の大きさ次第 Sit 価格弾力性の程度に影響を与える、所得等の変数は考慮しない
ロイヤルティー度合いを踏まえた適正価格はいくらか?	Seg 製品によって、ロイヤルティー度合いが異なる Def ロイヤルティー度合いは、NPSとリピート実績の両方で判断すべきものである Seg ロイヤルティー度合いが高い製品は、根強いファン層が購入を続けるため、値上げしたとしても販売量はあまり変わらない

Def 定義　Pl プレーヤー　Seg セグメント　VC バリューチェーン
MT マネタイズ　Sit シチュエーション　T 時間軸

出所：ベイカレント・コンサルティング

なイシューツリーにおけるサブ論点へ据えることだ。新たに据えたサブ論点を起点に、論点構造全体を見直し、ツリー全体を組み直す。

〝核心に迫る問い〟を使って据えたサブ論点が、もともと設定している主論点と整合しなくなってしまうような場合には、主論点そのものも改めて見直す。

次に、見直した主論点と、据え直した〝核心に迫る〟サブ論点を出発点として、主論点を解く上で欠けているサブ論点を検討し、それら全体を新たなイシューツリーとして再構築する（図2-20）。さらに、これらの論点に答える仮説を立案し直す。

こうして出来上がった論点や仮説は、「核心に迫る論点」であり「スジの良い仮説」となるはずだ。

〈ステップ⑤「再構築する」を実現するサブステップ〉

ステップ⑤「再構築する」は以下の３つのサブステップで構成する（図2-21）。

サブステップ①「主論点の再確認」
サブステップ②「サブ論点の組み直し」
サブステップ③「新仮説の立案」

図2-21　ステップ⑤「再構築する」の全体像

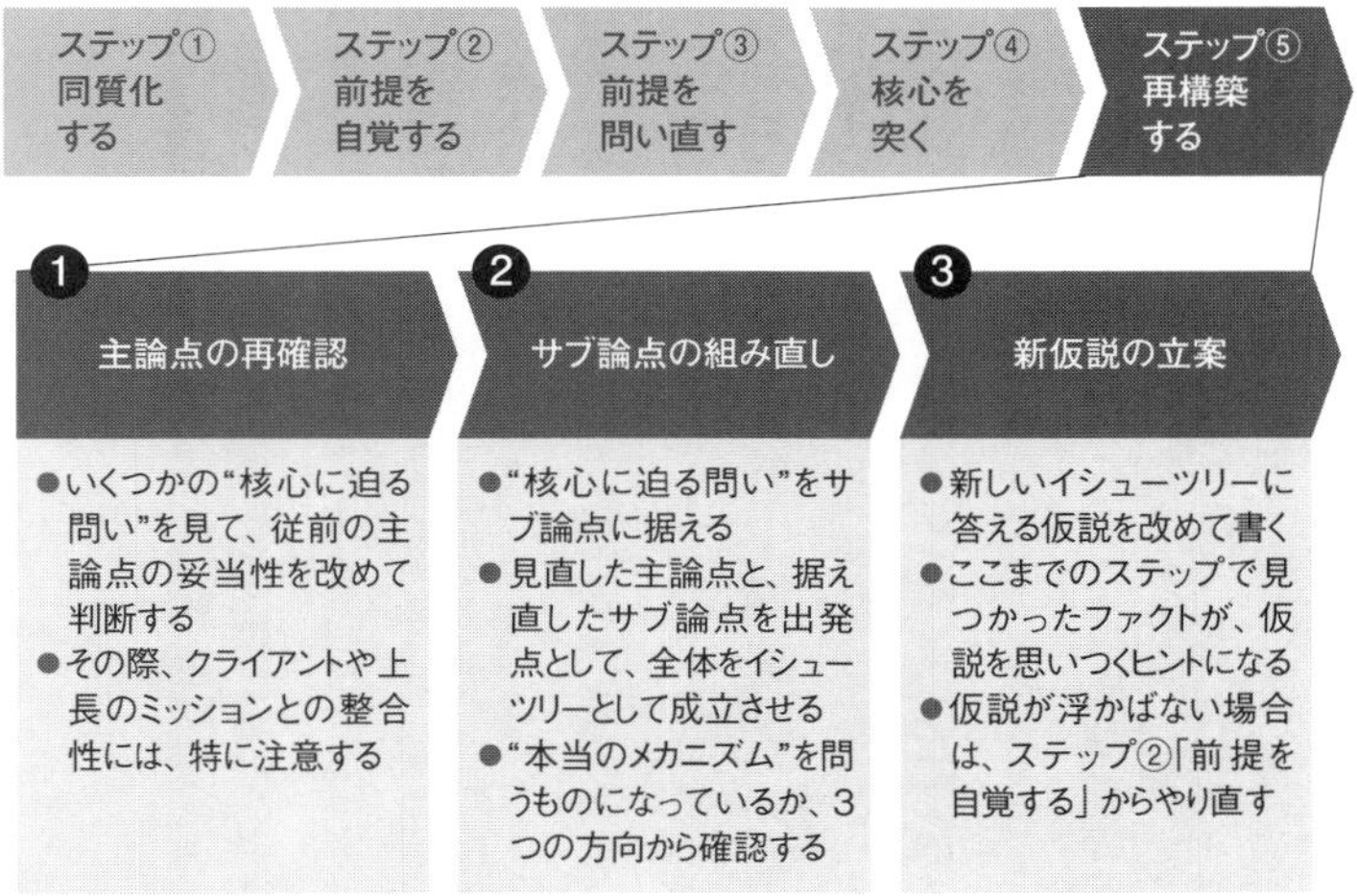
ステップ① 同質化する
ステップ② 前提を自覚する
ステップ③ 前提を問い直す
ステップ④ 核心を突く
ステップ⑤ 再構築する
1
主論点の再確認
●いくつかの“核心に迫る問い”を見て、従前の主論点の妥当性を改めて判断する
●その際、クライアントや上長のミッションとの整合性には、特に注意する
2
サブ論点の組み直し
●“核心に迫る問い”をサブ論点に据える
●見直した主論点と、据え直したサブ論点を出発点として、全体をイシューツリーとして成立させる
●“本当のメカニズム”を問うものになっているか、3つの方向から確認する
3
新仮説の立案
●新しいイシューツリーに答える仮説を改めて書く
●ここまでのステップで見つかったファクトが、仮説を思いつくヒントになる
●仮説が浮かばない場合は、ステップ②「前提を自覚する」からやり直す

出所：ベイカレント・コンサルティング

ステップ①「同質化する」で立てた主論点とサブ論点を組み直し、最後に新たな仮説を立てるという手順を踏む。順に解説していこう。

サブステップ①「主論点の再確認」

サブステップ①は「主論点の再確認」である。ステップ①「同質化する」において立てた主論点が、前提を問い直した後も適切なものと言えるかどうかを確かめる。

ここでは、ステップ④「核心を突く」を通して生まれた〝核心に迫る問い〟を活用する。新たに導出したいくつかの問いを見て、現在立てている主論点の妥当性を改めて判断する。

その際、クライアントや上長が抱くミッションに注意しよう。新たに据えた、主論点も、ミッションと整合したものになっていなければならない。

消費財メーカーA社での「主論点の再確認」実践例

ステップ④「核心を突く」を通して、以下のような問いが生まれていた。

「最適価格をいかに実現するか?」

「値上げPDCAをいかに回すか?」

「価格と数量の関係はどう定義できるか?」

「値上げすべき製品はどれで、据え置くべき製品はどれか?」

「競合製品の価格変動幅の上限値はいかほどで、それを自社製品に適用すると、具体的にいくらになるか?」

「競合は、値上げをどのように実現しているか?」

A社のラグジュアリーブランド事業部のミッションは「ラグジュアリーブランド事業部の利益向上」である。このミッションをもとに、「競合に負けない製品別の価格はいくらで、その事業インパクトはいかほどか?」を主論点に据えて、プロジェクトを推進してきた。

前提の問い直しから導き出した新たな問いをサブ論点に据えた場合、この主論点をミッションに照らして見直すべきか、見直すとしたらどのような問いにすべきかを確認した。

従来の主論点は、それまで漏れていた問い「最適価格をいかに実現するか？」「値上げPDCAをいかに回すか？」「競合は、値上げをどのように実現しているか？」の内容を含むものになっていなかった。

そこで、その問いの内容をとり入れ、主論点を「競合に負けない製品別の価格をいかに実現し、どの程度の事業インパクトを狙うか？」という文言に修正した。

イシューツリーをシャープにする技法はこれだ

サブステップ②「サブ論点の組み直し」

続くサブステップ②では、サブ論点を組み直す。

問題解決において、イシューツリーを作成する際にサブ論点をどう設定するかが極めて重要であることに異論はないだろう。適切なサブ論点を立てられなければ、主論点を解くことが不可能になる。

ところが、サブ論点の立て方についての具体的な手法は詳細に明示されていないのが実態だ。よくあるのが「良い例」「悪い例」の例示、ひどいものになると「サブ論点はセンスで切れ」といった精神論に近い論が展開されている。

我々は今回、サブ論点の組み直しを技法化した。具体的には以下の作業を行う。

論点を研ぐ Tips その7

サブ論点の組み直し方

- 〝核心に迫る問い〟を原則サブ論点にする
- 見直した主論点と、据え直した〝核心に迫る〟サブ論点を出発点として、主論点を解く上で欠けているサブ論点を検討し、それら全体をイシューツリーとして成立させる
- 〝核心に迫る問い〟の中で、サブ論点としてうまくはまらないものは、サブサブ論点として埋め込む
- サブサブ論点まで展開し切る

ステップ①「同質化する」によって設定した論点について、ステップ②「前提を自覚する」、ステップ③「前提を問い直す」での作業を通して、すべての前提と疑わしい点を洗い出した。さらに、ステップ④「核心を突く」作業を行うことで、疑わしい点の正誤を見極め、誤っていると分かった前提を新たな前提に据え直し、その新たな前提から〝本当のメカニズム〟につながる〝核心に迫る問い〟を導き出した。この新たに導き出した問いこそが、解かなくてはならない極めて重要な問いである。

我々は、この新たに生まれた問いをサブ論点として埋め込むことが、イシューツリーを研ぎ澄まし、クライアントや上長が抱える問題の解決を実現する最善の策になると考えた。そこで、〝核心に迫る問い〟をサブ論点として据えた上で、同質化で設定した従前のサブ論点も活用しながら、〝本当のメカニズム〟を表現する形にイシューツリーを書き直すことを提案する。〝核心に迫る問い〟は、1つとは限らない。その場合は、複数出てきた〝核心に迫る問い〟を原則サブ論点、うまくはまらなければサブサブ論点へ埋め込む。

この手順を踏めば、イシューツリーの書き直しを、肝を押さえながら進められるだろう。なお、ステップ①「同質化する」で設定していた従前のサブ論点の取り扱いには、当たり前だが以下の3つのパターンがある。あくまで〝本当のメカニズム〟を言語化することにこだわりながら、いずれかを選択しよう。

1. 従前のサブ論点をそのまま使用する。
2. 従前のサブ論点を修正する。見直した主論点、〝核心に迫る〟新たなサブ論点を踏まえながら、その表現を適切なものへ変える。
3. 従前のサブ論点は削除する。〝核心に迫る〟新たなサブ論点を踏まえ、意味がなくなったものは削除する。

図2-22　サブ論点組み直しにおける帰納法と演繹法による違い

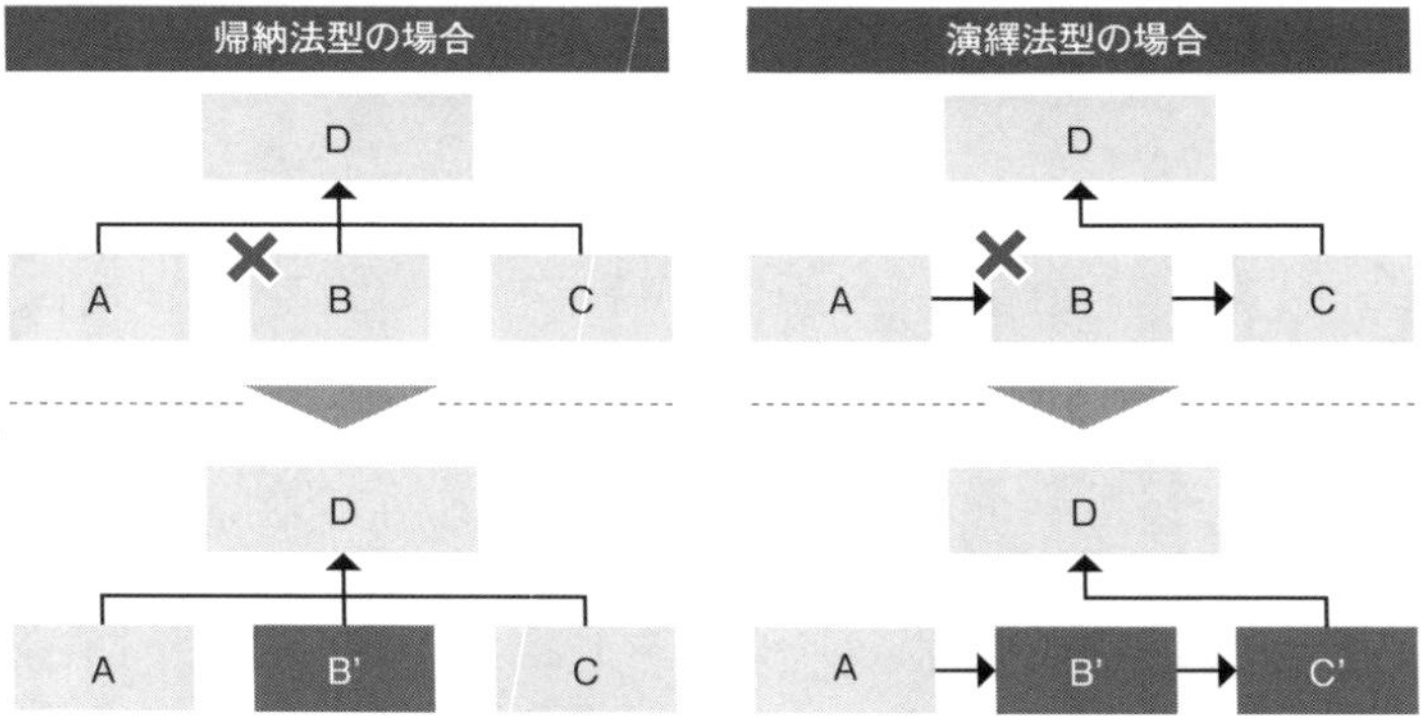

出所：ベイカレント・コンサルティング

イシューツリーの書き直しの際は、「帰納法」「演繹《えき》法」を意識

イシューツリーの構造は、大きく「帰納法」をもとにしたものと、「演繹法」をもとにしたものの2つに分けられる。帰納法とは、A、B、Cという複数の事柄の共通点を抽出して結論を得る考え方。一方で演繹法は、A→B→Cと複数の事柄を関連付けて結論を得る考え方だ。

複数のイシューを独立して検討する帰納法をもとにしたイシューツリーであれば、1つのサブ論点が変わっても、他のサブ論点に影響は及びにくく、単純な置き換えで済む場合が多い。一方、順を追って複数の論点を検討する演繹法の場合は、1つのサブ論点が変わると他のサブ論点も見直しが必要で、イシューツリーのかなりの部分を組み直すことになる場合が多い（図2-22）。

仮説が透けて見えたら勝ち

イシューツリーのいったんの書き直しまで作業を進めたら、それが〝本当のメカニズム〟を問うものになっているかを確認する。

以下の3つのポイントでチェックする。

論点を研ぐTips その8

〝本当のメカニズム〟を問うイシューツリーか否かを3つの方向から確認する

- ・クライアントや上長が見てハッとするか
- ・仮説が透けて見えるか
- ・自分たちもワクワクするか

まずは、同質化の対象としたクライアントや上長に見せてみて、その反応を確認する。誤った前提を持っていた当人たちが見てハッとする内容となっていなければ、〝本当のメカニズム〟に迫っているとは言えないだろう。

次は、仮説が透けて見えるかを自分に問うてみよう。そもそも良い論点は、本質を突いており、かつ具体性も高いので、仮説を思いつきやすいものである。さらに、この段階では、前提を問い直した際に見つかったファクトも手元にある。それは、仮説を導くヒントに、確実になる。仮説が透けて見えるかは、〝本当のメカニズム〟に迫れているかの良きバロメーターとなる。

最後は、この問題に挑んでいる自分たちがワクワクしているかだ。前提を問い直した結果、〝本当のメカニズム〟に以前より迫り、行き詰まっていた問題に光が差してきたとしたら、ワクワクしてくるのが自然だろう。そのワクワク感がチームを包み始めているか。包み始めているなら、次のサブステップに進む準備は完了と言える。

消費財メーカーA社での「サブ論点の組み直し」実践例

A社プロジェクトでも、新たな前提と新たな問いをもとにサブ論点を組み直した。ステップ①「同質化する」で作成した当初の論点と仮説は、以下の通りだった。

◎主論点：「競合に負けない製品別の価格はいくらで、その事業インパクトはいかほどか？」

（仮説：「価格弾力性を分析すれば、粗利益を改善できる最適価格が見つかるはずだ」）

○サブ論点：「価格弾力性がある製品はどれか？」

（仮説：「もともと価格弾力性が低いラグジュアリーブランドではあるが、中には価格弾力性が高い製品群も存在するはずだ」）

○サブ論点：「その価格弾力性はどの程度か？」
（仮説：「価格弾力性が低いものもあれば、高いものもあるはずだ」）
○サブ論点：「ロイヤルティー度合いを踏まえた適正価格はいくらか？」
（仮説：消費者の製品に対するロイヤルティーの度合いで価格弾力性の式を分けると、価格弾力性がよりクリアに見えるはずだ）

ステップ④「核心を突く」で、「ラグジュアリーブランドには価格弾力性は存在しない」という新前提を据え直したことから、価格弾力性について問う「価格弾力性がある製品はどれか？」「その価格弾力性はどの程度か？」というサブ論点は破棄した。

また、ロイヤルティー度合いが価格変動や販売数量に大きな影響を与えないことも明らかになり、「顧客のロイヤルティーは分析の切り口から除外し、競合のプライシングに焦点を当てるべきだ」という新前提も据えていることから、「ロイヤルティー度合いを踏まえた適正価格はいくらか？」というサブ論点も削除した。

サブステップ①「主論点の再確認」で設定した新たな主論点の下に、ステップ④「核心を突く」を通して生まれた〝核心に迫る問い〟をサブ論点として組み込んだ。

◎主論点：「競合に負けない製品別の価格をいかに実現し、どの程度の事業インパクトを狙うか？」

○サブ論点：「価格と数量の関係はどう定義できるか？」
○サブ論点：「値上げすべき製品はどれで、据え置くべき製品はどれか？」
○サブ論点：「競合の価格変動幅の上限値はどの程度で、それを自社製品に適用すると、具体的にいくらになるか？」
○サブ論点：「最適価格をいかに実現するか？」
○サブ論点：「値上げPDCAをいかに回すか？」
○サブ論点：「一連の活動で、どの程度の売り上げ・利益インパクトを見込めるか？」

サブ論点は演繹法の考え方に沿って、並べ直した。

まずは、価格と販売数量の関係性という最も大きな問いを、1番目のサブ論点に立てた。そこで明らかになる関係性をもとに、値上げする製品と据え置く製品を仕分けるための問いを据えた。さらに値上げの際の具体的な価格を問い、それを実現しアジャストし続ける方策を問うものとした。

その際、「競合は、値上げをどのように実現しているか？」は、「最適価格をいかに実現するか？」のサブサブ論点と捉えた。

また、〝核心に迫る問い〟をベースにしたサブ論点だけでは主論点を解けないため、「一連の活動で、どの程度の売り上げ・利益インパクトを見込めるか？」を、最後のサブ論点として追加した。

6-2 仮説を立てることは難しくない

仮説が浮かばないのは、「論点を研ぐ」のが不十分な証し

サブステップ②「サブ論点の組み直し」によって、新しいイシューツリーを作り上げた。サブステップ③では、その新しい論点に答える仮説を書く。

サブステップ③「新仮説の立案」

前述した通り、良い論点は、本質を突いており、かつ具体性も高いので、仮説を思いつきやすいものである。さらに、この段階では、前提を問い直した際に見つかったファクトも手元にあり、それが仮説を思いつくヒントとなる。

「論点を研ぐ」をやり切れていさえすれば、新たな仮説を立てることは、実は難しくない。

例えば、消費財メーカーA社の事例で言えば、ステップ④「核心を突く」の段階で、「ラグジュアリーブランドには価格弾力性が存在しない」という新前提を据え、「価格と数量の関係はどう定義できるか？」という新たな問いを導き出していた。

ここまでの段階で、競合の製品別の価格と販売数量のデータを分析し、Y社製品βのように、値上げをしても販売数量が増えた製品がある一方、Z社製品γのように、値下げ後に販売数量が減ってしまう製品もあることを確認していた。これらのファクトから、「値上げによって販

売数量が減少する」「値上げしても販売数量が増加する」「値下げによって販売数量が増加する」「値下げしても販売数量が減少する」など、価格と販売数量の関係性について複数のパターンがあることが想定できる。これらのパターンで仮説を構築することは可能と、その輪郭は見えていた形になる。

新たな論点に対する仮説が全く浮かばないという場合は、そもそも5ステップの作業が十分ではないケースがほとんどだ。その際には「論点を研ぐ」にリトライすべきだ。ただし、ステップ①「同質化する」は飛ばし、ステップ②「前提を自覚する」以降の4ステップがリトライの対象となる。丁寧に愚直に繰り返せば、ブレークスルーの道は必ず見えてくる。

そしてこのリトライは、仮説検証のフェーズで仮説が妥当でないことが証明されたものの次の仮説が思いつかない場合にも有効だ。論点からして誤っている可能性が高いからである。その場合も、「論点を研ぐ」に、ステップ②「前提を自覚する」から臨んでみよう。

消費財メーカーA社での「新仮説の立案」実践例

サブステップ①と②を通して組み直した、新たな主論点とサブ論点を解く仮説を改めて書いた（図2-23）。

まず、「価格と数量の関係はどう定義できるか?」というサブ論点の仮説を立てた。ステップ

④「核心を突く」において、競合のラグジュアリーブランド製品群の価格と販売数量のデータを分析し、いくつかのパターンの存在を見いだしており、それも踏まえながら、以下の5パターンを描き出した。

A）値動きなし
B）値上げ（販売数量不変）
C）値上げ（販売数量増加）
D）値上げ（販売数量減少）
E）値下げ

続いて、「値上げすべき製品はどれで、据え置くべき製品はどれか？」というサブ論点を解くための仮説を書いた。ラグジュアリーブランド事業部の利益向上というミッションに立てば、これらの5パターンのうち、値上げしても販売数量が変わらない、あるいは増える製品は優先的に値上げすべきである。また、クライアントのミッションは「ラグジュアリーブランド事業部の利益向上」であり、値下げをするという選択肢は排除した。

そこで、「値上げすべきはBパターンとCパターンに当てはまる製品。Aパターンの製品も低リスクであれば、値上げにトライする。DパターンとEパターンの製品の価格は据え置く」

再構築したイシューツリーと対応仮説

サブ論点	仮説
価格と数量の関係はどう定義できるか?	●変動パターンは5つに分類可能 ●A.値動きなし/B.値上げ(販売数量不変)/C.値上げ(販売数量増加)/D.値上げ(販売数量減少)/E.値下げ
値上げすべき製品はどれで、据え置くべき製品はどれか?	●Aは低リスクならトライ、BとCは値上げ、DとEは据え置く
競合の価格変動幅の上限値はどの程度で、それを自社製品に適用すると、具体的にいくらになるか?	●(現時点では立案せず)
最適価格をいかに実現するか?	●ジリジリ値上げ+リニューアル値上げがラグジュアリーブランド製品値上げの王道パターン
値上げPDCAをいかに回すか?	●(現時点では立案せず)
一連の活動で、どの程度の売り上げ・利益インパクトを見込めるか?	●(現時点では立案せず)

という仮説を立てた。

「最適価格をいかに実現するか?」というサブ論点を解くため、競合のプライシングをクイックに確認してみた。

過去数年分のいくつかの競合製品の価格推移を追うと、その多くが小刻みにジリジリと価格を上げ、製品のリニューアル時に大きく値上げしていることが分かった。この「ジリジリ値上げ+リニューアル値上げ」は、ラグジュアリーブランド製品の値上げの王道パターンではないかと想像し、仮説に組み込んだ。

そのほかのサブ論点については、綿密なデータ分析や調査が

図2-23　再構築したイシューツリーと仮説
消費財メーカーA社の事例

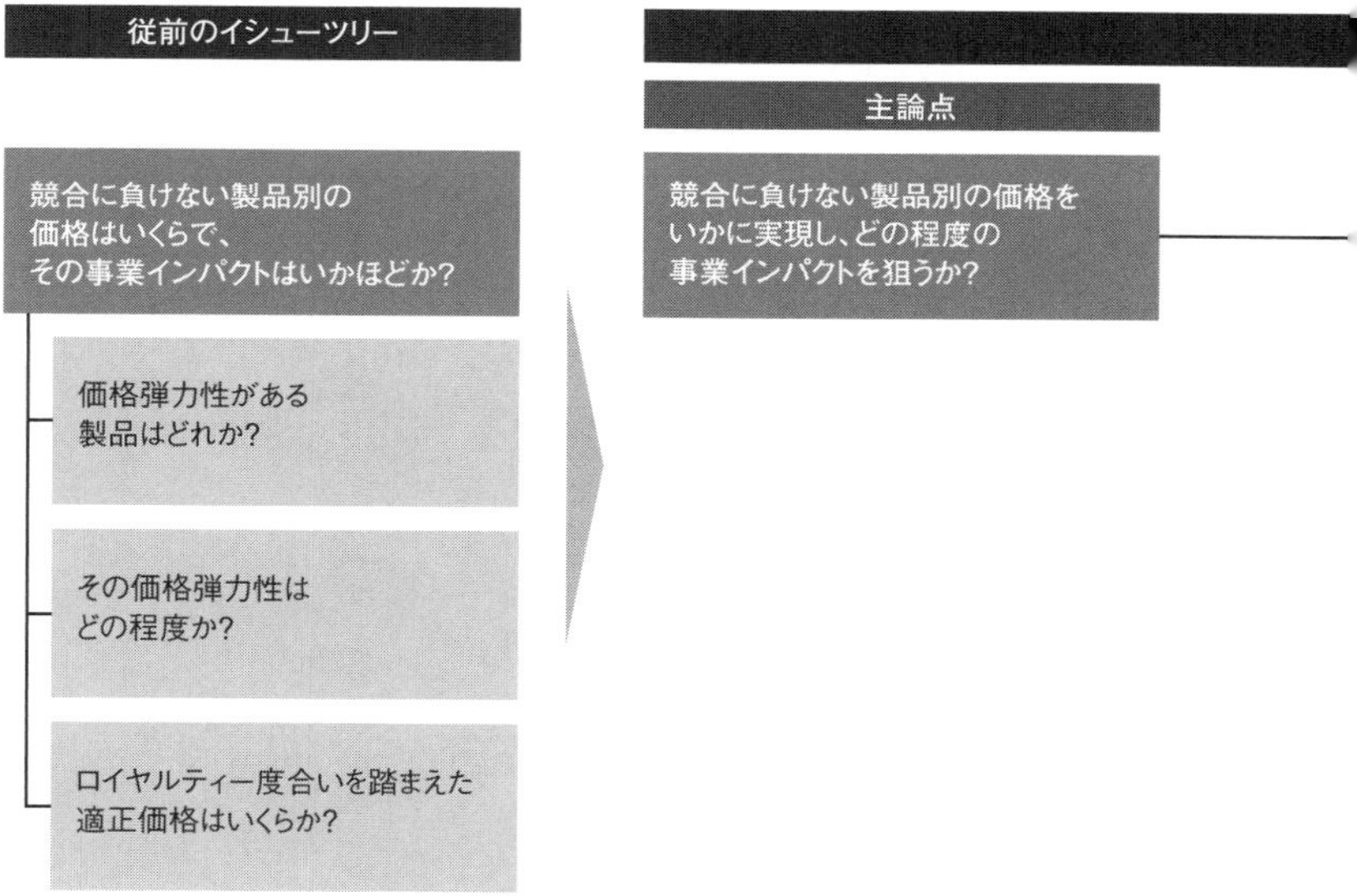
従前のイシューツリー
競合に負けない製品別の価格はいくらで、その事業インパクトはいかほどか?
価格弾力性がある製品はどれか?
その価格弾力性はどの程度か?
ロイヤルティー度合いを踏まえた適正価格はいくらか?
主論点
競合に負けない製品別の価格をいかに実現し、どの程度の事業インパクトを狙うか?

出所：ベイカレント・コンサルティング

必要となることから、当初は仮説を立てなかった。

A社のプロジェクトではその後、製品別の最適価格を特定し、その実現方法、PDCAのあり方も具体化した。全体として、3年間でA社ラグジュアリーブランドの6～7割に及ぶ製品を5～20％値上げするという大胆な策に落とし込めた。最後には、利益率を10ポイント弱改善するほどの事業インパクトを持ったプライシング戦略が完成したのである。

「論点を研ぐ」を使いこなせ

以上が、5ステップで構成される「論点を研ぐ」技法である。丁寧に解説したつもりではあるが、いかがだっただろうか。論点と仮説をシャープにするために、なぜこれだけのステップを踏む必要があるのか、と感じた方もいたはずだ。

繰り返しになるが、それは、知らず知らずのうちに〝囚われている〟前提から抜け出すのが、非常に難しいからだ。そして誤った前提が、問うべき論点のズレにつながり、結果として論点を解けず、行き詰まりの原因となってしまう。だからこそ、行き詰まりに直面しているとき、大胆な打ち手が必要な局面には、手間ではあっても5ステップを慎重に進め、暗黙的な〝囚われ〟から抜け出し、「論点を研ぐ」ことが不可欠なのである。

また、この技法は、行き詰まりを起こす以前の0→1のフェーズでも効果を発揮する。初期的に立てた論点や仮説は、質の低いことが大半だ。そのため、そのまま先の「仮説検証」へと進んでもその誤りが証明され、論点や仮説に立ち戻ってくるケースがほとんどとなる。もっと悪い場合には、仮説検証後の打ち手実行に至って初めて、うまく進まないことに気づくこともある。

0→1における初期的な論点・仮説も、往々にして誤った前提に囚われている。本格的な仮説検証に進む前に、5ステップのサイクルを回し、論点と仮説をぜひシャープにしてほしい。

「技法」と「経験」は「センス」を凌駕《りょうが》し、ビジネスを飛躍させる

最後に、第1部で触れた、技法が持つ力と限界について改めて述べておきたい。

本書は、先天的な「センス」と呼ばれるものに、後天的に得られる「技法」と「経験」の合わせ技が十分対抗しうる、いや凌《しの》ぎうるという考えに立脚している。ここで言う「技法」は、「従来の問題解決技法」と『論点を研ぐ』技法」を指す。

今回、我々が提示した「論点を研ぐ」技法によって、今までより少ない経験量で「センス」に対抗できるようになる。これが、「論点を研ぐ」が持つ〝力〟だ。一方で、どこまでいっても技法を使いこなすには、一定以上の「経験」が必要なのも真実だ。「論点を研ぐ」技法においても、「前提に気づく」「〝本当のメカニズム〟を感じる」部分には、「経験」が求められる。これが、〝限界〟でもある。

ここで「なんだ、結局経験なのか」と思わないでほしい。「論点を研ぐ」技法の活用を積み重ねることが、質の良い経験の蓄積につながる。「技法」と、それによって加速された「経験」によって、ブラックボックスな「センス」を速く、強く凌駕していけるのである。

そのときには、「前提に気づく」「〝本当のメカニズム〟を感じる」部分にも難なく取り組めるようになり、ビジネスを大きく前に進めていることだろう。

問題解決にブレークスルーを起こすには、前提を問い直し、論点と仮説を研ぎ澄ますことが必要だ。我々が提示した「論点を研ぐ」技法は、「核心に迫る論点」と「スジの良い仮説」へ確実に近づくことを可能にする。この技法を活用し、問題解決を、そしてビジネスを前に進めていってほしい。

続く第3部では、この「論点を研ぐ」技法を実際のプロジェクトで活用し、ブレークスルーを起こした事例をストーリー形式で紹介する。各ストーリーを楽しみながら、「論点を研ぐ」技法への理解をさらに深めていこう。

Issue Re-Think

第3部

プロジェクトケースに学ぶ、技法の実践

ケース①

エネルギー

EV化の囚《とら》われを打破 合成燃料の将来性予測の深みを見る

1-1 合成燃料の将来は本当に明るくないのか？

事業展開する市場の先行きを見極めることは、どのような事業でも共通して求められる。市場の先行きを見極める上で、いわゆる「トレンド」を認識することは当然重要ではある。一方で、「トレンド」は広く一般に認知されているからこそ、深く考えずに前提としてしまいやすい。本件は、「トレンド」の正誤やその影響範囲に目を向けることで、不確実性が高く見通しにくい市場を捉えなおしたケースである。

気候変動への対策が世界の喫緊の課題となる中、欧州をはじめ、各国は温暖化ガスの排出量と吸収量を均衡させる「カーボンニュートラル」を実現しようと、大胆な政策の展開を加速している。

クライアントであるエネルギー会社のA社（匿名）は、社会のカーボンニュートラル化の流れを先取り、ビジネスモデルを大きく変革する必要があった。すなわち、化石燃料を事業の中心に据えてきたA社にとって、これまで事業で手掛けてきた燃料をいかに脱炭素化し、収益源をカーボンニュートラル燃料へと転換していくかが、重要な経営課題に浮上していたのである。

その中で、A社がカーボンニュートラル燃料の1つの選択肢として注目し、研究開発を進めてきたのが、二酸化炭素（CO_2）と水素を原料とする「合成燃料」だ。

内燃機関車の置き換え不要、既存インフラも活用できる夢の燃料

発電所・工場の排ガスや大気中から回収したCO_2と、再生可能エネルギー由来の水素を原料として製造する合成燃料は、製品ライフサイクルにおける温暖化ガス排出量が実質ゼロとなる、カーボンニュートラル燃料である。

合成燃料は従来のガソリンなどに近い成分でできているため、既存の内燃機関車（ガソリン車、ディーゼル車など）を置き換える必要がなく、加えてガソリンスタンドやタンクローリーなど既存の燃料インフラを活用できるメリットもある。ゆえに、脱炭素化を実現する代替燃料として期待が高まりつつある。

一方で、欧州を中心とする先進国では、EV（電気自動車）の普及が進みつつある。内燃機関車と異なり、電気を使って走行するEVは、その電源を再生可能エネルギーから調達するならば、バリューチェーン（価値連鎖）上の「利用」において温暖化ガスを排出しない（製造工

程などでは排出する可能性はある)。近年、航続距離や、充電インフラといった課題が解決されるにつれて、EVを内燃機関車に代わるモビリティーとして、普及促進に力を注ぐ国も出ている。

合成燃料がカーボンニュートラルに貢献しうるとはいっても、今の内燃機関車の市場がEVに置き換わるのであれば、そもそも燃料自体の需要がなくなる。果たして代替燃料としての合成燃料に将来性はあるのか。自動車市場の見通しを立てた上で、将来の生産計画や燃料のポートフォリオ戦略を構築しようとA社は動いていた。

世界の自動車市場はEV化へ一直線…、それは安直すぎやしないか

A社は、10年以上前から、合成燃料の研究開発を進めていた。しかし、自動車市場におけるEV化の進展により、内燃機関車市場の不確実性が高まり、合成燃料の研究開発に注力すべきか、社内で議論が巻き起こり始めていた。

そのような状況を受け、A社は我々と討議を行う少し前に、別のコンサルティングファームX社(匿名)に、合成燃料の見通しについて見解を求めていた。X社の見解は、以下のようなものであった。

X社の見解

欧州連合(EU)は2019年、気候変動対策として「欧州グリーンディール」を発表。その後、「2030年の温暖化ガス排出量削減を1990年比55%以上」

とする野心的な目標を掲げた。2021年7月には、それを達成するための包括的な政策パッケージ「Fit for 55」を発表し、6000億ユーロの投資計画の実行などを予定している。特に、温暖化ガス排出量の約30%を占める運輸分野について、2050年までに1990年比90%以上の温暖化ガス削減を目指す方針だ。

EUがこれほど気候変動対策に傾注する背景には、環境をてこにEUの産業競争力を維持・回復させようという思惑がある。環境を〝錦の御旗〟に掲げてルール策定を主導し、そこで生まれる利益を欧州に還元する仕組みの構築を目指している。

このため、「Fit for 55」に盛り込まれた大規模投資は、今後EU内で力強く推進されることが予想される。実際に、EU内には風力発電事業者や電池メーカーなど、脱炭素をキーワードとするメジャー企業がすでに育ちつつある。

EU域内では、燃料の主力ユーザーである自動車産業でも、脱炭素の潮流の中、大きな変化が起き始めている。世界の自動車市場で、トヨタ自動車と覇権争いを演じてきた独フォルクスワーゲン（VW）は、排出ガス不正問題でつまずいた後、EV拡大に戦略を転換し、巻き返しを図ろうとしている。EUは、そのVWの戦略を後押しするような内燃機関車の廃止に向けた規制を続々と導入する予定である。

EUがこのような政策を推進していることから、今後、世界的にEV化が加速する。内燃機関車の代替燃料である合成燃料の将来は明るいものではない。

このように、コンサルティングファームX社は「合成燃料の将来は明るくない」という結論を出した。だが、A社、特に技術部門の人たちはその結論に納得できなかった。

「EV普及については、充電ステーションの整備や、再エネで供給可能なエネルギー量の制約、電源の増強等、様々な問題が指摘されているのに、そこまで普及に楽観的でいてよいのか?」「実際、日本では2010年の初代『リーフ』(日産自動車)の販売開始から今まで、EVの販売はほとんど進んでいないではないか」「一部の欧米企業でもEV化に懐疑的な見方をしており、合成燃料の開発に注力しているという話はどう解釈するのか」など、多くの違和感の種があった。

この違和感をきっかけに、A社はベイカレントにセカンドオピニオンを求めたというのがことの経緯である。

「EV化法案」に反対の自動車メーカーも

ステップ①「同質化する」

まずクライアントがどのような情報に触れているかを確認するのが重要と考え、本依頼のきっかけである「合成燃料の将来は明るくない」と結論づけたX社の提言について詳しく話を聞いた。「EVの普及が進む」という結論に至る考え方と、その前提となった「欧州グリーンディール」「Fit for 55」「2035年EV化法案(2035年以降のガソリン車等の内燃機関車の新車販売を禁止する法案)」などの政策を中心に、先述の内容の説明を受けた。

合成燃料の需要を見通すために必要な情報となるモビリティー自体の需要、EV化の動向、バイオ燃料など合成燃料以外の代替燃料の動向など、クライアントが重要と考えている資料も受け取った。結局は、EV化がどう進むかが合成燃料の将来性に最も影響を及ぼす要素であることが確認できた。

次に、置かれている環境やテーマに関する基本知識を収集した。合成燃料の現状の課題はコスト低減だが、2040年ごろにはその課題をクリアし、実用化が見込まれていることが分かった。

合成燃料を取り巻くプレーヤーとしては、合成燃料の新興企業である米HIFグローバルや米エクソンモービル、イタリアの大手エネルギー会社エネルなどがあり、合成燃料の製造実証プロジェクトが進行していることを確認した。

また、自動車メーカーのポルシェやVWは、EV化のみに取り組むのではなく、合成燃料の活用も模索し、ドイツなどでは「2035年EV化法案」に反対の意見もあることも知った。欧州でも、VWのようにEV化に前のめりになる自動車メーカーばかりではないのだ。

一方、X社が分析した通り、欧州には脱炭素をキーワードに事業を推進するメジャー企業が育ち、EUはこうした企業の力を使い、域内の競争力を向上しようと、もくろんでいることを把握した。欧州の自動車産業の復権を期し、EVの急速な普及を後押ししようと、2035年

図3-1 「同質化」を経て書き出した論点と仮説

論点	仮説
脱炭素（＝EV推進）が声高に叫ばれる中、モビリティー領域において、合成燃料を事業として成立させうる市場は、中期的に存在するのか？	EVの普及により、合成燃料の市場は限定的
化石燃料需要は何に代替されるか？	電気（バッテリーEV）
上記トランジションはどんな速度で進むか？	2030〜2035年、EUが内燃機関車を規制するタイミングで大きく普及する
化石燃料需要が残る領域に関して、合成燃料の導入は進みうるか？	どの国においても、合成燃料の市場はほぼ残らない

出所：ベイカレント・コンサルティング

の「EV化法案」に向け、続々と規制を適用する方針であることも理解した。

一見したところ、合成燃料の市場には推進者と懐疑論者の両方が存在するものの、自動車メーカーやエネルギー事業者の多くは、合成燃料の製造コストが高く、EV化の潮流が加速していることから、合成燃料のプロジェクトには関わっていないことも分かった。

書き起こせたのは、シンプル過ぎるイシューツリー

ここまでの同質化によって、ひとまず論点と仮説をまとめた（図3-1）。

書き出したイシューツリーは、合成燃料の市場拡大の可能性を、EV普及の観点から解き明かすシンプルなものになった。

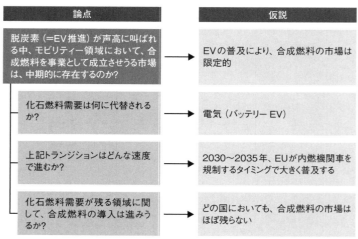

1-2 EV普及論の盲点をあぶり出す

ステップ②「前提を自覚する」

将来予測は前提をどのように置くかによって、結果が大きく変わってくる。前提を自己認識するため、「論点からのサルベージ」「仮説からのサルベージ」「『7つの観点』からの推察」といったサブステップを踏みながら、当たり前だと思うことも含めて、前提を丁寧に書き出していった。

前提を書き出す上で、技術やコストといった、将来の動向に関して様々な見解が存在するものは解を出し切ることができないため、書き出す対象から外した。

一例として、主論点について自己認識できた前提と、それに対して貼り付けたラベルを示す(図3-2)。その中で後に大きな影響を与えた前提は、次の3つであった。

前提①:「直近のEUの政策を見ると、2035年の内燃機関車廃止の動きは確実に起こる」
前提②:「新車販売におけるEV割合が高まると、ストック車両のEV化も同様のスピードで進む」
前提③:「先進国だけではなく、新興国・発展途上国も先進国の政策をフォローすることで、EV化が進む」

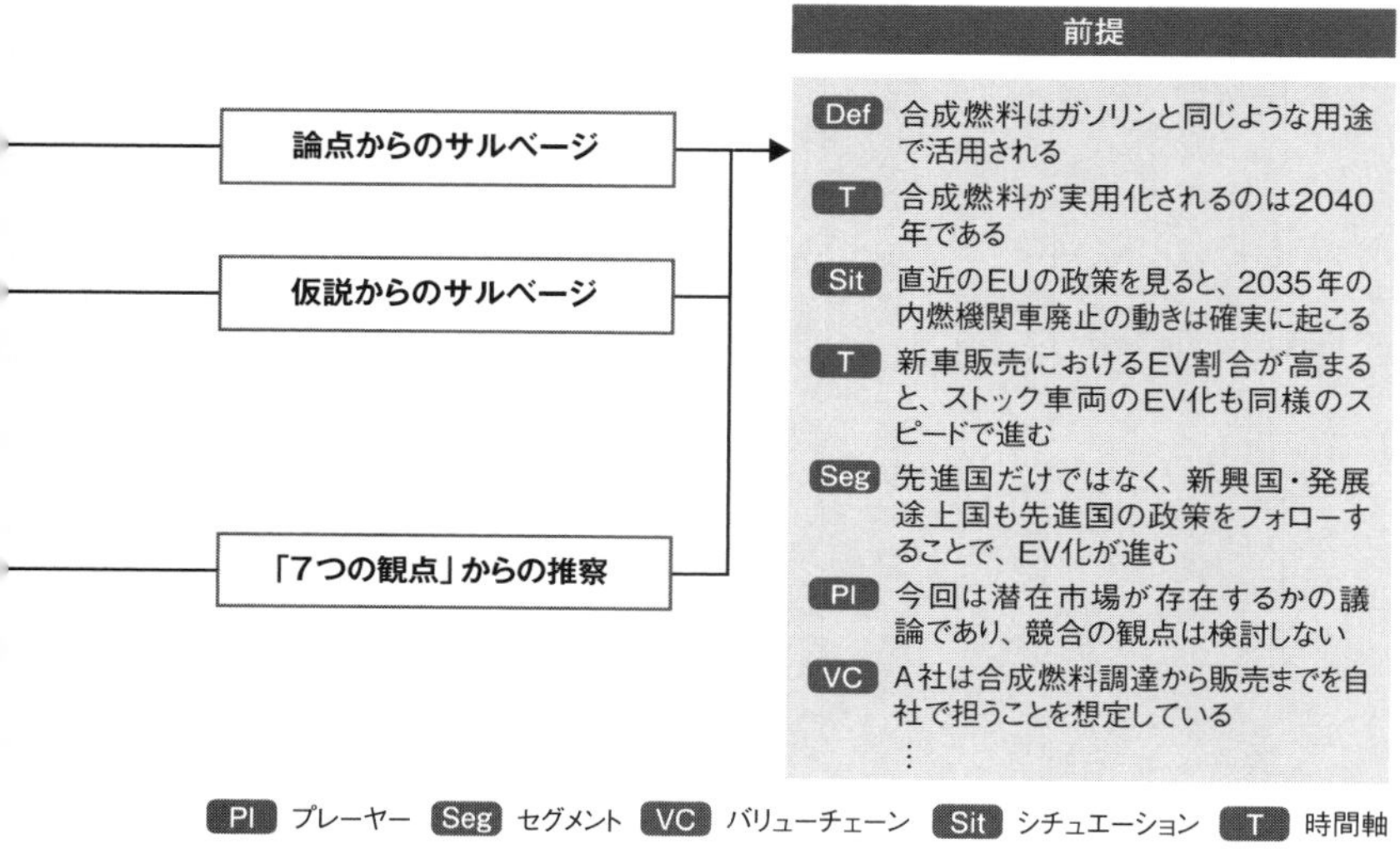
前提
論点からのサルベージ
仮説からのサルベージ
「7つの観点」からの推察
Def 合成燃料はガソリンと同じような用途で活用される
T 合成燃料が実用化されるのは2040年である
Sit 直近のEUの政策を見ると、2035年の内燃機関車廃止の動きは確実に起こる
T 新車販売におけるEV割合が高まると、ストック車両のEV化も同様のスピードで進む
Seg 先進国だけではなく、新興国・発展途上国も先進国の政策をフォローすることで、EV化が進む
Pl 今回は潜在市場が存在するかの議論であり、競合の観点は検討しない
VC A社は合成燃料調達から販売までを自社で担うことを想定している
⋮
Pl プレーヤー
Seg セグメント
VC バリューチェーン
Sit シチュエーション
T 時間軸

内燃機関車は本当になくなるのか？

ステップ③「前提を問い直す」

細かな前提も含めて書き出したのでかなりのボリュームになったが、すべてを確認し感覚的に疑いがあるもの、逆に当然すぎて奇妙に映るものなどにあたりをつけた。

まず、これまでの検討の中でEV普及の主要な論拠となっていた、「直近のEUの政策を見ると、2035年の内燃機関車廃止の動きは確実に起こる」という前提に対して、「本当にそうか？」と問いかけた。妥当性の観点でこの前提を見ると、「本当にEUの政策は内燃機関車廃止に向かうのか？ EUの政策が実施されると、内燃機関車廃止が起きるのか？」「EU以外の国に関しても、物事を一律で語れるのか？」

図3-2　書き出した論点と貼ったラベル

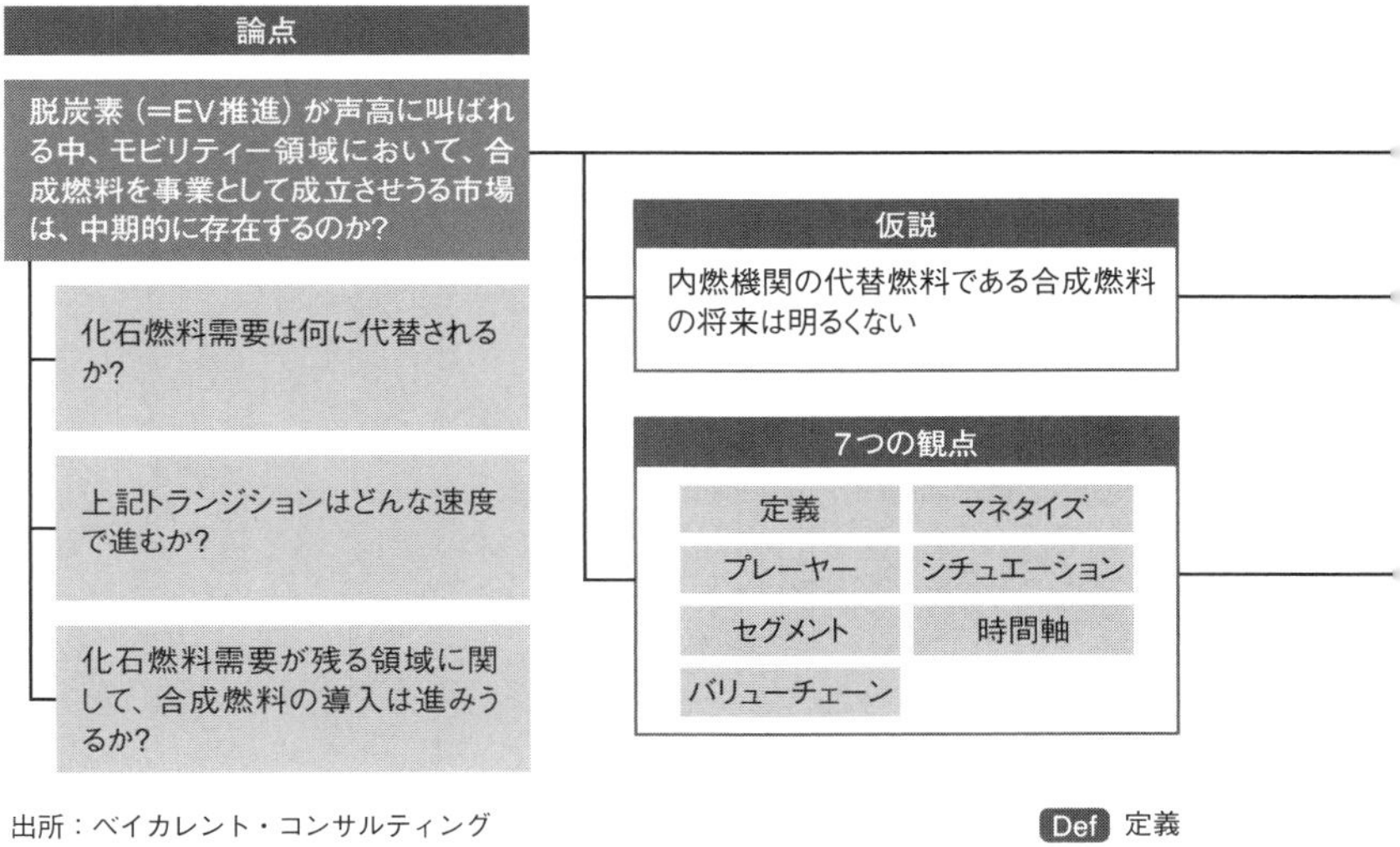

出所：ベイカレント・コンサルティング

という疑問が生じた。

世界の国々の経済状況、産業の発展度、社会の成熟度などは、実に多様である。ＥＵはＥＶ普及を熱心に後押ししているが、同じようにＥＶを普及させたいと考える国ばかりではないはずだ。環境、脱炭素という文脈で考えれば、ＥＶは社会全体の「共通善」のように感じるかもしれない。だが、本当に誰にとっても良いと言い切れるのか。共通善に見えるものは常に危うさを抱えている。「ＥＶ化推進がＥＵの産業育成戦略の一環なのだとすれば、他国からそれへの反発があるのではないか？」という疑いも生まれた。

「新車販売におけるＥＶ割合が高まると、ストック車両のＥＶ化も同様のスピードで進む」という前提に対しても、妥当性の面

疑い

❶
EV化推進がEUの産業育成戦略の一環なのだとすれば、他国からそれへの反発があるのではないか?

❷
合成燃料が実用化される2040年までに、膨大なストックの内燃機関車がほぼEV化されるのか?

❸
新興国・発展途上国だけではなく、先進国でもEV普及がそれほど進まない国もあるのではないか?

から「合成燃料が実用化される２０４０年までに、膨大なストックの内燃機関車がほぼＥＶ化されるのか？」という疑いが生じた。現在でも、先進国で使用済みとなった中古車が新興国や発展途上国に輸出され、それから何年も使われるという構造になっている。ストックのＥＶ化も急速に進むのかと疑問に感じた。

「先進国だけではなく、新興国・発展途上国も先進国の政策をフォローすることで、ＥＶ化が進む」という前提に対しては、「あえて」の面から「先進国でもＥＶ普及が進まないと考えるとどうなるか？」と問うた。ＥＵは内燃機関車廃止の方針を打ち出しているが、そういう国ばかりとは限らない。「新興国・発展途上国だけでなく、先進国でもＥＶ普及がそれほど進まない国もある

図3-3　問い直し書き出した"疑い"

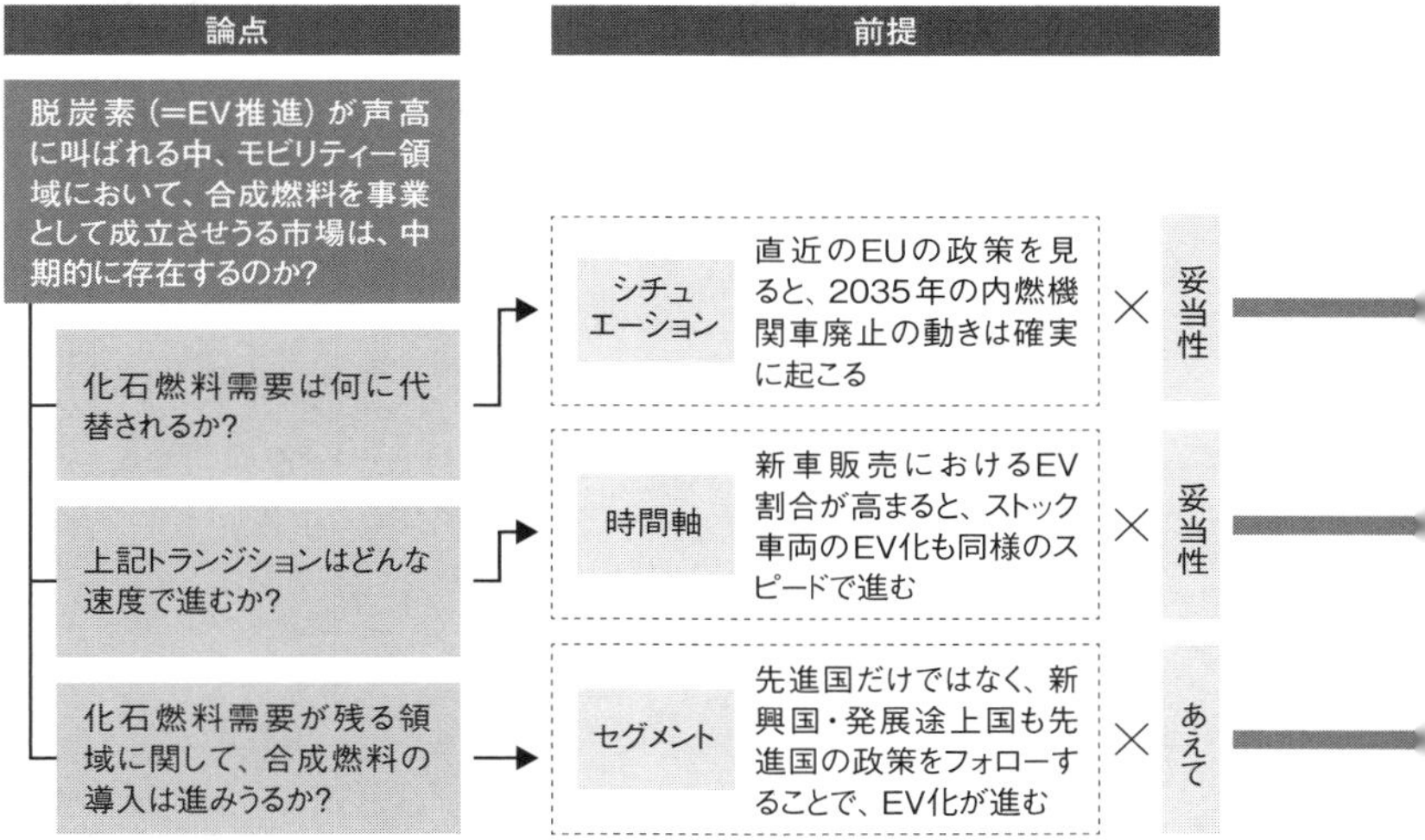
論点
前提
脱炭素（=EV推進）が声高に叫ばれる中、モビリティー領域において、合成燃料を事業として成立させうる市場は、中期的に存在するのか？
化石燃料需要は何に代替されるか？
上記トランジションはどんな速度で進むか？
化石燃料需要が残る領域に関して、合成燃料の導入は進みうるか？
シチュエーション
直近のEUの政策を見ると、2035年の内燃機関車廃止の動きは確実に起こる
妥当性
時間軸
新車販売におけるEV割合が高まると、ストック車両のEV化も同様のスピードで進む
妥当性
セグメント
先進国だけではなく、新興国・発展途上国も先進国の政策をフォローすることで、EV化が進む
あえて

出所：ベイカレント・コンサルティング

のではないか？」という疑いが生まれた。

結果、多数の〝疑い〟が見いだされたが、その中で主要なものは次の3つだった（図3-3）。

疑い①：EV化推進がEUの産業育成戦略の一環なのだとすれば、他国からそれへの反発があるのではないか？

疑い②：合成燃料が実用化される2040年までに、膨大なストックの内燃機関車がほぼEV化されるのか？

疑い③：新興国・発展途上国だけではなく、先進国でもEV普及がそれほど進まない国もあるのではないか？

ステップ④「核心を突く」

こうして生まれた疑いのうち、「EV化推

進がEUの産業育成戦略の一環なのだとすれば、他国からそれへの反発があるのではないか？」という疑問と、「新興国・発展途上国だけではなく、先進国でもEV普及がそれほど進まない国もあるのではないか？」という疑問は内容が近かったため、融合した上で正誤を見極めた。

EV向け充電インフラ整備の遅れを把握

この疑いに白黒をつけるため、1次情報を取り直した。

内燃機関車の販売が廃止される、すなわちEV普及が急速に進むという状況を実現するには、充電スタンドなど、EVの使用を現実的に可能にするインフラの普及も不可欠である。欧州委員会は、2035年の内燃機関車廃止に向け、その5年前の2030年までに300万カ所の充電スタンドを設置する必要があるという試算を提示している。

一方、欧州における足元の充電インフラの整備状況を確認すると、2019年末時点で欧州でのEV用充電スタンドの設置数は20万カ所以下にとどまっていた。しかも、その75%はオランダ、ドイツ、フランス、英国に偏在し、オランダのように、5万カ所を超える充電スタンドを設置した国がある一方、キプロスのように、わずか38カ所しか設置できていない国もあることが分かった。

2014年から2019年の5年間で充電スタンドは15万カ所増と、1年に3万カ所のペースで増えてはいる。しかし、2030年までに300万カ所必要となると、10年間で新たに

280万カ所を増設しなくてはならない。これまで西欧諸国は、産業戦略として巨額の投資によって当座は普及の道筋をつけたかのように見せているが、1年に28万カ所と、従来の3万カ所ペースを大幅に引き上げるとするならば、さらなる投資が必要になる。だが、そこまでの資金を拠出するのは現実的ではないと考えられた。

ただし、世界的なカーボンニュートラルの潮流から、いずれの国や地域でも、内燃機関車の市場が縮小トレンドにあることは間違いない。

そこで、「直近のEUの政策を見ると、2035年の内燃機関車廃止の動きは確実に起こる」という前提を、新たに「内燃機関車が世界中で完全廃止されることはないが、縮小トレンドは続く」と前提を据え直した。

この新前提から、内燃機関車は2035年に完全廃止になることはないものの、その数は減少していくため、合成燃料はカーボンニュートラルに貢献する代替燃料としての競争力が問われる環境であることを認識できた。そこで、新たな問いとして、「合成燃料が実用化した後に、競争力を保持できる期間はいつから何年間ぐらいか」を設定した（図3-4）。

新興国などでは内燃機関車市場が拡大する可能性も

もう1つの「合成燃料が実用化される2040年までに、膨大なストックの内燃機関車がほぼEV化されるのか?」という疑いの正誤も確認した。

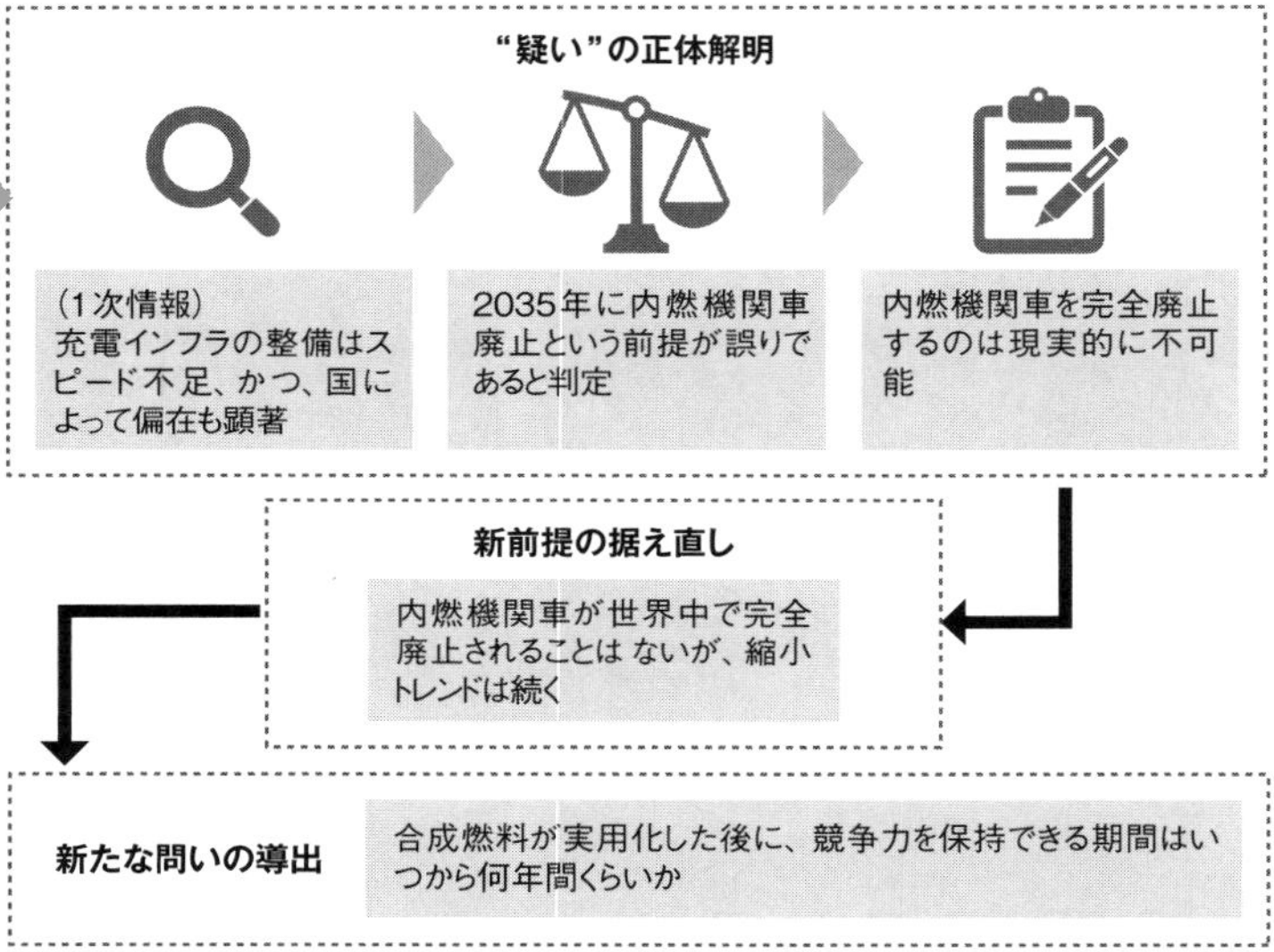
"疑い"の正体解明
(1次情報)
充電インフラの整備はスピード不足、かつ、国によって偏在も顕著
2035年に内燃機関車廃止という前提が誤りであると判定
内燃機関車を完全廃止するのは現実的に不可能
新前提の据え直し
内燃機関車が世界中で完全廃止されることはないが、縮小トレンドは続く
新たな問いの導出
合成燃料が実用化した後に、競争力を保持できる期間はいつから何年間くらいか

ここでも1次情報の取り直しを行い、世界には、これまで販売してきた内燃機関車が15億台近く存在することを確認した。

自動車市場では、先進国でユーザーが新車へと買い替えた際に発生した中古車が、新興国に輸出され使用されるという流れがある。先進国でEVが普及していく過程でも、買い替えによって生まれた内燃機関車の中古車は新興国や発展途上国に輸出されるはずだ。

また今後、自動車の販売台数が増加していくと見込まれる新興国や発展途上国では、車両価格の高さや充電ネットワークの不足、電力供給の不安定性などが壁となり、EV普及は緩やかであることが予想される。

図3-4　3つのサブステップで「核心を突く」

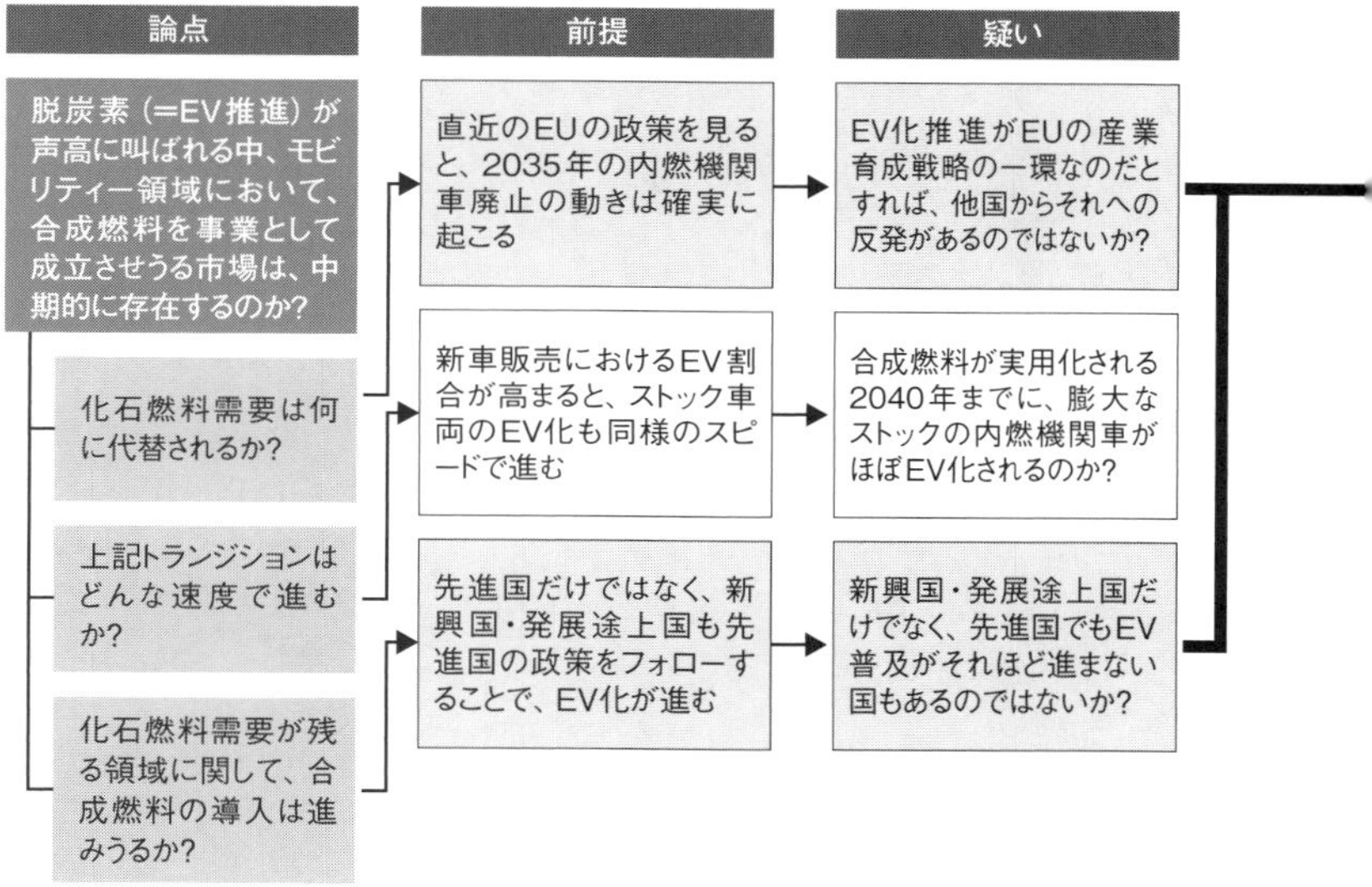
論点
前提
疑い
脱炭素（=EV推進）が声高に叫ばれる中、モビリティー領域において、合成燃料を事業として成立させうる市場は、中期的に存在するのか?
化石燃料需要は何に代替されるか?
上記トランジションはどんな速度で進むか?
化石燃料需要が残る領域に関して、合成燃料の導入は進みうるか?
直近のEUの政策を見ると、2035年の内燃機関車廃止の動きは確実に起こる
新車販売におけるEV割合が高まると、ストック車両のEV化も同様のスピードで進む
先進国だけではなく、新興国・発展途上国も先進国の政策をフォローすることで、EV化が進む
EV化推進がEUの産業育成戦略の一環なのだとすれば、他国からそれへの反発があるのではないか?
合成燃料が実用化される2040年までに、膨大なストックの内燃機関車がほぼEV化されるのか?
新興国・発展途上国だけでなく、先進国でもEV普及がそれほど進まない国もあるのではないか?

出所：ベイカレント・コンサルティング

さらに問題が大きいのが電力供給だ。EVが真にカーボンニュートラルなモビリティーとなるには、製造過程で温暖化ガス排出のないクリーンな電源から生み出した電気を使う必要がある。再生可能エネルギーや原子力発電などが該当するが、財政に十分な余裕のない新興国や発展途上国で、それらの電源構成比率を向上させるのは容易ではない。

加えて、国として投資余力がなければ、膨大なコストのかかる充電インフラの整備も進まない。実際、ブラジル自動車工業会のルイスカルロス・モラエス会長（調査当時）は「EV導入のインフラ投資は高コスト。2035年でも、EVは全体の1〜2割にとどま

るだろう」と発言していたとの報道もあった。

以上のことから、2040年時点でも、世界の自動車市場がEV一辺倒になることはありえず、内燃機関車は残ると予想した。内燃機関車の市場は緩やかに縮小していくものの、先進国から新興国などに中古車が流れることで、フローとストックで減り方には差が生じる。内燃機関車向けのガソリンや軽油の消費量は、世界的に減少傾向ではあるものの、その減少率は緩やかなものにとどまると考えた。

そこで、「中期的にも、新興国や発展途上国を中心に内燃機関車は残り続け、その燃料であるガソリン・軽油の消費量は緩やかにしか落ちない」を新前提に据えた。新たな問いに「先進国において、フロー・ストック両面でEV化はどの程度のスピードで進むか？」「新興国や発展途上国におけるEV化は、先進国から流れる中古車によって、何年までどの程度押しとどめられるか？」の2つを抽出した。

1-3 自動車市場は「フラグメント化」する

ステップ⑤再構築する

「核心を突く」ステップを通して、以下の新たな問いが生まれた。

「合成燃料が実用化した後に、競争力を保持できる期間はいつから何年間くらいか？」

「先進国において、フロー・ストック両面でEV化はどの程度のスピードで進むか？」
「新興国や発展途上国におけるEV化は、先進国から流れる中古車によって、何年までどの程度押しとどめられるか？」

すべての国・地域でEVが普及するわけではない

〝核心を突く問い〟を踏まえ、当初のイシューツリーの見直しを行った。もともと設定していた主論点は「脱炭素（＝EV推進）が声高に叫ばれる中、モビリティー領域において、合成燃料を事業として成立させうる市場は、中期的に存在するのか？」であった。新たに出てきた3つの問いが当初の主論点と整合しているかを確認し、それぞれの問いは合成燃料の市場が存在するかを明確化するための問いであり、主論点を全く異なるものに変える必要はないことが確認できた。一方で、新たに導出した問いを俯瞰《ふかん》すると、「期間」「スピード」「何年まで」といった「時間軸」や、「先進国」「新興国」「発展途上国」といった「セグメント」が重要になることが示唆されたため、主論点の表現を修正した。

特に「セグメント」に関して、「世界中すべての国・地域で、EVが一律に、急速に普及するわけではない。ある国・地域ではフロー中心にEV化が進行するものの、別の国・地域では内燃機関車が主流として残る」という具合に、混ざり合った状況になると考えられる。それを「フラグメント化」という言葉で表現した。

再構築したイシューツリーと対応仮説

サブ論点	仮説
合成燃料が他の代替燃料に比べて競争力を持ちうるのは、何年くらいか？	合成燃料が実用化される2040年前後から、ストックがEV化されるまで続く
先進国において、フロー・ストック両面でEV化はどの程度のスピードで進むか？	先進国では、2035～2040年にフローはほぼEV化。ストックのEV化は当分先
新興国・発展途上国におけるEV化は先進国から流れる中古内燃機関車よって、何年までどの程度押しとどめられるのか？	新興国において、2040年にEV化が相当進んでいることは、現実的に考えられない
合成燃料は、電気以外のガソリン代替需要をグローバルワイドでどの程度獲得できるか？	事業として十分成立する規模が見込める

「グローバルワイドでフラグメント化が見込まれる自動車燃料市場において、どの国でどのくらいの合成燃料需要が見込めるか？」というのが、新たな主論点だ。

サブ論点については、残すものと破棄するものを分け、整理し直した。「化石燃料需要は何に代替されるか？」「上記トランジションはどんな速度で進むか？」というサブ論点は、「合成燃料が実用化した後に、競争力を保持できる期間はいつから何年間ぐらいか？」という、より具体的な問いが生まれているため破棄した。一方で、破棄した論点が持つ化石燃料代替のニュアンスを残すため「合成燃料が実用化した後に、競争力を

図3-5 「再構築」して5ステップを完了

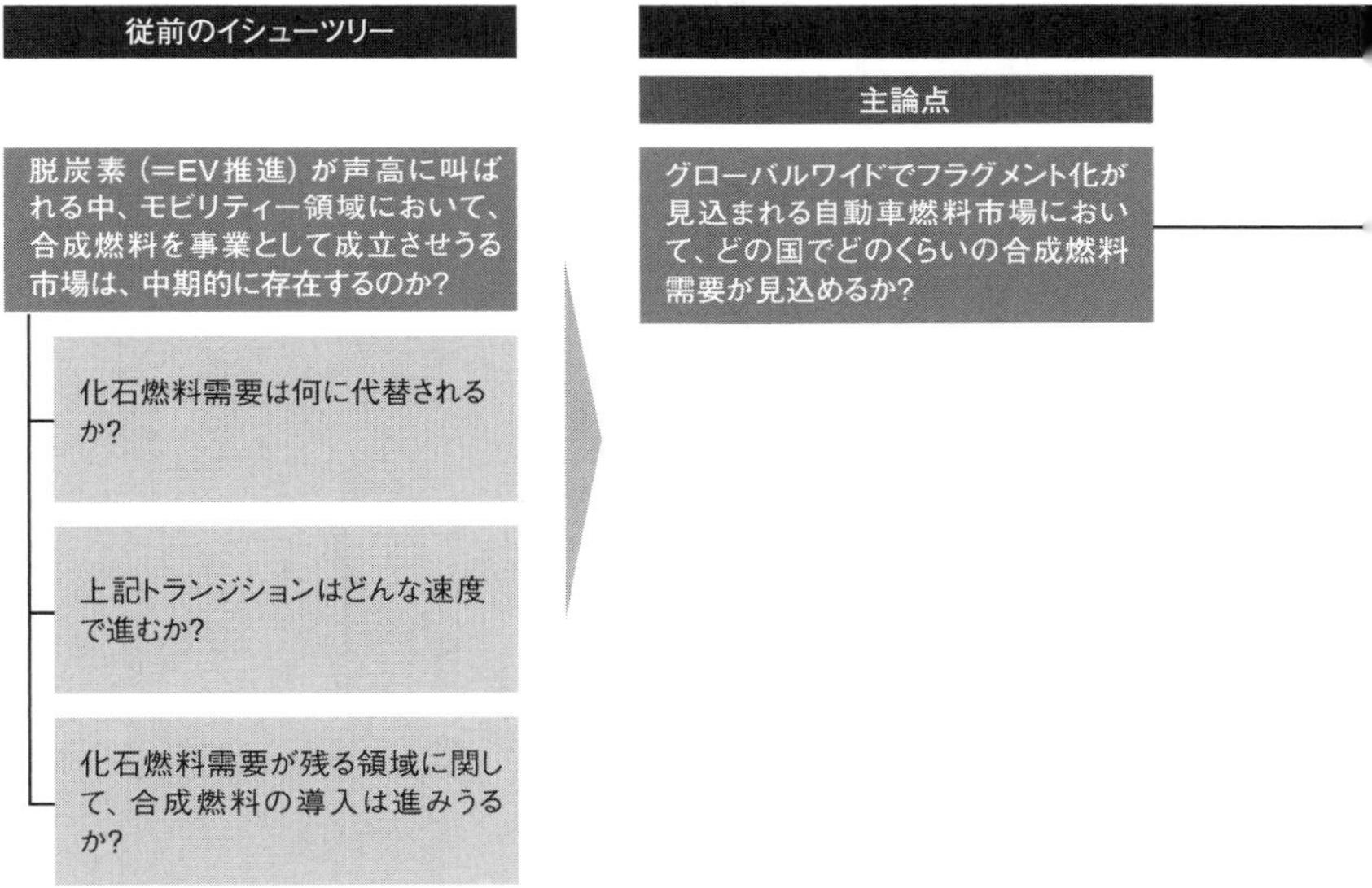
従前のイシューツリー
脱炭素（＝EV推進）が声高に叫ばれる中、モビリティー領域において、合成燃料を事業として成立させうる市場は、中期的に存在するのか？
化石燃料需要は何に代替されるか？
上記トランジションはどんな速度で進むか？
化石燃料需要が残る領域に関して、合成燃料の導入は進みうるか？
主論点
グローバルワイドでフラグメント化が見込まれる自動車燃料市場において、どの国でどのくらいの合成燃料需要が見込めるか？

出所：ベイカレント・コンサルティング

保持できる期間はいつから何年間ぐらいか？」という問いを「合成燃料が他の代替燃料に比べて競争力を持ちうるのは、何年くらいか？」という言い方に変え、サブ論点とした（図3-5）。２０５０年までの合成燃料需要量の予想を参考までに示しておく（図3-6）。

EUが方針撤回、合成燃料への注目高まる

２０２３年３月、EUは内燃機関車の新車販売を２０３５年から禁止するとしていた方針を撤回し、合成燃料の利用を条件に、新車販売を許容することを発表した。これを機に、合成燃料への注目は一気に高ま

図3-6　2050年の合成燃料需要量の予想
シナリオ1～8まで8つの可能性で分析

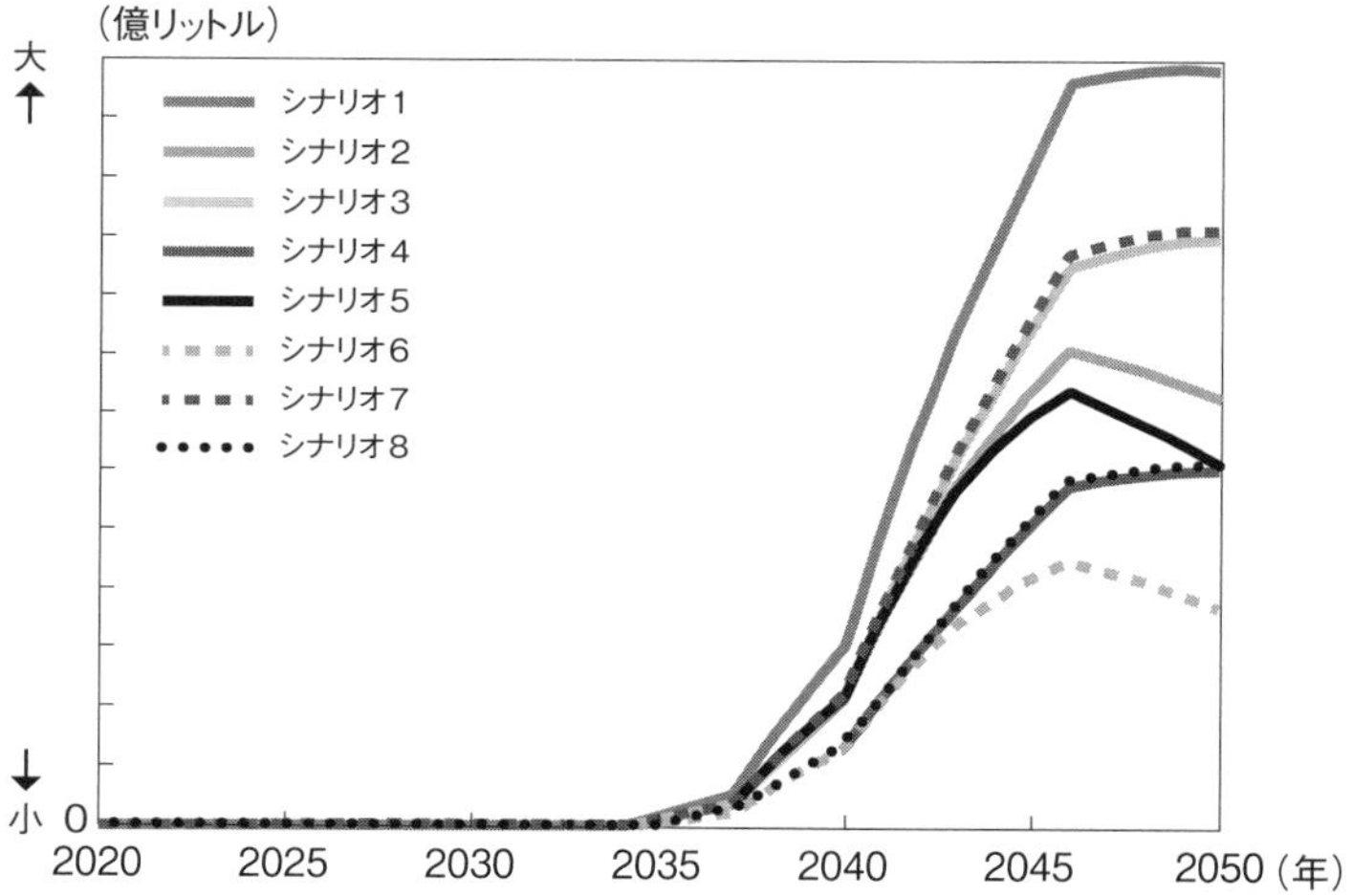
(億リットル)
大
小 0
シナリオ1
シナリオ2
シナリオ3
シナリオ4
シナリオ5
シナリオ6
シナリオ7
シナリオ8
2020
2025
2030
2035
2040
2045
2050 (年)

出所：ベイカレント・コンサルティング

り、世界中で研究開発や実証プロジェクトが立ち上がりつつある。

ベイカレントとの討議もあり、合成燃料の有望性を確認していたA社は、その波に遅れることなく、合成燃料の取り組みを進めている。

ケース②
ヘルスケア

新市場への参入戦略の大転換 提携の意義を根本から問い直す

2-1 既存事業が頭打ち、提携を「てこ」に新デバイス市場参入を狙う

次に紹介するのは、ヘルスケア機器における電機メーカーB社（匿名）のケースである。独自性の高い高品質な電子機器で、世界市場において高い存在感を発揮してきたB社だが、現在、これらの既存事業は市場も飽和しつつあり、頭打ちの状況にある。中長期的な成長を図るため、新規事業領域への進出が重要な経営課題となっていた。

進出領域の候補の1つとして、B社が注目したのがヘルスケアデバイスである。

IoT（モノのインターネット）の進化、スマートフォンの普及、ユーザーの増加などを背景に、世界のヘルスケアデバイス市場は拡大の一途をたどっている。

新デバイスへの進出の是非と可否を判断せよ

ヘルスケアデバイスはこれまで手掛けてきた事業との親和性も高く、特にあるデバイス（この事例では「デバイスα」と表現）に可能性を感じ、B社はデバイスαの業界構造・パワーバランスを明らかにした上で、参入の是非と可否を判断したいと考えた。ただし、B社は数カ月後に中期経営計画の発表を予定しており、デバイスαへ進出したいと考えるならば、その計画へ急ぎ追加で盛り込まねばならない。このタイミングで、ベイカレントに声がかかった。

デッドラインは、2カ月後の経営会議。そこで参入判断を行いたいという。経営会議に向けた段取りを確認したところ、最初の1カ月ほどでデバイスαへの参入の是非と可否の1次結論を出す必要があることが分かった。短いタイムラインで成果が求められるプロジェクトは多々あるが、それにしても重要な経営判断を下すために残された期間としては、なかなかに厳しいタイムラインである。

ここで示すのは2カ月後の経営会議に向け、最初の1週間で論点を研ぐ5ステップを行った過程をまとめたものである。論点がいかに研がれていくかを体感してほしい。

ステップ①「同質化する」

非常に短いタイムラインのため、翌日にクイックな打ち合わせを持ち、B社の現況やこれまでの検討経緯などを共有してもらった。ベイカレントに期待することは、「デバイスαへの進出判断と、進出する場合の方向性の整理」である。

まずは、最低限の基礎的な調査（同質化）に着手。デバイスα市場の概況、ビジネスモデルや主なプレーヤー、競合動向などを、順を追って把握していった。実際に行った同質化の内容を示す。

B社にとってヘルスケアデバイス市場とは？

B社が主戦場としてきた電子機器市場では一部の新興国を除き、需要は世界的にすでに頭打ちの状況。一方、ヘルスケアデバイス市場は、B社がこれまで培った技術やノウハウを生かせる市場であり、かつ、ユーザーの広がりとともに年平均成長率2桁で拡大する成長市場だった。当然ながら、中国・韓国メーカーもこのヘルスケアデバイス市場へ近年続々と参入を図り、特に、事業環境面でコストメリットを持つ中国メーカーが、低価格攻勢を仕掛けていた。

こうした環境下でB社が競争力を維持するには、付加価値の高さで勝負するしかない。新規参入するならば、技術性能で大きく差別化し、市場で独自のポジションを築くことが不可欠だった。

ゆえに我々は、B社にとってのヘルスケアデバイス市場を、「高性能・高価格なセグメントで独自のポジションを狙う高成長市場」と定義づけた。

図3-7　ヘルスケアデバイスの業界構造

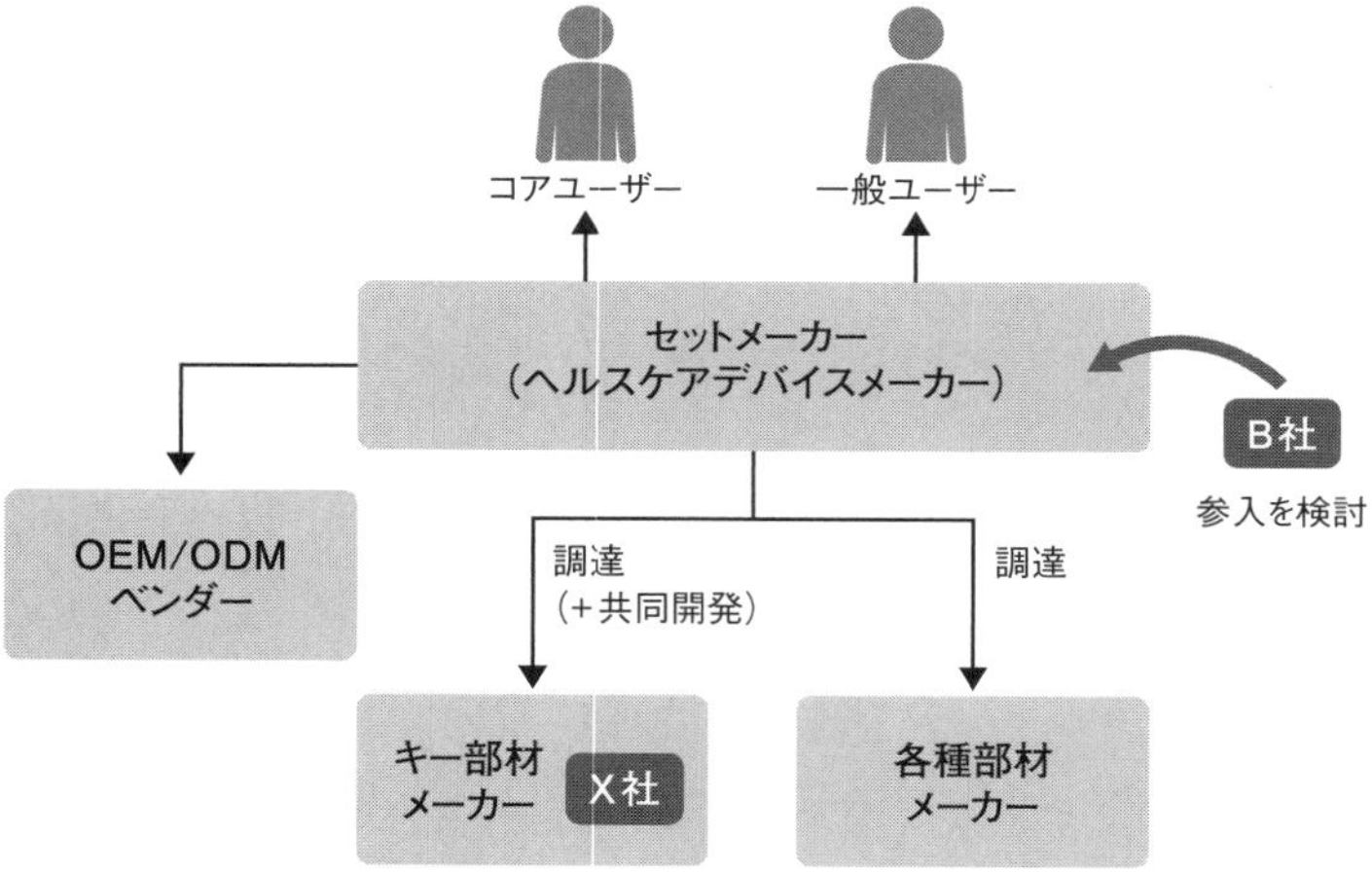

コアユーザー
一般ユーザー
セットメーカー
（ヘルスケアデバイスメーカー）
B社
参入を検討
OEM/ODM
ベンダー
調達
（+共同開発）
調達
キー部材
メーカー
X社
各種部材
メーカー

出所：ベイカレント・コンサルティング

キー部材メーカーX社との提携を念頭に置く

ヘルスケアデバイスは、一般的にハードおよびソフトからなる部材を組み上げて製造され、それを「セットメーカー」が販売する。そのため、セットメーカーは複数の部材メーカーから多くの部材を調達する。また、セットメーカーから委託を受け開発・製造を請け負うOEM（Original Equipment Manufacturing）／ODM（Original Design Manufacturing）ベンダーなどがかかわる（図3-7）。

そうした中、B社は、ヘルスケアデバイスの中で可能性を感じているデバイスαのキー部材市場で、圧倒的な強さを誇るX社（匿名）との提携を考えていた。キー部材メーカーX社との提携により、技術的競争力を確保することで、デバイスα市場で勝っていこうという意図である。

クライアントのB社の担当者の一人は次のように語っていた。

「うちは、確かに電子機器では代表的なプレーヤーです。しかし、その成功体験だけで勝てるほど、デバイスαの世界は甘くないということもまた理解しています。そこで、デバイスαでは後発組である私たちとしては、圧倒的な技術力を持つX社との提携により、いち早くこの市場に参入し、勢力を広げていけないかと考えています」

キー部材メーカーX社、そのすごさとは？

このように、クライアントB社内では「X社との提携」は当然と捉えられている中、ベイカレントに市場参入判断の依頼をいただいた。我々としては決め打ち感を覚えたものの、同質化を進めてみると一定納得感のある初期仮説と言えることが分かった。

デバイスαの性能は、測定精度やレコメンドの妥当性などで定義される。これらの性能は、とあるキー部材が左右する。言い換えれば、キー部材の性能がデバイスα全体の性能に直結する。結果として、技術力の高いキー部材メーカーX社の名は、セットメーカーだけでなくエンドユーザーにまで知れ渡るほどであった。

もちろんX社にとっての競合がいないわけではない。近年、競合企業としてY社（匿名）も台頭しつつあった。しかしながら、デバイスα市場で先行してきたX社が、現在も大きなシェアを獲得していた。

こうしたことから、「X社ありきで考えている」ことへの違和感は、同質化を進めていく過程で薄らいでいった。読者の皆さまもこの内容を聞くと、B社の仮説に一定の納得感を得られるのではないだろうか。

B社の仮説をありのままイシューツリーとして表現

通常の市場参入の戦略立案であれば、業界構造や取り巻く環境の分析、自社のアセットやケイパビリティー（組織能力）の評価などから入り、参入戦略のオプション出し、オプションの絞り込みへと流れていくところだ。しかし、今回はクライアントB社が「X社との提携によって競争力を獲得する」という強い仮説を持っている。論点を研ぐステップを進めるに当たり、まずは同質化のアウトプットとして、B社の頭の中にあるイシューツリーをそのまま形にしてみた。

初期的な論点・仮説は図のように書き下したが、押さえておきたいポイントは2点である（図3-8）。

①B社の頭の中をありのまま表現すべく、主論点に「キー部材メーカーX社」の文字を入れている。

②サブ論点の1つ目としては、参入する業界の構造やプレーヤーを明確にしつつ、2つ目で

図3-8 ステップ①「同質化する」時点の論点と仮説

論点	仮説
B社は、キー部材メーカーX社との提携により、デバイスα市場で競争力を確保できるか?	キー部材メーカーX社としても、今後鍵となる技術を持つクライアントは提携相手として妥当。ゆえに提携により競争力を確保できる
デバイスαのサプライヤー構造・関係性は?	X社が重要技術を保有しており、強い交渉力を有している
将来の技術進化は競争力確保に対して、どのような影響を及ぼすか?	クライアントが保有する高機能化に寄与する新技術が、他デバイスで活用開始されており、デバイスαにも早晩波及する
キー部材メーカーX社の戦略は? 戦略を踏まえ、B社との提携は実現しそうか?	X社は高機能化で差別化を行っており、その戦略に同調する企業との提携を望んでいる。クライアントは今後鍵となる技術を保有しており実現可能性が高い

出所：ベイカレント・コンサルティング

将来変化を解き、3つ目でキー部材メーカーX社との提携余地を問うた。

同質化の後はステップ②の「前提を自覚する」へ移るが、その直前に実施した1件のインタビューが「何か引っかかる感覚」を生んだ。これが後々の鍵となるため、ステップ②に移る前に、そのインタビューについて共有しておこう。

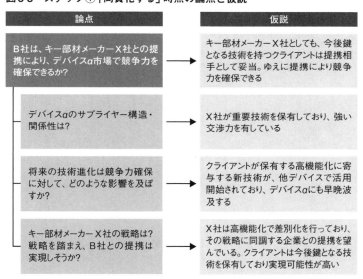

1件のデプスインタビューが生んだ「何か引っかかる感覚」

我々はデバイスαに対する理解を深める目的で、デバイスαを実際に購入し使用しているユーザーを社内で探し、じっくり話を聞いてみた。広く浅くではなく、対象を絞ってとことん話を聞く、いわゆるデプスインタビューだ。なお、これは社内の知り合いからクイックに探した、かなりフランクなものである。雑談も交えながら1時間ほど話したが、主に次のような内容であった。

Q　デバイスαをなぜ買おうと思ったのか。当時を思い出してほしい。

A　人間ドックの結果を受け、なんとかせねばと思ったことがきっかけ。要するに危機感。生活習慣も見直したが状況はなかなか改善せず、デバイスαに手を出した。

Q　デバイスαと言ってもたくさんあるが、購入製品を決めるまでにどのような紆余曲折《うよきょくせつ》があったか？　あまりきれいに整理しようとせず、思いつくまま教えてほしい。

A　知っているメーカーかどうかは信頼の面で重要だった。性能で少しは絞り込めたが、同じような性能のものでいくつか候補が残ってしまった。最後決めるときの心情は覚えていないが、正直何となく決めた記憶がある。

Q　キー部材メーカーX社の存在は、購入検討時どれくらい意識していたか？

A　残った候補はどれもX社の部材を使ったものだった。ただ、候補からの絞り込みで決定打とはならなかったので、メーカー名、見た目のカッコよさ、（ネット通販の）「アマゾン」での評価の差などを見て決めたような気がする。

このデプスインタビューは、あくまで1人に聞いただけの情報のため解釈に気をつけなければならないが、「最後に残った候補はどれもX社の部材を使っていた」「性能面である程度は絞り込めても、絞り切れなかった」という意見について引っかかった。つまり、X社と提携して性能の良いデバイスを作ったとしても、それだけでは勝てないケースがあるということだ。

2-2 変わりゆく業界構造を解明し、新戦略を見いだす

ステップ② 「前提を自覚する」

2カ月後の経営会議にてデバイスα市場への参入判断をするため、1カ月後には1次判断を下すという大変短いタイムラインだったことは先に述べた。クライアントの仮説に従い、キー部材メーカーX社との提携を主軸に置いたまま検討を進めたい誘惑にかられたが、先ほどの1件のデプスインタビューで得られた「何か引っかかる感覚」を捨て切れない。ゆえに、論点を研ぐ5ステップをしっかりと進めることとした。次は「前提を自覚する」だ。

前提を書き出すに当たっては、第2部で解説した通り、論点に対する前提、仮説に対する前提を思いつく限りあげた上で、「7つの観点」を利用してさらなる洗い出しを図っている（図3-9）。洗い出した全量は図をご覧いただきたいが、その中で疑いを持った方がよいと感じた前提が2つあった。次のステップで、この2つの「前提を問い直す」ことになるのだが、この2つの前提を問い直した結果が、論点を研ぐことへとつながっていく。

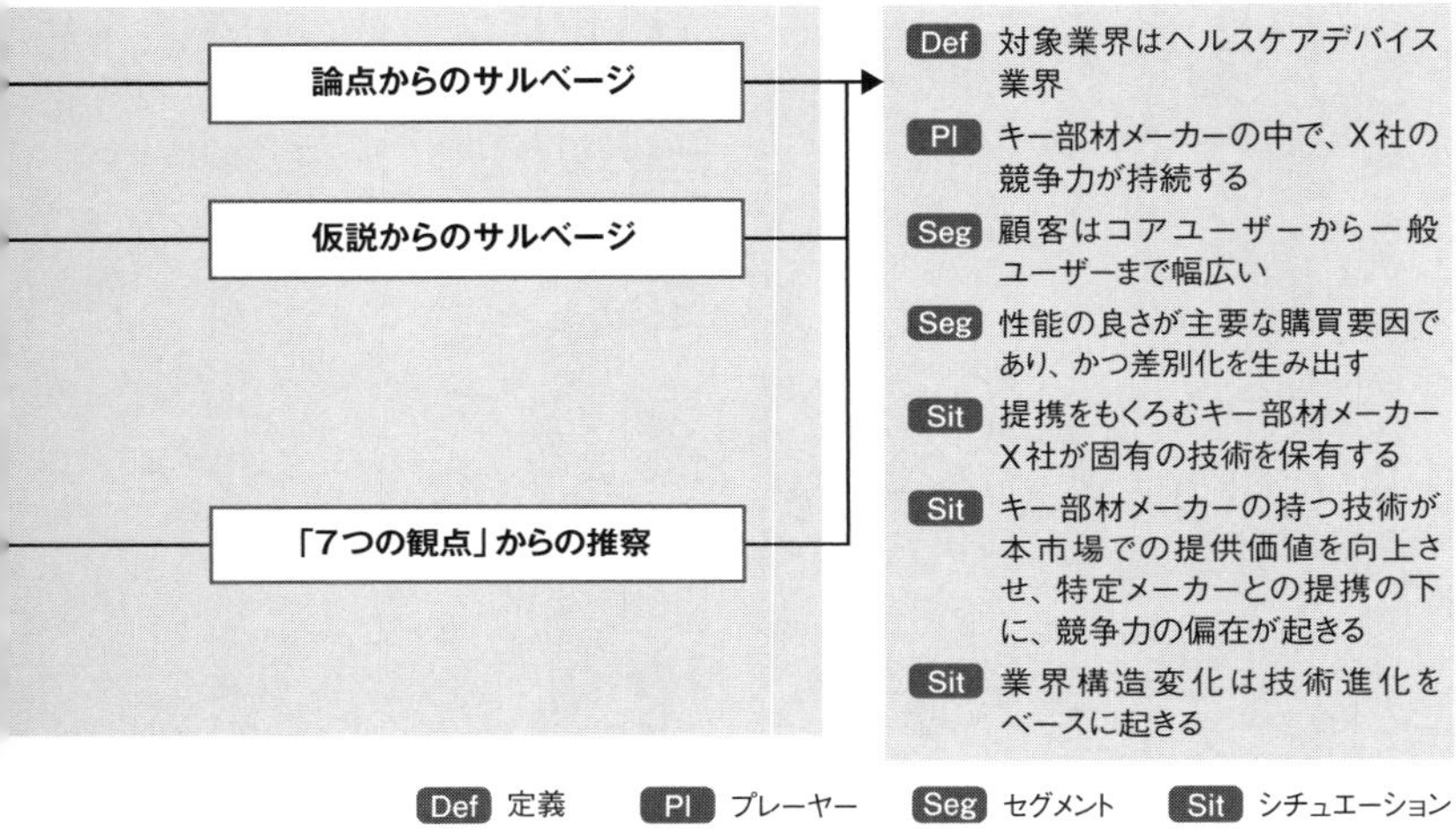
論点からのサルベージ
仮説からのサルベージ
「7つの観点」からの推察
Def 対象業界はヘルスケアデバイス業界
Pl キー部材メーカーの中で、X社の競争力が持続する
Seg 顧客はコアユーザーから一般ユーザーまで幅広い
Seg 性能の良さが主要な購買要因であり、かつ差別化を生み出す
Sit 提携をもくろむキー部材メーカーX社が固有の技術を保有する
Sit キー部材メーカーの持つ技術が本市場での提供価値を向上させ、特定メーカーとの提携の下に、競争力の偏在が起きる
Sit 業界構造変化は技術進化をベースに起きる
Def 定義
Pl プレーヤー
Seg セグメント
Sit シチュエーション

前提①：「提携をもくろむキー部材メーカーX社が固有の技術を保有する」

前提②：「性能の良さが主要な購買要因であり、かつ差別化を生み出す」

余談だが、前提の書き出しは第2部で述べた通り、当たり前すぎるものも書くことが重要である。例えば、「対象業界はヘルスケアデバイス業界」という前提は、どう考えても当たり前すぎる前提だ。しかし、このレベルでも洗い出していくマインドにならなければいけない。そうでなければ、「提携をもくろむキー部材メーカーX社が固有の技術を保有する」という前提を書き出すことなく終わってしまう可能性が十分ある。

X社の競争優位の持続性と、購買要因

図3-9 前提を自覚する

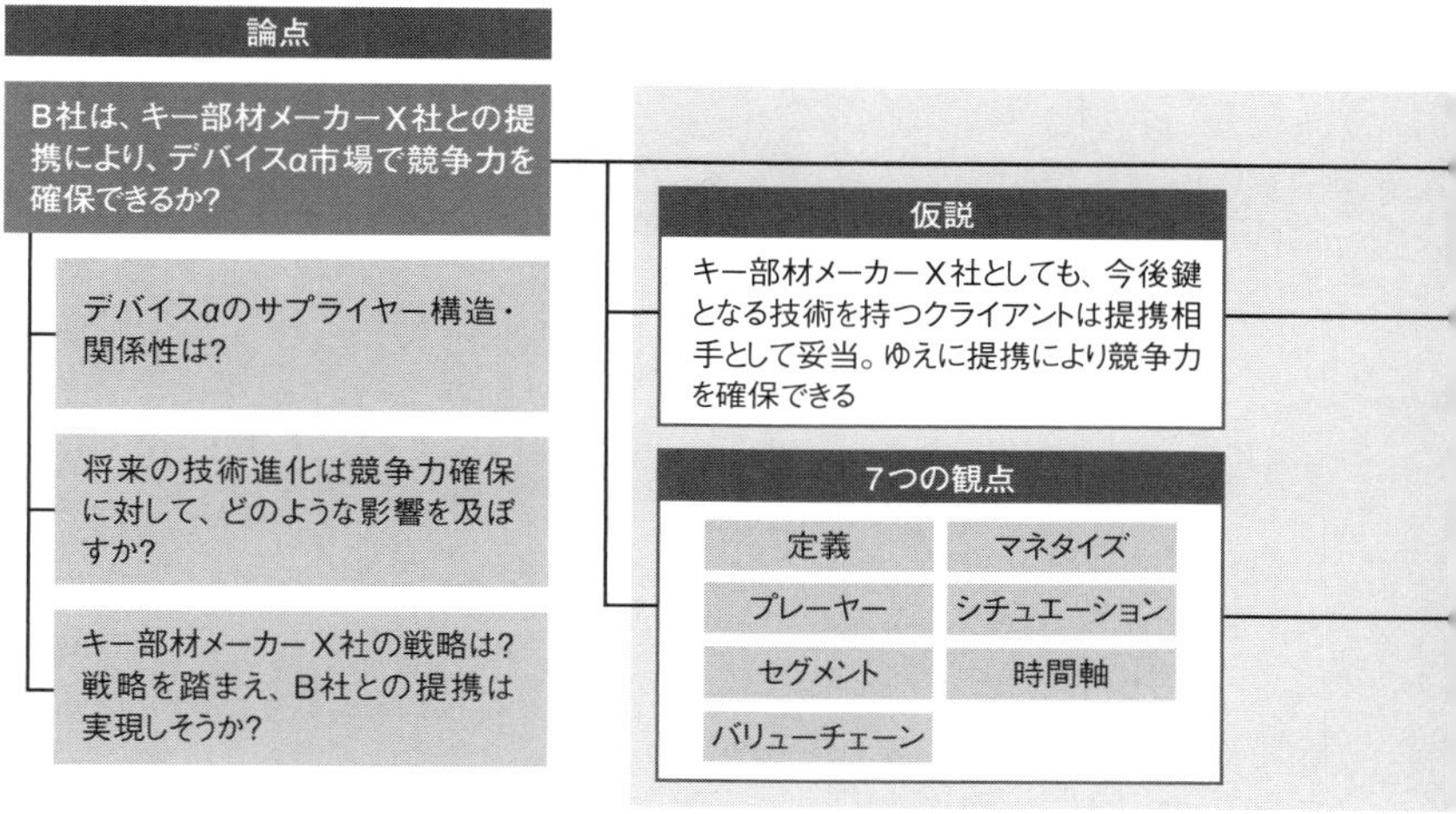

出所：ベイカレント・コンサルティング

への寄与度という根本を疑う。

ステップ③「前提を問い直す」

さて、前提が洗い出されたところで、我々は一つひとつ問いかけを始めた。なお、前述した通り、「対象業界はヘルスケアデバイス業界」などというどう考えても当たり前に思える前提についても、念のため「漏れ」「妥当性」「あえて」の観点で、問いかけを行っている。ここまで徹底してやらなければ、無意識の囚われからは逃れられない。

多くの疑いが見いだされたが、ここでは最も重要な疑いへとつながった、前提①と前提②について、問い直しの結果生まれた疑いを見ていく。詳しくは図3-10に記載した。

疑い
現時点では圧倒的な優位性を構築しているX社だが、本当にそれは今後も持続するのか?
あえて、性能面での差が極小化された未来を想像すると、ブランド価値等が差別化要素となる可能性はありそうか?　また、すでにそのような動きはあるか?

前提①：「提携をもくろむキー部材メーカーX社が固有の技術を保有する」

←

疑い①：「現時点では圧倒的な優位性を構築しているX社だが、本当にそれは今後も持続するのか？」（妥当性の観点）

↓X社は、確かにこれまで技術力で抜きんでていた。一方で、X社の競合であるY社が代替技術を開発の上、安価に提供するなど思い切った施策を打ってくる可能性も十分考えられる。X社の圧倒的なポジションが、中長期的に持続すると考えることにはリスクがある。

前提②：「性能の良さが主要な購買要因であり、かつ差別化を生み出す」

←

疑い②：「あえて、性能面での差が極小化された未来を想像すると、ブランド価値等が

図3-10　前提を問い直す

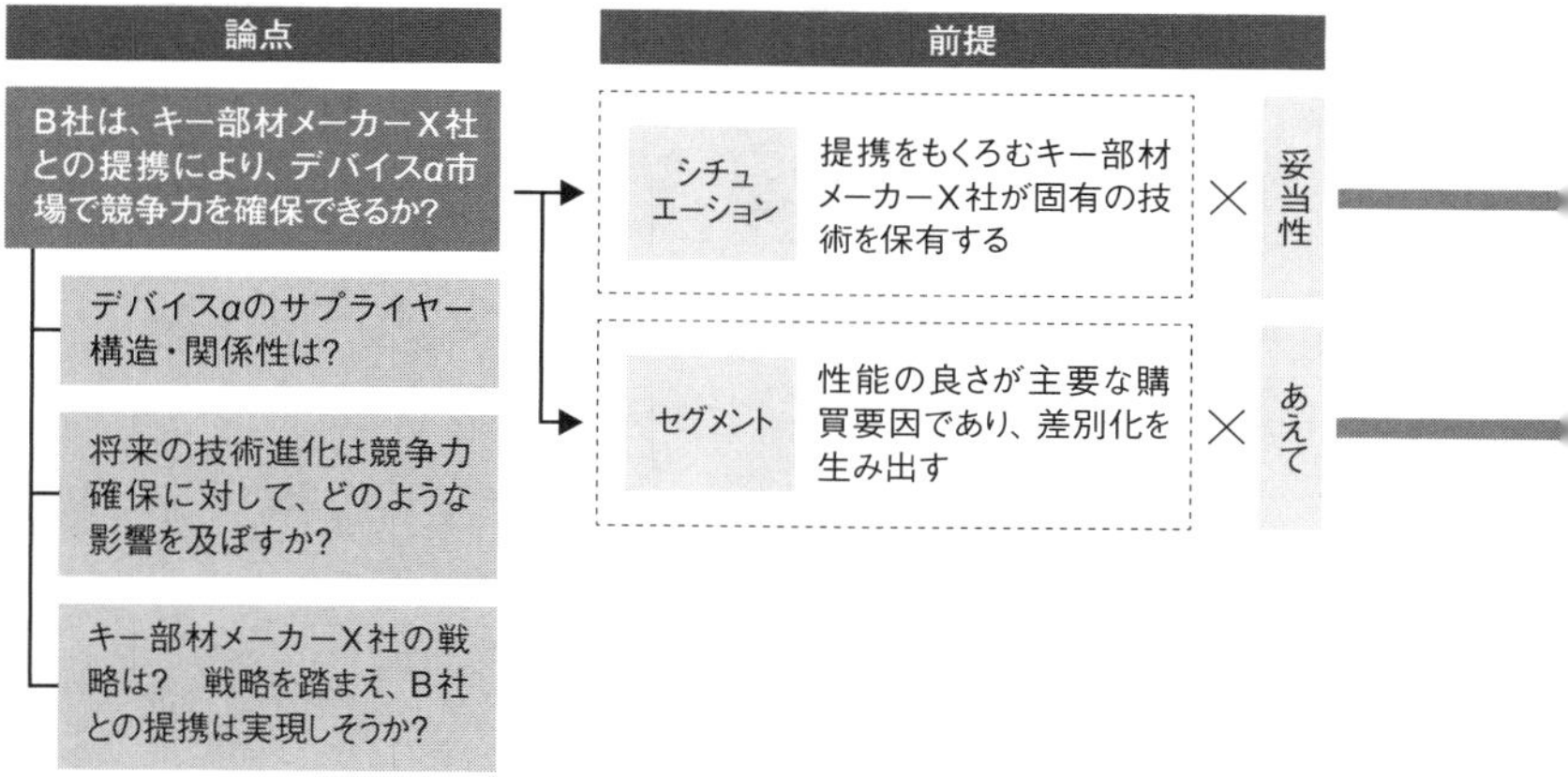

出所：ベイカレント・コンサルティング

差別化要素となる可能性はありそうか？　また、すでにそのような動きはあるか？」（あえての観点）

↓これまでは、確かにX社の高い技術がもたらす性能がユーザーに求められ、X社のキー部材を搭載したデバイスが選ばれるという構図があった。

　だが、Y社をはじめ競合他社の技術力が向上した場合には、その状況も変化しうる。技術力の差が縮まったり、なくなったりした場合は、そのほかの要素が購買決定要因として大きくなる。

　これら2点が最終的に重要な疑いであった。もし仮に疑い①、②がどちらも本当だった場合、キー部材メーカーX社との提携というクライアントの初期仮説を真っ向から否定することになる。否定することそれ自体が問題ではないが、否定するのであれば十分な根拠が必要である。

ここから先は、これら〝疑い〟の正体を明らかにすることに取り組んだ。そのために、調査の準備をしつつ、数人のエキスパートに正式なインタビューを申し込んだ。

技術力での差別化は可能か

ステップ④「核心を突く」

ここから2つの〝疑い〟を解き明かすプロセスに入る。先へ進む前に、2つの〝疑い〟を振り返っておこう。

疑い①:「現時点では圧倒的な優位性を構築しているX社だが、本当にそれは今後も持続するのか？」

疑い②:「あえて、性能面での差が極小化された未来を想像すると、ブランド価値等が差別化要素となる可能性はありそうか？　また、すでにそのような動きはあるか？」

X社のポジションは安泰ではなかった

まず、X社の競合動向を調べた。すると、ターゲットとするデバイスα市場で、Y社がX社と類似の技術を安価に提供し、X社の牙城を崩そうと仕掛け始めていること、そして実際にY社が台頭しつつあることが分かった。セットメーカーの中には、搭載するキー部材をX社から

Y社へと切り替える企業も出始めていたのだ。Y社の追い上げにより、X社が持つ技術は、もはや抜きんでた技術とは言えない状況にある。

「現時点では圧倒的な優位性を構築しているX社だが、本当にそれは今後も持続するのか？」という〝疑い〟は、X社の優位性は長くは続かないという確信へと変わったのである。

さらに、仮にX社が性能で勝ち続けたとしても…

続いて、「あえて、性能面での差が極小化された未来を想像すると、ブランド価値等が差別化要素となる可能性はありそうか？　また、すでにそのような動きはあるか？」という〝疑い〟を解明した。

デバイスαの購買動向を見ると、ユーザーが機器を選択する際、性能は購買決定要因の1つではあるものの、最近では「誰が使っているか」といったブランド価値が、機器選択の決め手になりつつあった。競合セットメーカーの中には、それを見据えてコアユーザーや企業と提携する戦略をとる企業も出ていた。

性能が差別化要因ではなくなり、ブランド価値が重要となる世界がすぐそこまで来ていたのである。

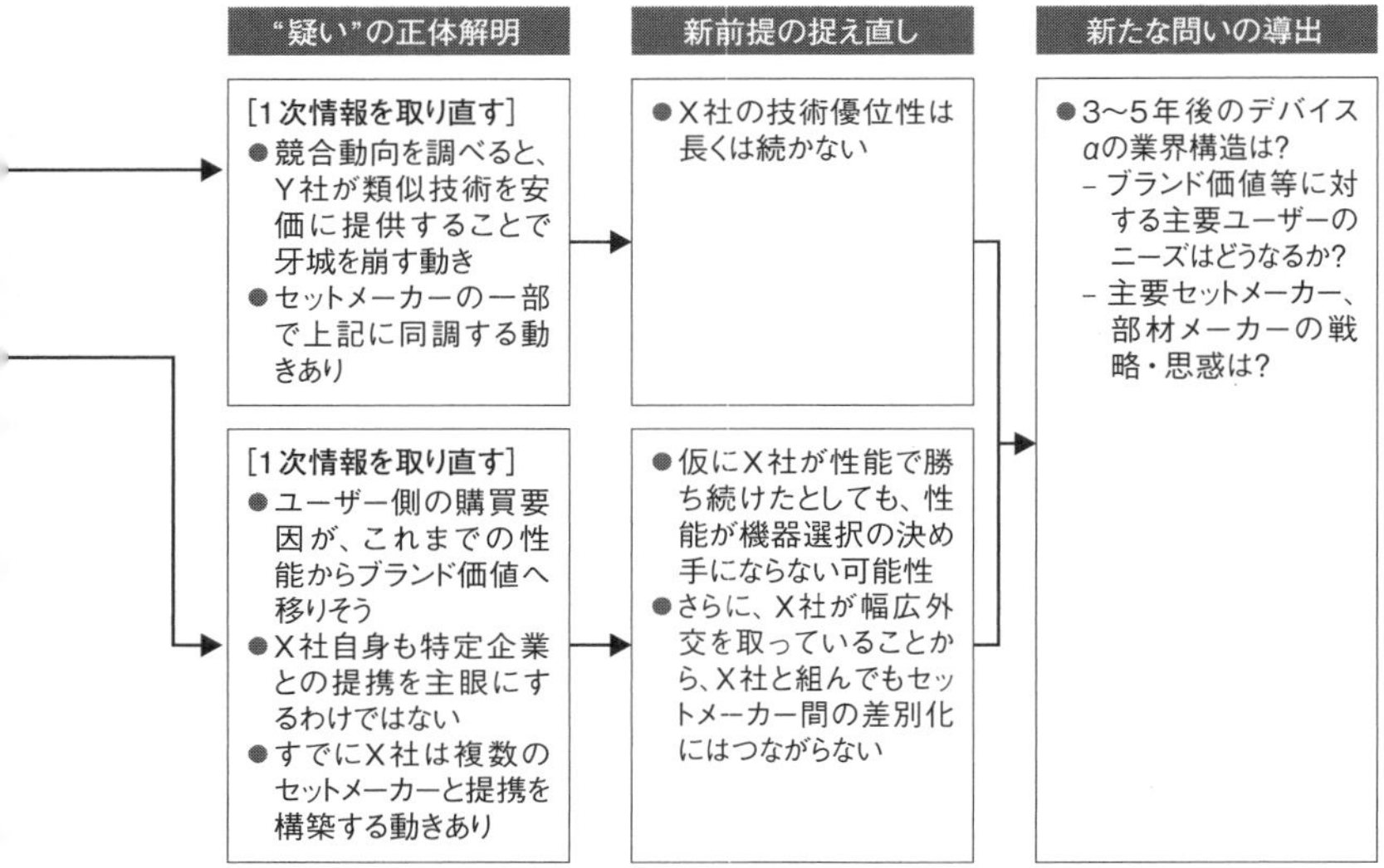

“疑い”の正体解明
新前提の捉え直し
新たな問いの導出
[1次情報を取り直す]
●競合動向を調べると、Y社が類似技術を安価に提供することで牙城を崩す動き
●セットメーカーの一部で上記に同調する動きあり
●X社の技術優位性は長くは続かない
●3〜5年後のデバイスαの業界構造は?
– ブランド価値等に対する主要ユーザーのニーズはどうなるか?
– 主要セットメーカー、部材メーカーの戦略・思惑は?
[1次情報を取り直す]
●ユーザー側の購買要因が、これまでの性能からブランド価値へ移りそう
●X社自身も特定企業との提携を主眼にするわけではない
●すでにX社は複数のセットメーカーと提携を構築する動きあり
●仮にX社が性能で勝ち続けたとしても、性能が機器選択の決め手にならない可能性
●さらに、X社が幅広外交を取っていることから、X社と組んでもセットメーカー間の差別化にはつながらない

そして、X社の戦略もクライアントの仮説を揺るがした

X社側の戦略を解明するためにクイックなエキスパートインタビューを実施したところ、X社としては特定の企業と組むのではなく、多くのセットメーカーと手を組み販路を拡大していく戦略であることが判明した。しかもすでに、X社は複数のセットメーカーと提携関係を構築していこうと動き始めていたのだ。このことから、「X社は特定企業とのみ提携関係になることを望んでいない」ということが分かった。それはX社と組むことが、セットメーカー間の差別化にはつながらないことを意味した。

図3-11 「核心を突く」ステップの全体像

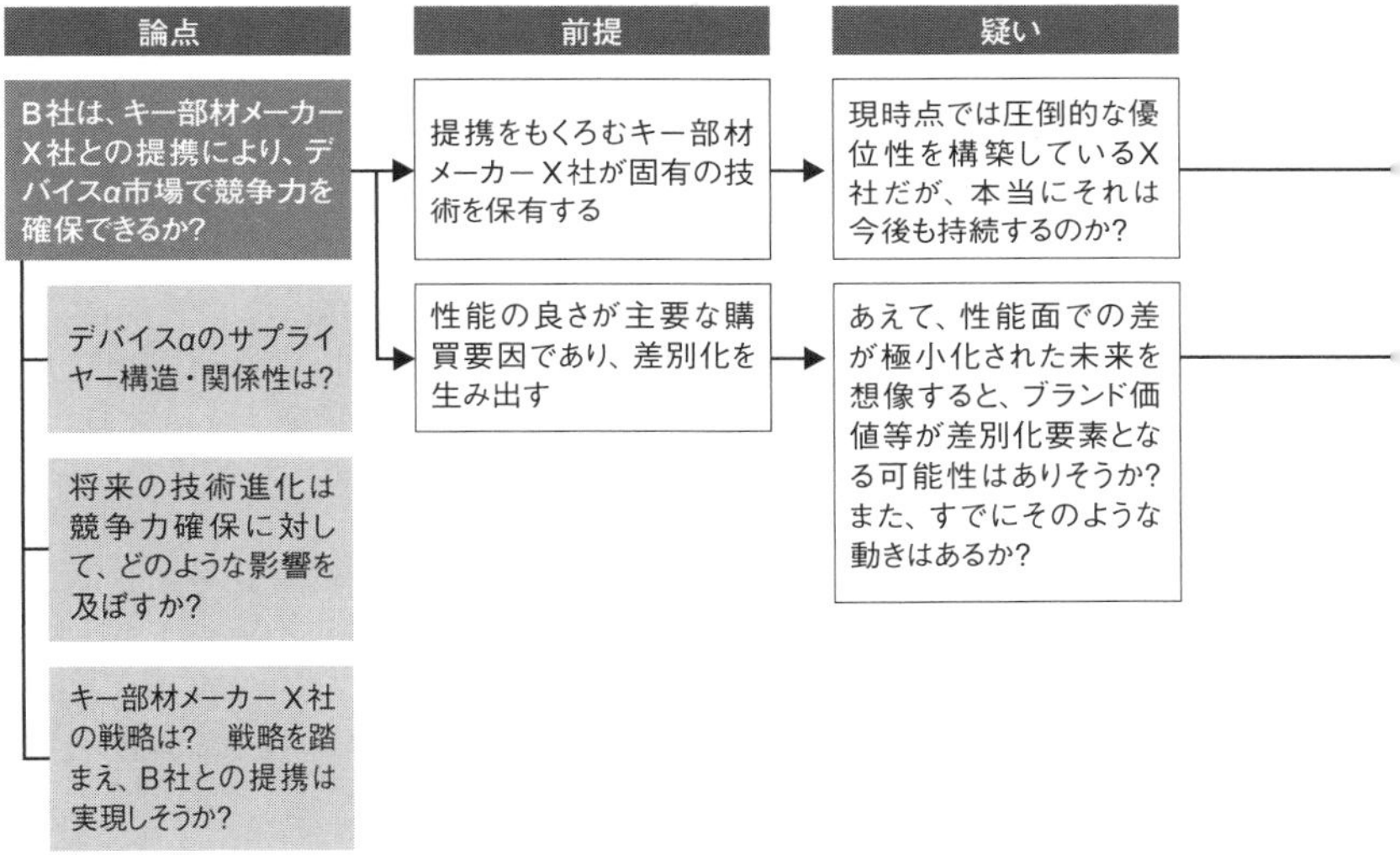

出所：ベイカレント・コンサルティング

これら3つの発見をまとめると、「そもそもX社の技術優位性が持続するとは言えないし、仮にX社が性能で勝ち続けたとしても、その性能が購買機器選択の決め手にならない世界がすぐそこまで来ている。また、X社が幅広外交をとっていることから、X社と組んだとしても差別化にはつながらない」ということになる。これは当初思いもしなかった気づきだ。当初納得感があると感じたはずの「X社との提携によって競争力を確保する」というクライアント仮説は、見直さざるを得ないことが明確になった（図3-11）。

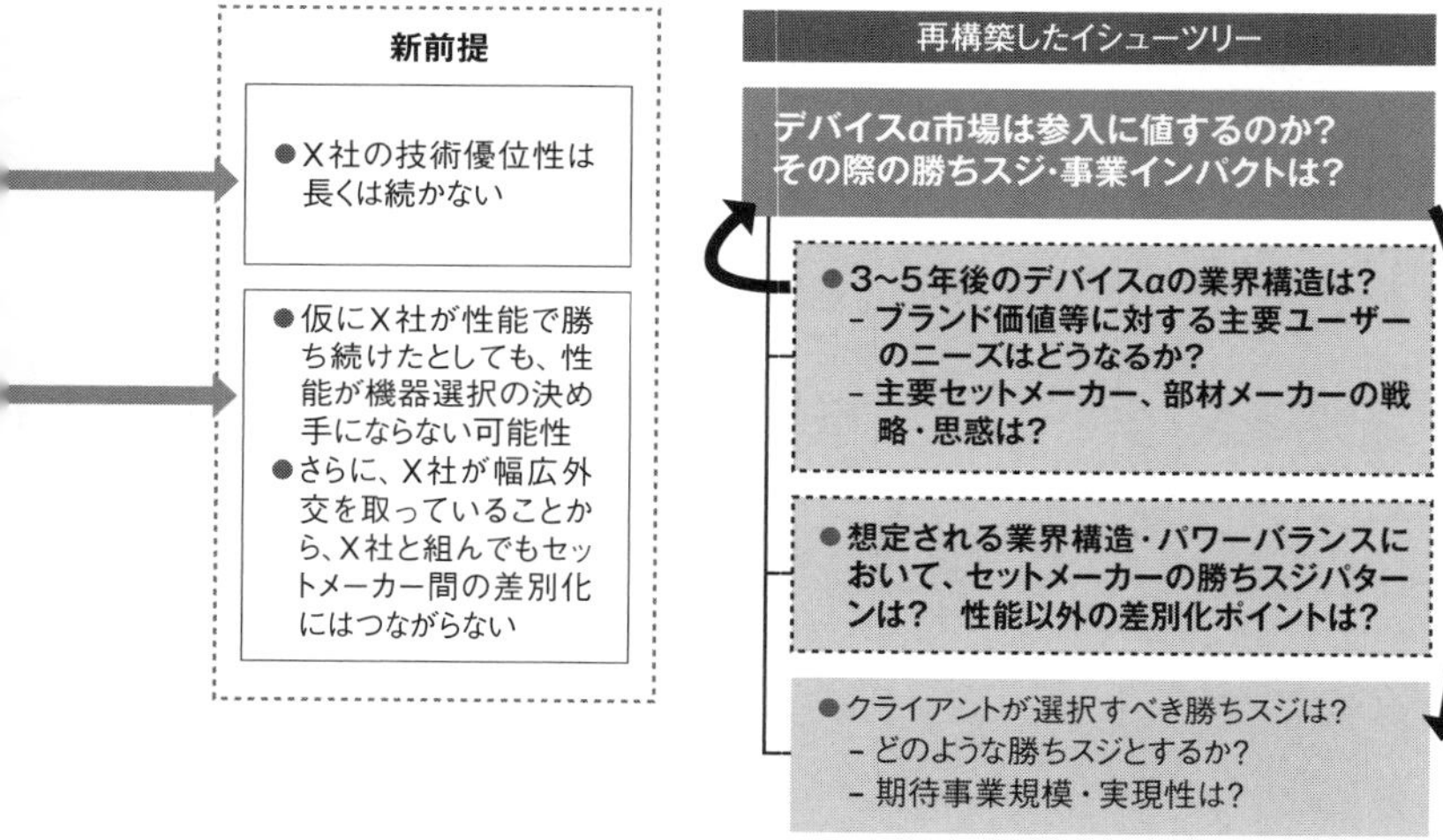
新前提
●X社の技術優位性は長くは続かない
●仮にX社が性能で勝ち続けたとしても、性能が機器選択の決め手にならない可能性
●さらに、X社が幅広外交を取っていることから、X社と組んでもセットメーカー間の差別化にはつながらない
再構築したイシューツリー
デバイスα市場は参入に値するのか？
その際の勝ちスジ・事業インパクトは？
●3~5年後のデバイスαの業界構造は？
－ブランド価値等に対する主要ユーザーのニーズはどうなるか？
－主要セットメーカー、部材メーカーの戦略・思惑は？
●想定される業界構造・パワーバランスにおいて、セットメーカーの勝ちスジパターンは？　性能以外の差別化ポイントは？
●クライアントが選択すべき勝ちスジは？
－どのような勝ちスジとするか？
－期待事業規模・実現性は？

X社ありきのイシューツリーから脱却

ステップ⑤「再構築する」

ステップ①「同質化する」で立てたイシューツリーを再構築した（図3-12）。従来の論点はX社との提携ありきの内容だったが、デバイスα市場におけるX社のポジションの変化や、購買決定要因の変化も予想されることから、そのパワーバランスの中で、クライアントB社がとるべき戦略を問うものとした。

ここでポイントは3つある。

①主論点の中に当初あった「X社との提携」という文脈はもはや

図3-12　再構築したイシューツリー

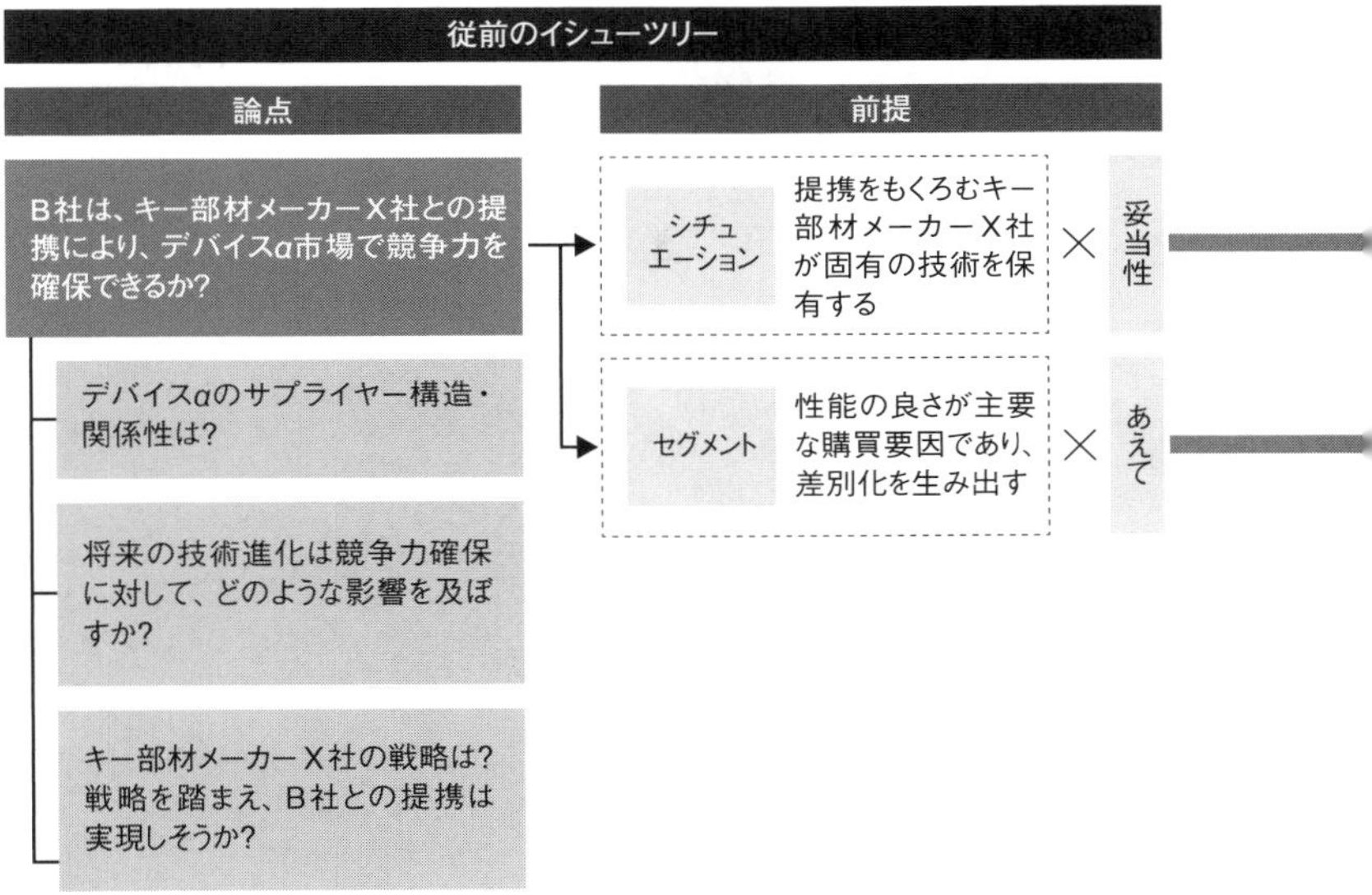

出所：ベイカレント・コンサルティング

なくなっている。

②サブ論点の1つ目は現在の構造よりも数年後の業界構造を見ている。

③性能面だけでは勝てないため、ブランド価値の要素を入れている。

最終的に出来上がった論点・仮説は、当初のものとは見違えるものになった。初期仮説を含めた最終形の論点・仮説を図3-13に示す。

新ブランドを立ち上げ、市場に参入

ここまで述べた一連の出来事が、最初の1週間で行った「論点を研ぐ」流れである。この後、プロジェ

再構築したイシューツリーと対応仮説

サブ論点	仮説
●3〜5年後のデバイスαの業界構造は? - ブランド価値等に対する主要ユーザーのニーズはどうなるか? - 主要セットメーカー、部材メーカーの戦略・思惑は?	●性能面での差異が極小化 ●キー部材メーカーX社の技術は他社も同等レベルに ●X社は幅広外交
●想定される業界構造・パワーバランスにおいて、セットメーカーの勝ちスジパターンは? 性能以外の差別化ポイントは?	●性能面は類似しているため、ブランド価値が差別化ポイントに
●クライアントが選択すべき勝ちスジは? - どのような勝ちスジとするか? - 期待事業規模・実現性は?	●事業規模はXXX億円程度 ●乗り越えるべきチャレンジとしては、XXXがある

クトが本格化し、再構築した仮説の検証とフィージビリティースタディーが加速していくことになる。

そして、2カ月後の経営会議にて、電機メーカーB社はデバイスα市場への参入を決断した。市場参入に当たっては、ヘルスケアデバイス市場で支持を得るべく、従来のマーケティング戦略を刷新し、新ブランドも立ち上げた。コアユーザーや企業、インフルエンサーとも提携した。ユーザーから愛されるブランド・製品を確立し、市場での存在感を高めようと今も努力を続けている。

図3-13　再構築した論点と仮説

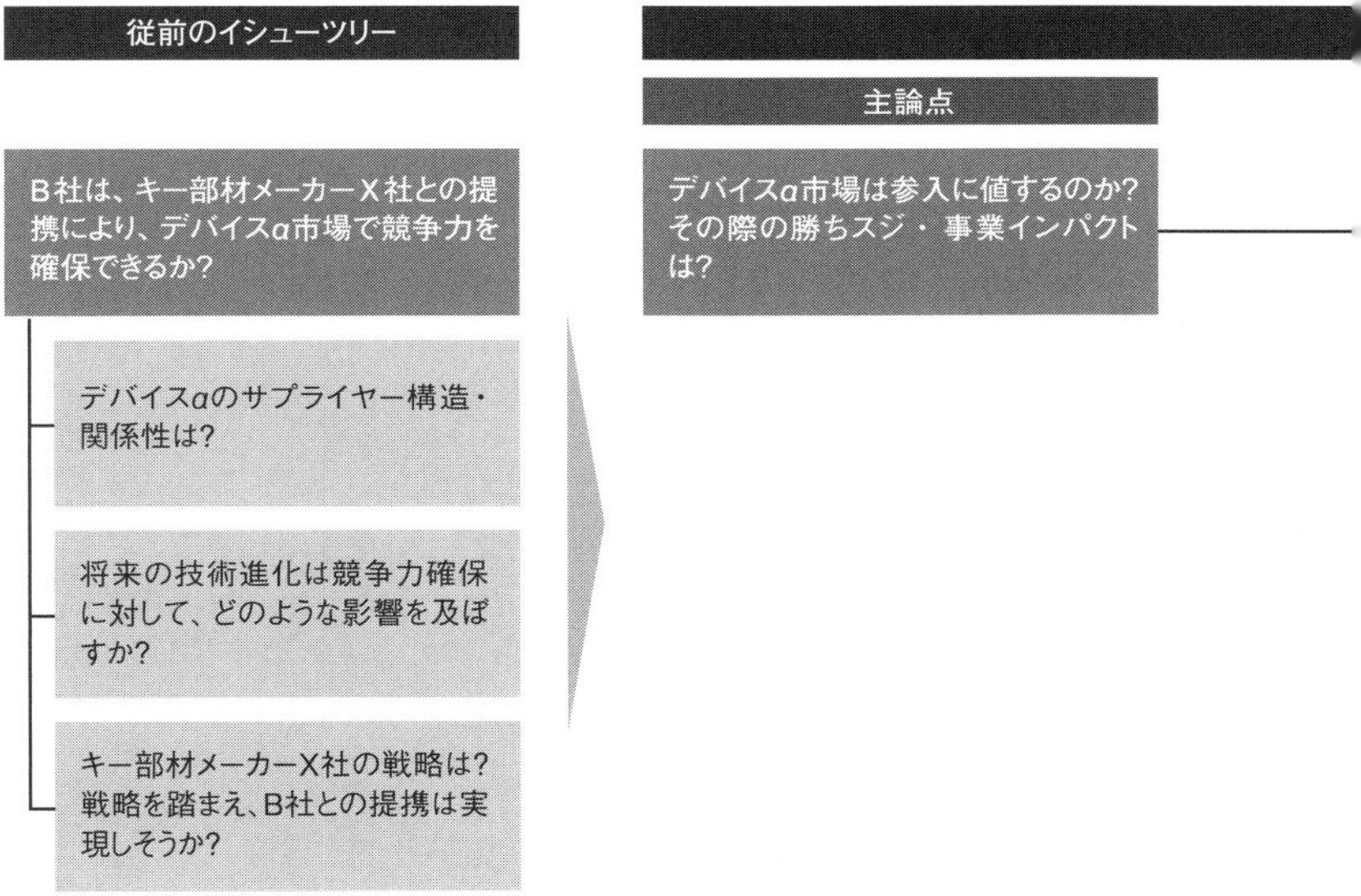
従前のイシューツリー
B社は、キー部材メーカーX社との提携により、デバイスα市場で競争力を確保できるか?
デバイスαのサプライヤー構造・関係性は?
将来の技術進化は競争力確保に対して、どのような影響を及ぼすか?
キー部材メーカーX社の戦略は? 戦略を踏まえ、B社との提携は実現しそうか?
主論点
デバイスα市場は参入に値するのか? その際の勝ちスジ・事業インパクトは?

出所：ベイカレント・コンサルティング

ケース③

建設・エンジニアリング

新事業のトラブルにどう向き合うか？品質向上で利益を上げる

3-1 DX推進に取り組むも、〝負のスパイラル〟に

品質向上と聞くとどのようなシーンを思い浮かべるだろうか？　モノの検査や、サービスの水準チェック、品質基準への適合、人材育成など様々あるだろう。しかし、品質向上は実はもっと奥深い。品質向上にとことん向き合うと、ＫＰＩ（評価指標）の抜本的見直しにまで至るというのがこのケースだ。

このケースで取り上げる建設・エンジニアリング産業は住宅・オフィス・道路・プラントなど様々な建造物を手掛ける巨大市場だ。停滞する時期はあるものの、安定した市場規模を維持している。しかしその一方で、各社は成長を求め、自身のケイパビリティーを生かせる領域において、新規ビジネスを立ち上げようとする動きがある。その中でも、リーディングカンパニーＣ社（匿名）のケースを取り上げる。

C社では、前述したように時代変化に応じたビジネス変革を遂げようと、デジタルトランスフォーメーション（DX）を推進している。作業ロボットによる自動化、建設プロセスへのデジタル技術の導入はもちろんのこと、デジタルツインの外販など、新領域でのビジネスを創出・成長させるべく取り組みを加速させている。

しかし、それらの新領域のビジネスに対応できる人材やノウハウが不足していた。既存のコネクションを武器に新領域のビジネスを受注するも、問題やトラブルを頻発させ、発注元からのクレームが増加傾向にあった。問題やトラブルが発生するたびに、人材の投入を余儀なくされ、収益に悪影響が及ぶとともに、社員はトラブル対応で疲弊し、メンタルに支障をきたした社員が退職する事態も起きていた。完全に〝負のスパイラル〟に陥ってしまったのである。

「新領域ビジネスにおける状況を改善し、質の高いビジネスを展開したい」という依頼があり、品質向上プロジェクトを立ち上げることになった。

「どこで何が起きているのか？」「なぜ起きているのか？」

ステップ①「同質化する」

プロジェクト支援の依頼元であった役員層との初回のミーティングにおいて、今回のプロジェクトの概要やベイカレントに期待することを伺った。大きな課題感は明確であり、内容は前述した通り、「中期的に新領域のビジネスを成長させていきたい。しかし、問題やトラブルが頻発し、うまくいっていない」というものだった。とはいえ、数多くのプロジェクトが走っているのが現状。どこでどのような問題やトラブルが発生しているのか、断片的には知っている事例はあっても全容はつかめていなかった。それに加えて、「新領域とはどこまでを指すのか？」「品質向上といっても具体的にどのレベルを目指すのか、それは計測可能なのか？」「具体的にどのようなトラブルなのか？」「なぜ繰り返されるのか？」など、気になる部分は多くあった。

過去の報告書に圧倒される、しかし追体験は譲らない

同質化を進めるため、過去に起きた問題やトラブルの事例に関する社内報告書を入手した。これらの資料により、過去に問題やトラブルが起きたプロジェクトの内容や部門、大まかな発生事象、当時考えられた原因と打ち手を知ることができた。

たしかにそれらの報告書は社内で「オフィシャル」なものであり、原因や打ち手は実によく整理されていたが、その一方で変に「整理されすぎていた」。整理の過程で捨て去った原因・打ち手、捨て去った理由、議論や合意に至った紆余曲折を十分追体験できていないのではないかと直感したのだ。

このように問題やトラブルについて同質化する際、報告書だけで追体験するのは難しい。我々は多少の無理をお願いして、当時の状況に詳しい社員何人かに「当事者ヒアリング」ができな

いかを試みた。だが、すぐにはOKが出なかった。「報告書で十分ではないか?」「見ても分からないのであれば報告書の意味がない。それに、もし報告書に沿わない内容を導き出されても困る」「○○さんだって現業で忙しいのだから」などというネガティブな反応も多数あった。

しかし、我々は同質化の重要性を鑑み、第2部で述べた「追体験」することは譲れなかった。最終的にはなんとか根回しもしつつ、当事者を紹介してもらえることになった。

当事者ヒアリングでは計10件ほどの事例について、20人ほどから話を聞けることになった。

なお、第2部で述べた通り、同質化では「追体験」も重要だが、「知りすぎない」ことも重要である。ヒアリングは追体験の絶好の機会である一方、現場社員の視点に寄り過ぎてしまう危険性もはらんでいた。このことを頭に入れた上で、ヒアリングに挑んだ。

問題やトラブルの事例

デジタルツインシステムの開発・提供

デジタルツインとは、IoTデバイス(インターネットに接続した機器)などを活用して現実空間の情報を取得し、サイバー空間内に現実空間の環境を再現することを指す。

C社のデジタルツインシステムは、開発メーカーや仕様の違いを超えてデジタルツインを実現し、各設備を統合的に連携・制御するためのプラットフォームであり、C社の新領域ビジネスとして開発が進められ、β版の顧客提供が始まっている。
このデジタルツインシステムにおいて致命的な不具合があり、各設備のアプリケーションを正常に連携・制御できないという事象が頻発してしまった。顧客からのクレームのみならず、不具合修正のためにエンジニアの追加コストを発生させることになり、赤字が大きく膨らんだ。

実際のヒアリングでは当時の資料や重要なメールのやり取りを見せてもらったり、問題やトラブルが起きた当時の対処内容を順に語ってもらったりした。

事業ポートフォリオ変革のためのラストチャンス

当事者ヒアリングではファクトを中心に確認したが、当事者や関係者たちの思いも一緒に預かった。

「単純な問題やトラブルのように思えるでしょう? しかし我々は何もやっていなかったわけではないんです。納品物や設計書はミスが起きないように多くのチェックをしていますし、社員教育も進んでいます。私が一番問題視しているのは、多くの対策を講じてきたはずなのに問題やトラブルが起き続けているということです。それに、このままでは顧客から『やっぱりC社だから新領域のビジネスは無理なんだ』と思われてしまう。私は本プロジェクトを、5年後、

図3-14　同質化時点での、原因と打ち手の見立て

	ルール・オペレーションの観点	人材・スキルの観点	組織・文化の観点
問題やトラブルの原因（例）	●品質管理のルールが旧ビジネスを前提としたものになっている ●SOP（標準作業手順書）の定義が甘く逸脱が頻発 ●ミスが起こるたびに新たなルールを加えることでよりオペレーションが複雑化 など	●新領域のビジネスを担える人材の数が少ない ●新領域のビジネスに必要なスキルが明確に定義されていない ●リスキリングの候補者の絞り込みが甘いため、教育コストが高いわりに効果が薄い など	●改善施策を検討するも、現場側の理解を得られず、「絵に描いた餅」になりがち ●新しいルールを作っても監督する組織がないか、あったとしても機能していない ●組織として問題の抑制を意識する文化がない など
	↓	↓	↓
打ち手の方向性	●品質管理プロセスの変革 など	●新領域ビジネスのスキル定義 ●人材PFの変革 など	●監督組織の設置 など

出所：ベイカレント・コンサルティング

10年後に向けた当社のビジネス変革を真に成功させるための『ラストチャンス』と捉えています」。

当事者たちからの思いを背負いプロジェクトの開始に備えて、次に初期的なイシューツリーの構築に取りかかった。

Whyの深掘りによる原因追究と対応策の立案

過去の報告書の読み込みと当事者ヒアリングを踏まえて、これらの問題やトラブルの背景に潜む原因と打ち手の方向性を大きく3つに分類してみた（図3-14）。

「ルール・オペレーションの観点」（→打ち手の方向性：品質管理プロセスの変革）

「人材・スキルの観点」（→打ち手の方向性：

新領域ビジネスのスキル定義、人材PF＝ポートフォリオの変革）
「組織・文化の観点」（↓打ち手の方向性：監督組織の設置）

これらは、クライアントからも、「よく整理されている」「納得感がある」といった声があり、同質化の妥当性を裏付けるものだった。

「否定のない」イシューツリーが出来上がった

表面的な事象、その裏に潜む原因、そして打ち手、これらが初期的に整った。この時点で考えられたイシューツリーを図3-15に示す。なお、サブ論点の切り方として、Ｗｈｙ、Ｗｈａｔ、Ｈｏｗの観点で設定している。

イシューツリー・初期仮説についてもクライアントの役員層から同意を得た。しかし、少し後になって分かることだが、同意を得たというよりは、「否定されなかった」が正しい。実はこの後、プロジェクトの開始までの間にいくつかの難渋を味わうことになる。

難渋の兆し

イシューツリーや初期仮説についておおむね合意ができれば一安心。この初期仮説に沿って、問題やトラブルを抑制するための打ち手を具体化し、ＰｏＣ（概念実証）を実施する計画を練っ

図3-15　同質化を経て書き下した論点と仮説

論点	仮説
新領域において現状起きている問題やトラブルを減らしつつ、提供サービス品質をいかに向上させていくか?	品質管理プロセスの変革、人材PFの変革、監督組織の設置が品質向上の3本柱となる
各所で発生する問題はなぜ起きて、なぜ防げていないのか?	チェックルールが甘く、携わる人材の量もスキルも不足。また、新領域に対する品質向上活動を担う専門の組織が存在しないことも原因ではないか
ではどうすればいいのか?	高リスク・大規模案件の捕捉、新領域に対応した人材育成、品質向上活動の専任組織の設立の3点を行うのがよい
どの部門で、いつ頃からどんなPoCをやっていくか?　広範囲の部門がある中でどう絞り込むか?	ひとまず理解のあるA部、B部から始めていく。その後、専任組織化後、一気に全社展開を進めていく

出所：ベイカレント・コンサルティング

ていた。

　ところが、実際にＰｏＣの計画を各部門長に事前に相談し始めると、思いもよらない壁に当たった。ＰｏＣを予定していた部門長が非協力的になったり、当該部門から「この打ち手は本当に必要なのか」「品質向上の名目だが、実はビジネス推進を邪魔しているだけではないか?」という不満が漏れ聞こえたりしてきた。

　また、当初は全体の構想に賛成していた（正確には否定していなかった）役員層からも、「言っていることは分かるが、改善活動をやる余力すらない」「各部門でも独自にルールを作ったり研修したりと、やるべきだと思うことはすでにやっている。これ以上必要なのか？」などという声があがった。

このようなことが続いたため、各部門長へのＰｏＣ実施の説得に協力してくれた社員は疲労感を漂わせながら、「うまく説得できなくてすみません。なんだか、当初思っていたようりうまくいかないですね」と漏らした。ほかにも、「あの部門の人はいつも聞く耳を持ってくれない」「上の人たちは現場を分かっていない」「原因分析や打ち手案は妥当なものだと思うんだけどなぁ」という声もあった。

自分たちの前提を疑い始める

当初のイシューツリー・初期仮説は「大きくは外していない」と思いつつ、うまくいかないことで何かを見落としていないか、囚われているのではないかと疑い始めた。部門長たちの説得に失敗した際に漏れ聞こえた声は、しばらくすると「部門長たちは、品質向上活動を否定しているわけではない。しかし、我々の側が、賛同し実行していこうという動機を与えられていないのではないか？」という冷静な疑いに変わってきた。

そこでいま一度、見落としているもの、囚われているものがないか考え、前提を改めて振り返り、問い直すこととした。

3-2

不満の声や反対意見を冷静に振り返る

ステップ②「前提を自覚する」

部門長たちの説得に失敗した状況を受け、これまで立てた論点や初期仮説に潜む前提を改めて見直した。知らず知らずのうちに、「品質向上推進は、いついかなるときも正しい行いに決まっている」という前提に立っているように思えた。活動がうまくいかないフラストレーションや、「ここまで来たのだから」という気持ちも捨て、クライアントと会議室にこもり、フランクな討議を始めた。

「前提の自覚」の手法としては第2部で述べたようなサルベージや「7つの観点」があるが、ここではあえてそれ以外で書き出した方法を記載する。

少し驚かれるかもしれないが、不満や反対意見、そしてとっさのつぶやきや冗談交じりの愚痴からも拾い上げるという方法をとった。例えば反対勢力と見なしていた部門長たちの発言内容を「実は一理あるのではないか」と振り返ったり、当事者ヒアリングで議事録に残らなかった小さな発言を拾い上げたりした。「実は重要な前提の存在を示唆しているのではないか」と常に問いかけながらホワイトボードに書き連ねていった。

書き連ねた前提の中には、当然すぎるものや、「だから何だ」と思われるようなものもあり、当時挙げた候補は50個近くになった。詳細は図3-16に記載するが、代表的な例として次の3

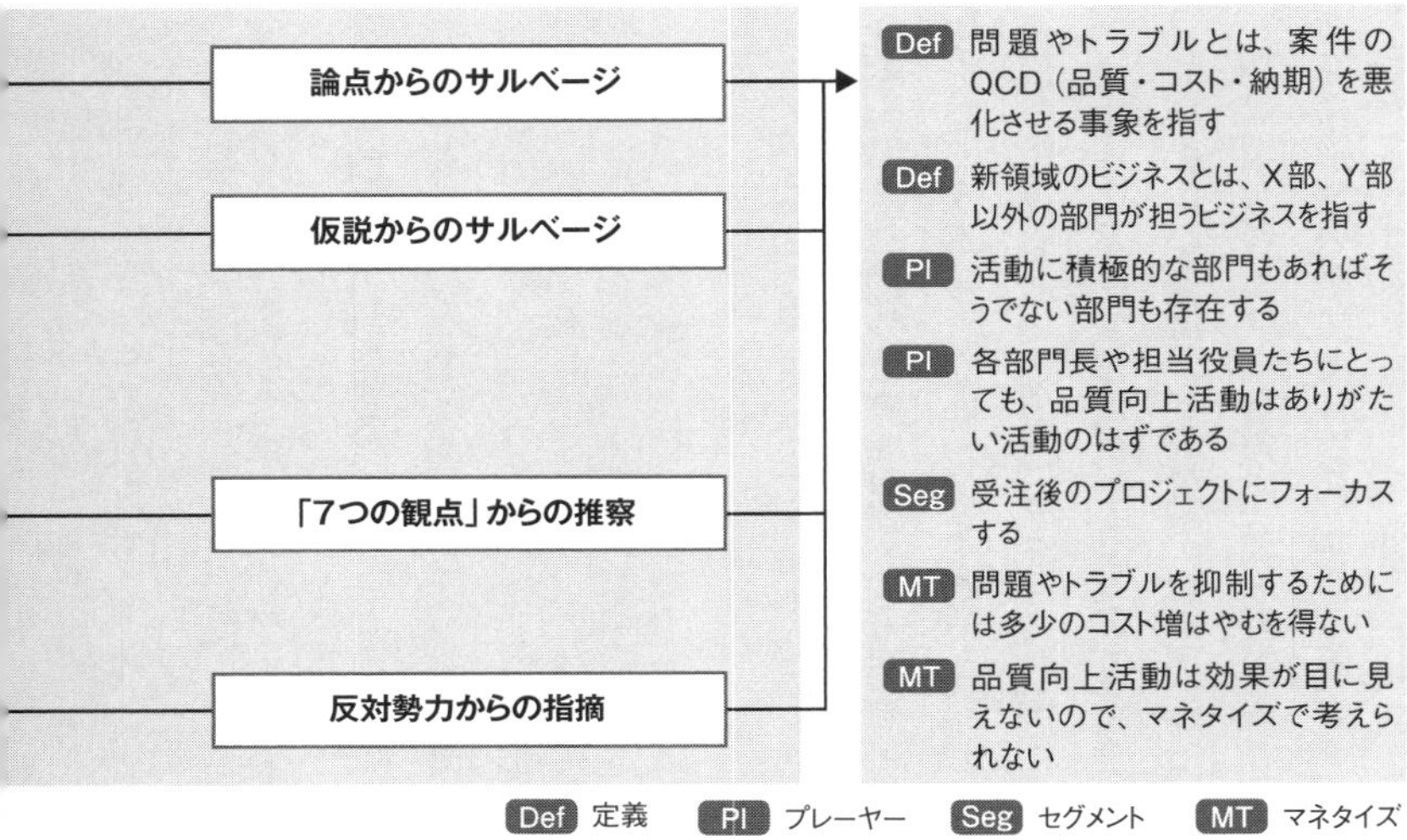

論点からのサルベージ
仮説からのサルベージ
「7つの観点」からの推察
反対勢力からの指摘
Def 問題やトラブルとは、案件のQCD（品質・コスト・納期）を悪化させる事象を指す
Def 新領域のビジネスとは、X部、Y部以外の部門が担うビジネスを指す
PI 活動に積極的な部門もあればそうでない部門も存在する
PI 各部門長や担当役員たちにとっても、品質向上活動はありがたい活動のはずである
Seg 受注後のプロジェクトにフォーカスする
MT 問題やトラブルを抑制するためには多少のコスト増はやむを得ない
MT 品質向上活動は効果が目に見えないので、マネタイズで考えられない
Def 定義
PI プレーヤー
Seg セグメント
MT マネタイズ

つがあった。

前提：「各部門長や担当役員たちにとっても、品質向上活動はありがたい活動のはずである」

前提：「受注後のプロジェクトにフォーカスする」

前提：「品質向上活動は効果が目に見えないので、マネタイズで考えられない」

胸に手を当てて考える　〜ブレークスルーの兆し

ステップ③「前提を問い直す」

かくして、これまで部門長たちを何度も説得しては抵抗に遭い、戻ってきた会議室で打ちひしがれることを繰り返してきたが、ようやく自分たち自身

図3-16　書き連ねた前提の全体像

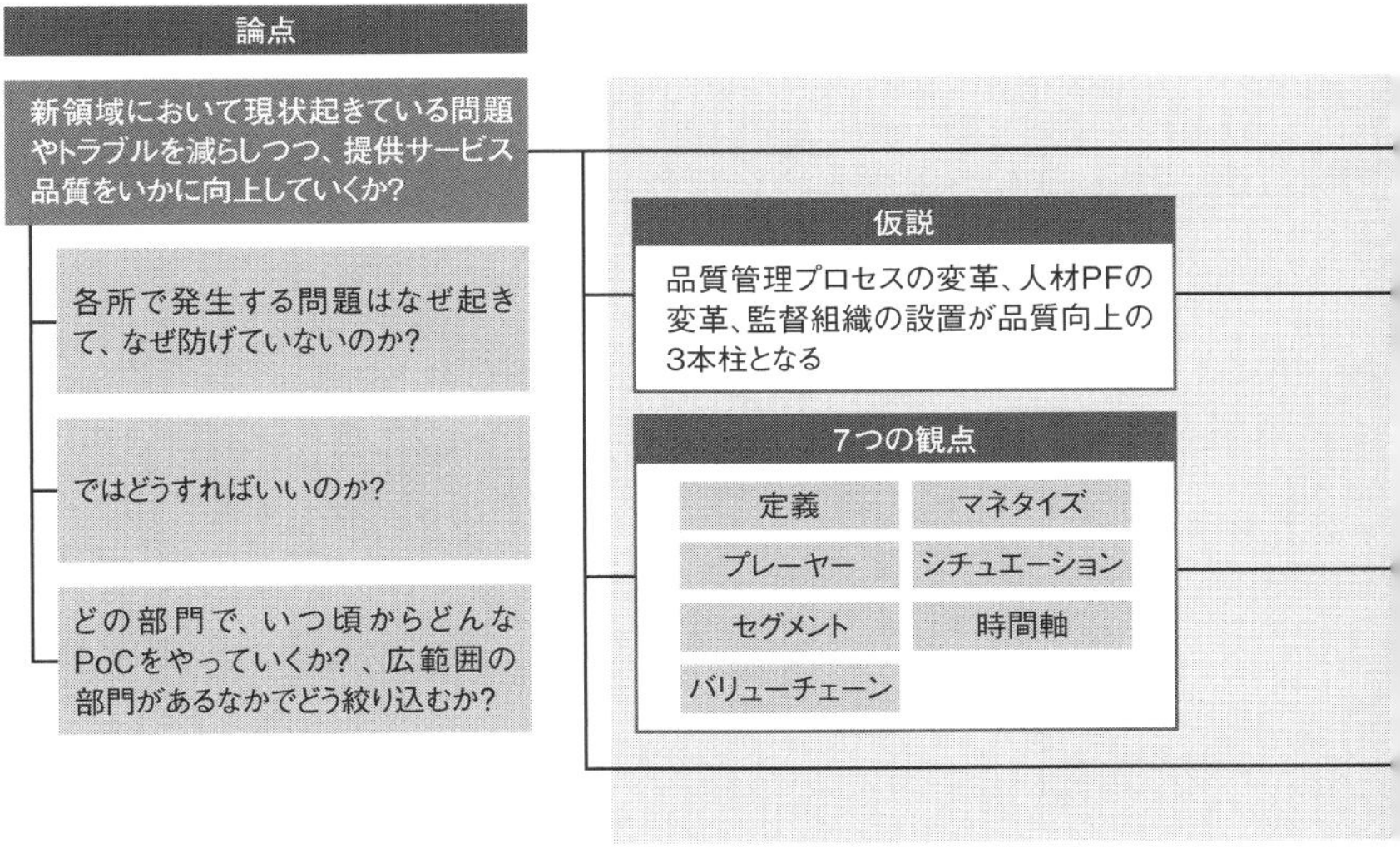
論点
新領域において現状起きている問題やトラブルを減らしつつ、提供サービス品質をいかに向上していくか？
各所で発生する問題はなぜ起きて、なぜ防げていないのか？
ではどうすればいいのか？
どの部門で、いつ頃からどんなPoCをやっていくか？、広範囲の部門があるなかでどう絞り込むか？
仮説
品質管理プロセスの変革、人材PFの変革、監督組織の設置が品質向上の3本柱となる
7つの観点
定義
マネタイズ
プレーヤー
シチュエーション
セグメント
時間軸
バリューチェーン

出所：ベイカレント・コンサルティング

が囚われているかもしれない前提に、我々は気づき始めた。チームはこの辺りから、ブレークスルーの兆しを感じ始めた。

いきおいそのまま、膨大な「前提」に対して問い直し始めた。前提を自ら疑うのはバイアスもあり非常に難しい。この場における我々コンサルタントの役割は、フラットな目線を持ち、「漏れ」「妥当性」「あえて」の観点で揺さぶりをかけ、疑いを見いだすことであった。

結果、多数の〝疑い〟が見いだされたが、その中で主要なものを2つ紹介する。

疑い①：「各部門長にとって、品質向上活動は否定する理由もない

疑い

各部門長にとって、品質向上活動は否定する理由もないが、賛同し自部門で取り組む動機付けも弱いのではないか？　各部門が現状トラックされているKPIに対して、この活動は本当に良い影響を与えると言えるのか？

あえて提案中のプロジェクトに対しても何か取り組むとしたら？　実は提案フェーズでうまくやれば、防げる問題やトラブルが一定数存在するのでは？

人的コストの予実（予算・実績）可視化は本当にただの手間に過ぎないのか？

　が、賛同し自部門で取り組む動機付けも弱いのではないか？　各部門が現状トラック（記録）されているＫＰＩに対して、この活動は本当に良い影響を与えると言えるのか？」

↓同質化の段階で「これって誰も反対できない活動だよね」という言葉があった。賛同する動機はないが、否定もしづらいということを意味するのではと引っかかった。

疑い②：「あえて提案中のプロジェクトに対しても何か取り組むとしたら？　実は提案フェーズでうまくやれば、防げる問題やトラブルが一定数存在するのでは？」

↓ヒアリングの中で、受注したプロジェクトに割ける人員の少なさを嘆く社員がいたため、「実はかなり安く受注してしまってい

図3-17　「囚われ」に気づくための問い直し

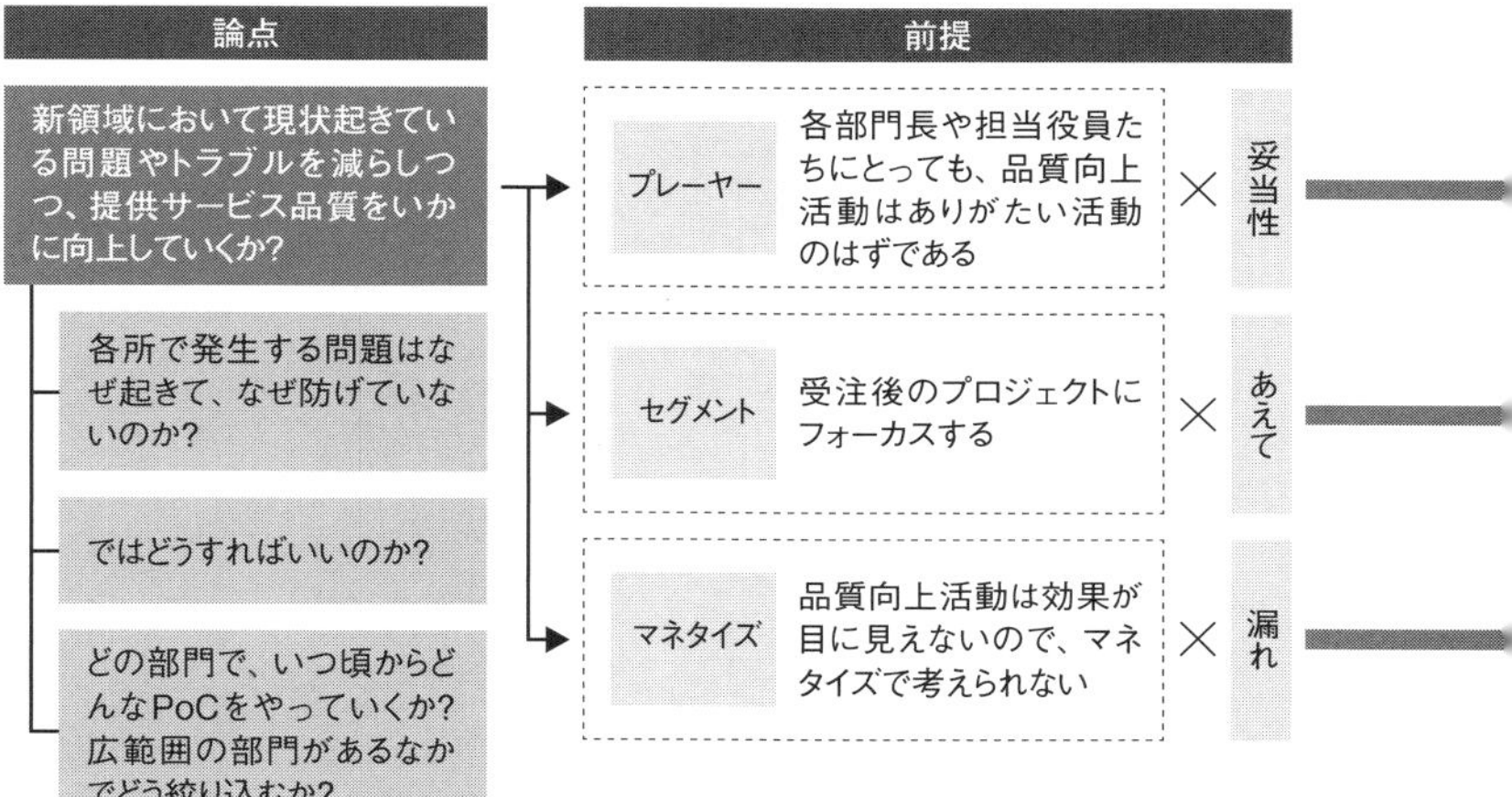
論点
前提
新領域において現状起きている問題やトラブルを減らしつつ、提供サービス品質をいかに向上していくか?
各所で発生する問題はなぜ起きて、なぜ防げていないのか?
ではどうすればいいのか?
どの部門で、いつ頃からどんなPoCをやっていくか? 広範囲の部門があるなかでどう絞り込むか?
プレーヤー
各部門長や担当役員たちにとっても、品質向上活動はありがたい活動のはずである
×
妥当性
セグメント
受注後のプロジェクトにフォーカスする
×
あえて
マネタイズ
品質向上活動は効果が目に見えないので、マネタイズで考えられない
×
漏れ

出所：ベイカレント・コンサルティング

るのでは？」と疑った。これをきっかけに提案フェーズにも目を向けた。

ほかにもいくつかの疑いが発見されたが、大きく我々の胸をときめかせたのはこの2つであった。我々はこれらの整理をしながら、ブレークスルーが本当に起きつつあると感じていた（図3-17）。

3-3　疑いを武器に、本丸に切り込む

ステップ④「核心を突く」

興奮冷めやらぬ中、疑いを一つひとつ検証していくことにした。ステップ④では、我々を難渋させていた「疑い」の正体を明らかにしていった。実に爽快な時間であった。

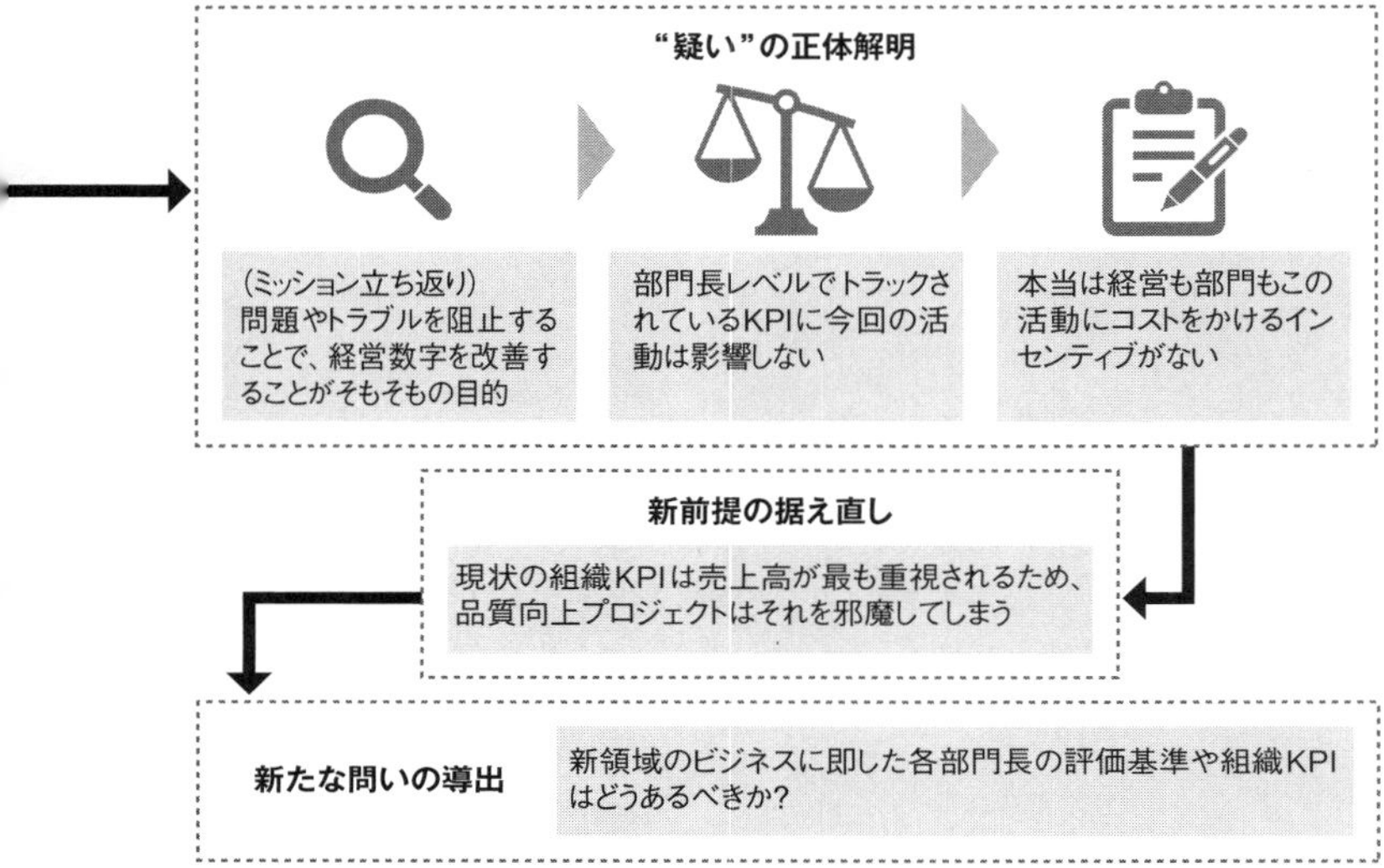
“疑い”の正体解明
（ミッション立ち返り）
問題やトラブルを阻止することで、経営数字を改善することがそもそもの目的
部門長レベルでトラックされているKPIに今回の活動は影響しない
本当は経営も部門もこの活動にコストをかけるインセンティブがない
新前提の据え直し
現状の組織KPIは売上高が最も重視されるため、品質向上プロジェクトはそれを邪魔してしまう
新たな問いの導出
新領域のビジネスに即した各部門長の評価基準や組織KPIはどうあるべきか?

売上高中心のKPI管理に問題が潜む

まずは1つ目の疑いについてみていく。

疑い①：「各部門が現状トラックされているKPIに対して、この活動は本当に良い影響を与えると言えるのか？」

受注数や受注高などの各部門長から経営に対してリポートされるKPIは把握していたが、中でも部門長自身の評価に最も結びつきやすく、その数字が悪い場合に上からきつく叱られるKPIがどれなのかを重視した。部門長本人に直接聞いたところ、実は、重大な問題や納期遅延を発生させた場合は評価に影響するものの、売上高が期初の目標に到達す

図3-18　核心を突く概念図：疑い①の場合

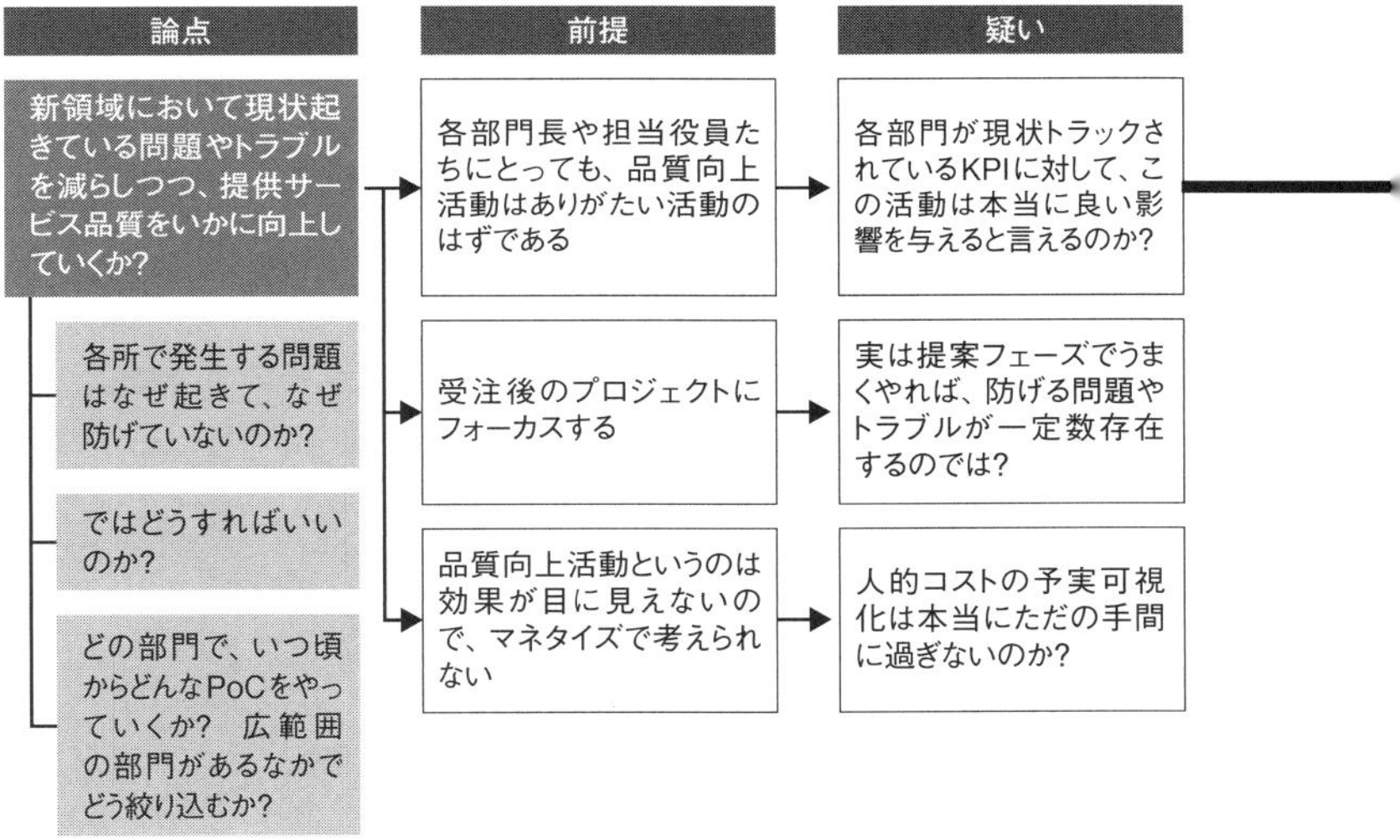

出所：ベイカレント・コンサルティング

るかどうかが最もきつくトラッキングされていた。一般的には、品質向上活動は受注数や受注高を直接的に向上させることはないと考えられている。それどころか、品質を高めるために受注数を制限しろとも捉えられかねない従来の主張は、拒否反応を示されても何らおかしくない。現状は、いかに多くの案件を請け負うかが評価を左右していることが分かった。

この結果は「否定はしないが賛同・協力もしない」という当初の奇妙さとつながった。品質向上活動にコストをかけるインセンティブが存在しないのである。

疑いの1つ目についてまとめると「新領域のビジネスに即した各部門長の評価基準や組織KPIはどうあるべきか？」を問うことが重要であると分かった。

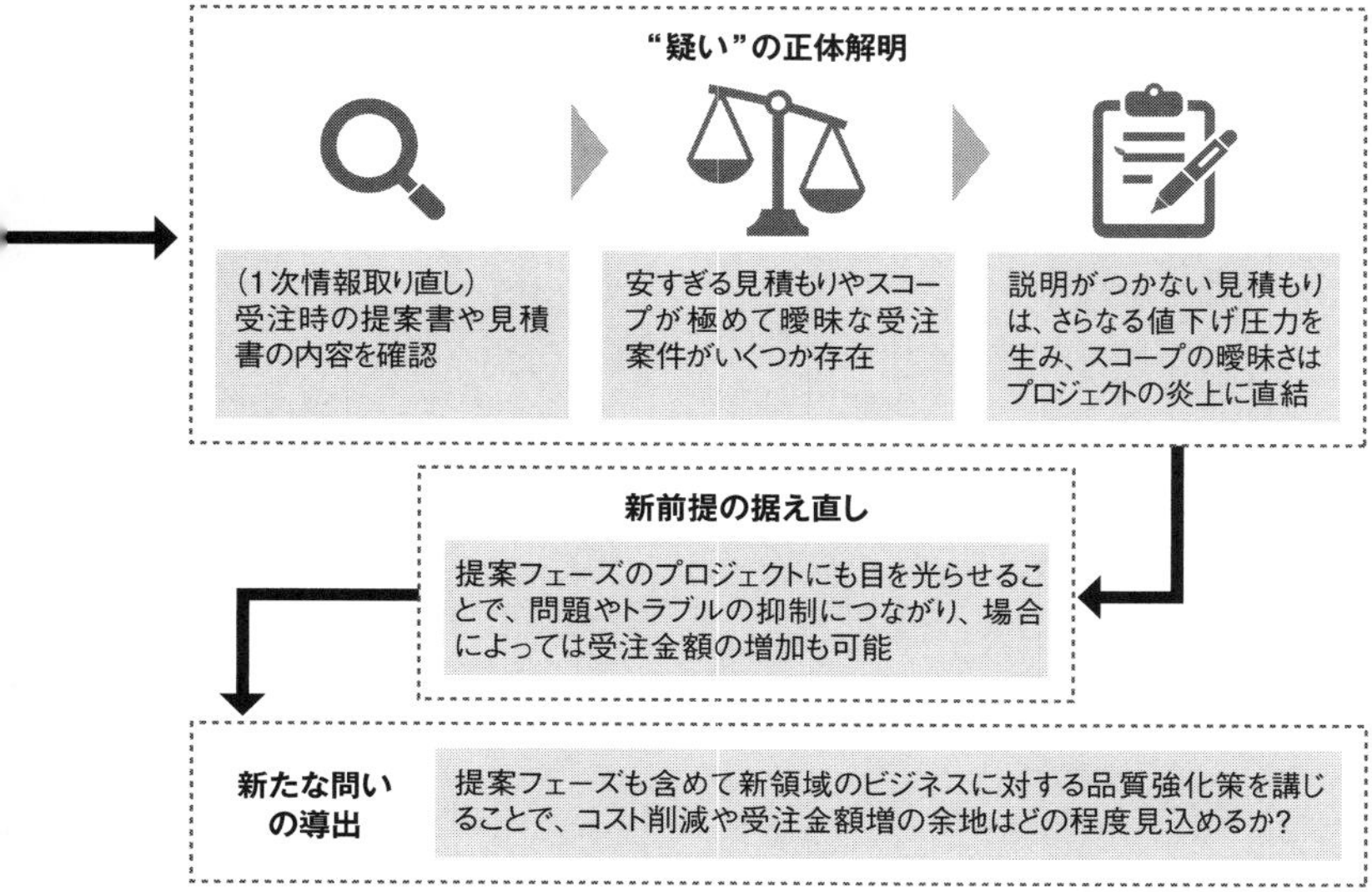
“疑い”の正体解明
（1次情報取り直し）受注時の提案書や見積書の内容を確認
安すぎる見積もりやスコープが極めて曖昧な受注案件がいくつか存在
説明がつかない見積もりは、さらなる値下げ圧力を生み、スコープの曖昧さはプロジェクトの炎上に直結
新前提の据え直し
提案フェーズのプロジェクトにも目を光らせることで、問題やトラブルの抑制につながり、場合によっては受注金額の増加も可能
新たな問いの導出
提案フェーズも含めて新領域のビジネスに対する品質強化策を講じることで、コスト削減や受注金額増の余地はどの程度見込めるか？

なお、第2部で述べた、サブステップに即して書き下したのが図3-18である。

品質向上活動は、提案フェーズにも好影響を生む

続いて、2つ目の疑いについて解明していった。

疑い②：「実は提案フェーズでうまくやれば、防げる問題やトラブルが一定数存在するのでは？」

営業部門に依頼し、過去の受注ケースを精査させてもらったところ、そもそも安く受注しすぎていたり、スコープをかなり不明瞭にして受注したりする事例も少なくなかった。従来の建設・エンジニアリングビジネスであれば、適切な見積もりを瞬時に出すノウハウがあったが、

図3-19　核心を突く概念図：疑い②の場合

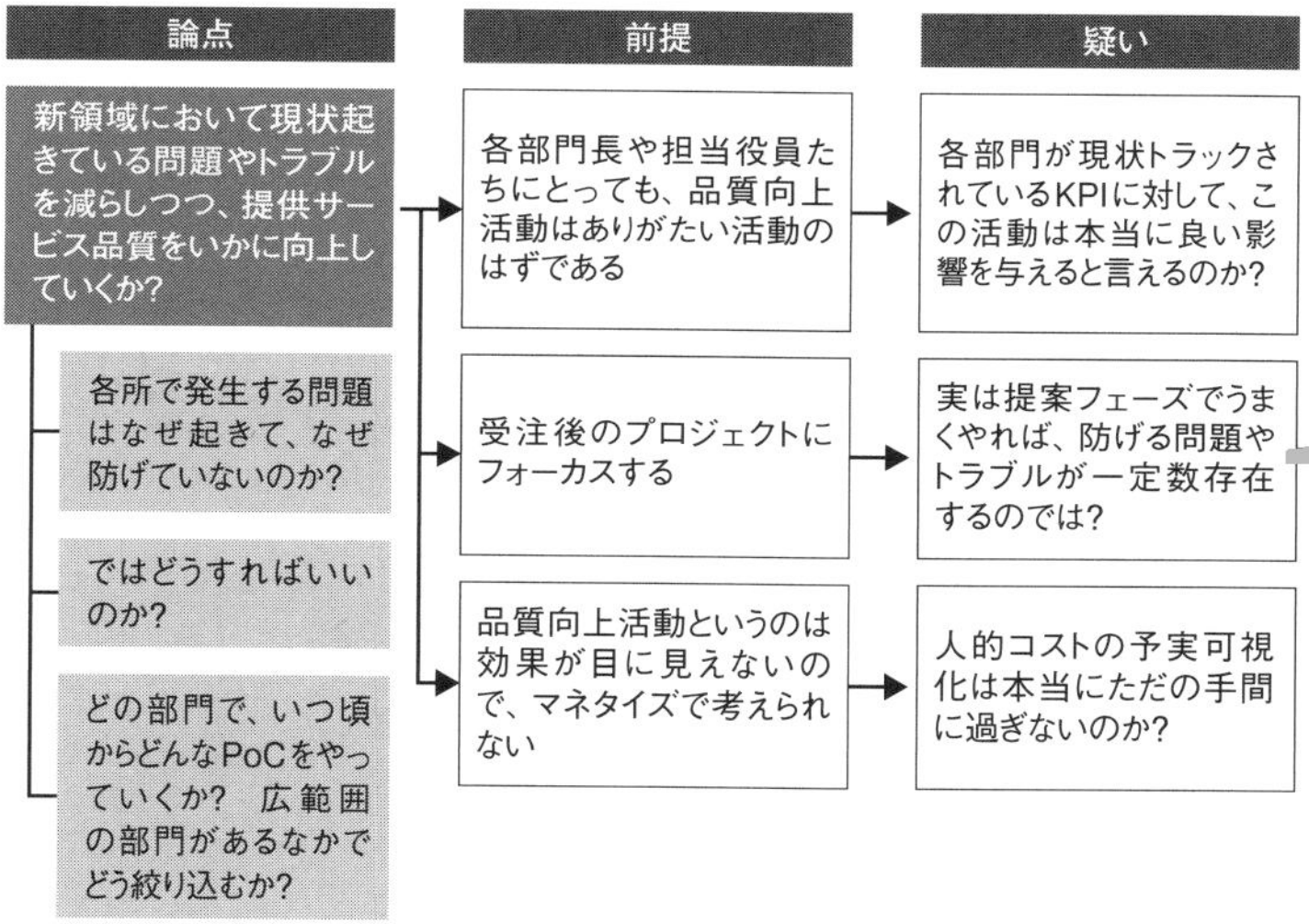
論点
前提
疑い
新領域において現状起きている問題やトラブルを減らしつつ、提供サービス品質をいかに向上していくか?
各所で発生する問題はなぜ起きて、なぜ防げていないのか?
ではどうすればいいのか?
どの部門で、いつ頃からどんなPoCをやっていくか? 広範囲の部門があるなかでどう絞り込むか?
各部門長や担当役員たちにとっても、品質向上活動はありがたい活動のはずである
受注後のプロジェクトにフォーカスする
品質向上活動というのは効果が目に見えないので、マネタイズで考えられない
各部門が現状トラックされているKPIに対して、この活動は本当に良い影響を与えると言えるのか?
実は提案フェーズでうまくやれば、防げる問題やトラブルが一定数存在するのでは?
人的コストの予実可視化は本当にただの手間に過ぎないのか?

出所：ベイカレント・コンサルティング

新領域でのビジネスでは、そのノウハウが少ないし難易度も上がる。発注元への見積もりに説明力が乏しいと値下げ交渉に耐え切れず、失注するくらいならと値下げをしてしまう…、そんな状況であった。実際、精査した中では、受注金額を10％程度上乗せしても説明がつくと考えられる案件の事例があることも分かった。

このことから、品質向上プロジェクトのスコープとして提案フェーズも対象にすることになり、さらには、受注前から取り組むことで問題やトラブルを抑えるだけではなくトップライン（売上高）への好影響も起こりうることが分かった。

疑いの2つ目についてまとめると、「提案フェーズも含めて新領域のビジネスに

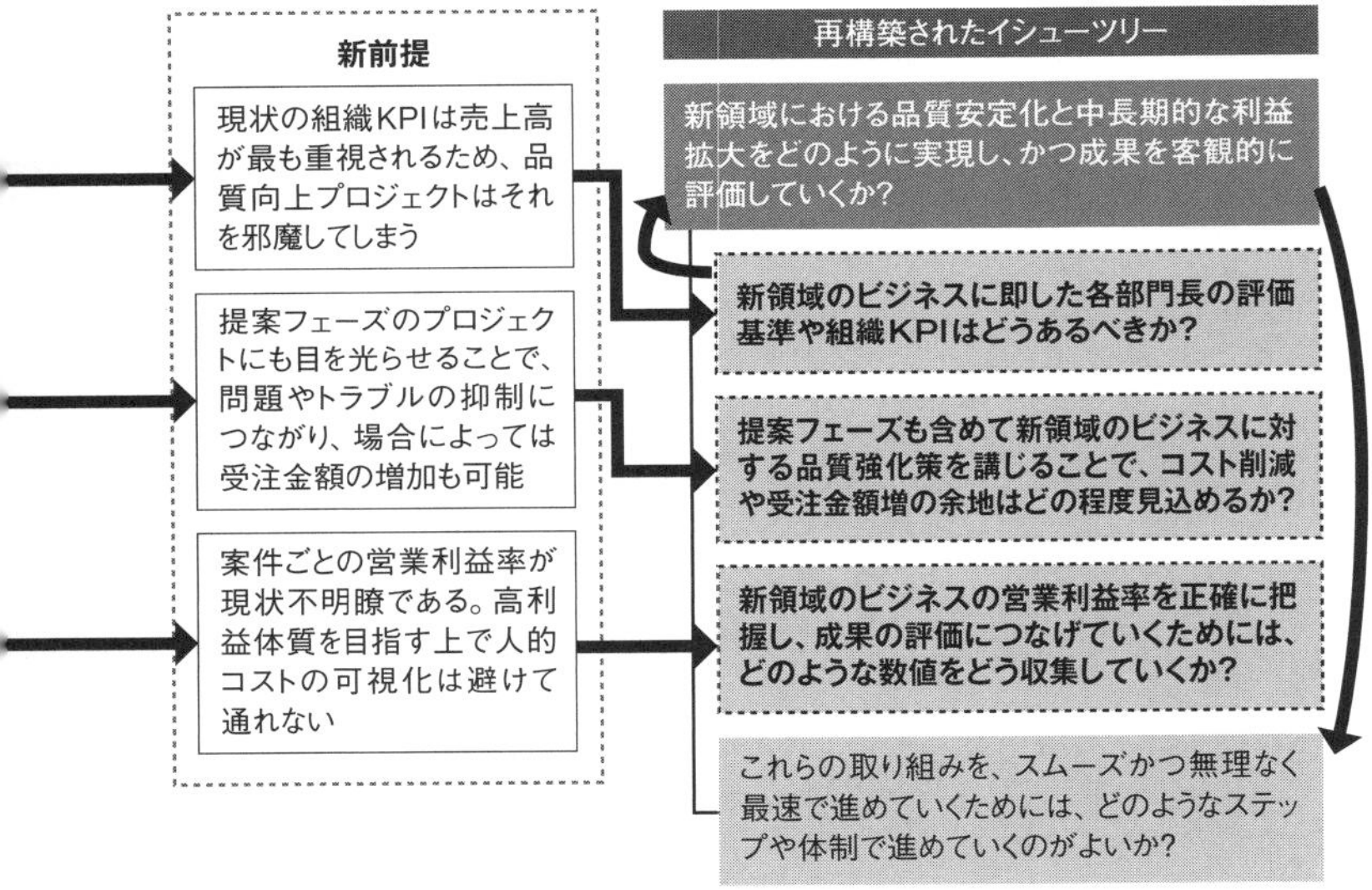
新前提
現状の組織KPIは売上高が最も重視されるため、品質向上プロジェクトはそれを邪魔してしまう
提案フェーズのプロジェクトにも目を光らせることで、問題やトラブルの抑制につながり、場合によっては受注金額の増加も可能
案件ごとの営業利益率が現状不明瞭である。高利益体質を目指す上で人的コストの可視化は避けて通れない
再構築されたイシューツリー
新領域における品質安定化と中長期的な利益拡大をどのように実現し、かつ成果を客観的に評価していくか？
新領域のビジネスに即した各部門長の評価基準や組織KPIはどうあるべきか？
提案フェーズも含めて新領域のビジネスに対する品質強化策を講じることで、コスト削減や受注金額増の余地はどの程度見込めるか？
新領域のビジネスの営業利益率を正確に把握し、成果の評価につなげていくためには、どのような数値をどう収集していくか？
これらの取り組みを、スムーズかつ無理なく最速で進めていくためには、どのようなステップや体制で進めていくのがよいか？

対する品質強化策を講じることで、コスト削減や受注金額増の余地はどの程度見込めるか？」が重要な問いであることが見いだされた。まさか提案フェーズにも鍵があったのかという点と、まさか受注金額が増えるのかという点で、品質向上プロジェクトチームの面々はパラダイムシフトを体験した。

第2部で述べたサブステップに即したのが図3-19である。

新たな問いによりイシューツリーが進化する

先述の2つ以外にも、いくつか疑いを明らかにしていった。これらの疑いは、囚われていた前提を覆し、

図3-20　イシューツリーを再構築する

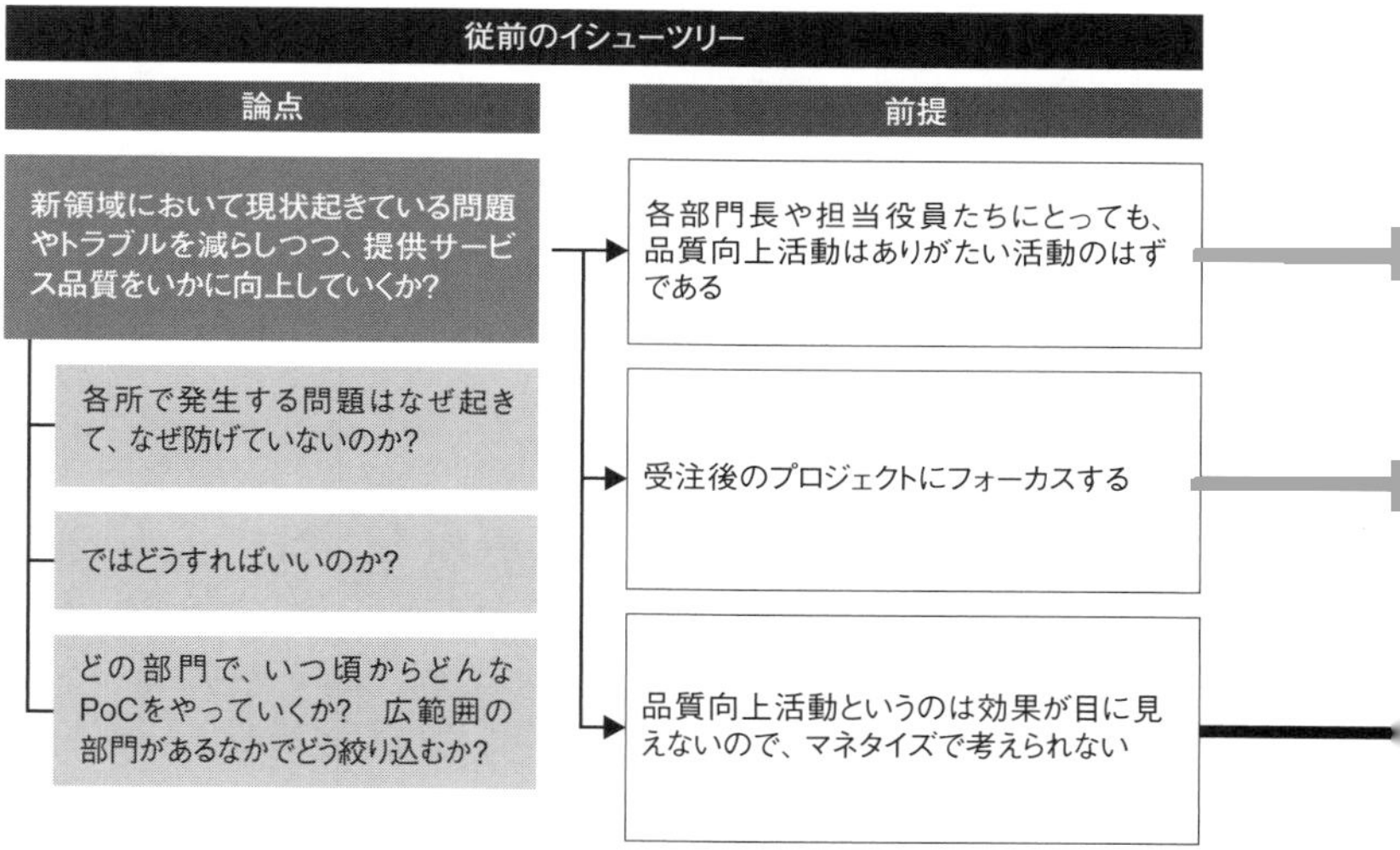
従前のイシューツリー
論点
前提
新領域において現状起きている問題やトラブルを減らしつつ、提供サービス品質をいかに向上していくか？
各所で発生する問題はなぜ起きて、なぜ防げていないのか？
ではどうすればいいのか？
どの部門で、いつ頃からどんなPoCをやっていくか？　広範囲の部門があるなかでどう絞り込むか？
各部門長や担当役員たちにとっても、品質向上活動はありがたい活動のはずである
受注後のプロジェクトにフォーカスする
品質向上活動というのは効果が目に見えないので、マネタイズで考えられない

出所：ベイカレント・コンサルティング

新たな核心を突く問いを生成した。それと同時に、新たなサブ論点や新たな初期仮説を生み出した。

例えば、「必要なKPIをどのように収集するか？」「どの程度のシステム投資が必要か？」「中期的な投資計画やROI（投資利益率）はどうなるか？」などである。これらの問いは当初立てたイシューツリーではほとんど想定されていなかったものである。

第2部で述べた〝本当のメカニズム〟が見えてきた。

ステップ⑤「再構築する」

さて、いよいよ最後のステップだが、ここで当初のイシューツリーを

再構築したイシューツリーと対応仮説

サブ論点	仮説
新領域のビジネスに即した各部門長の評価基準や組織KPIはどうあるべきか?	●受注額の大きさだけでなく、営業利益率や各部門の人員の稼働率、平均単価を追いかける
提案フェーズも含めて新領域のビジネスに対する品質強化策を講じることで、コスト削減や受注金額増の余地はどの程度見込めるか?	●一部案件では受注金額を10%程度上げることができる ●金額の大きい案件に絞り、形式知化していくことで、追加コストを踏まえても中期的には利益インパクトが出せる
新領域のビジネスの営業利益率を正確に把握し、成果の評価につなげていくためには、どのような数値をどう収集していくか?	●実績で費やしたFTE（フルタイム当量）を内容別に入力（どれくらいの割合を割いたかは主観でもよいのでとにかく定量化する） ●プロジェクトの評価は主観評価、その他今後の受注見込みや必要FTEを記載
これらの取り組みを、スムーズかつ無理なく最速で進めていくためには、どのようなステップや体制で進めていくのがよいか?	●当年は部門X、Yの一部に限定し、試験的に簡易な指標導入を行っていく ●そこで得られたフィードバックをもとに部門A、B、C等にも展開を進めていく

振り返ってみよう。主論点はあくまで「品質向上」に集中していた。

ここまで述べてきた、プロジェクト開始までの準備期間における一連の難渋と、問い直しプロセスを経て得られた〝核心に迫る問い〟を活用しながらイシューツリーと初期仮説を再構築した。詳しくは**図3-20**に記載したが、ポイントは3つある。

・当初の主論点は品質中心であったが、〝中期的な利益拡大〟の要素を含めた。

・当初の論点にはなかった、客観的な評価や経営インパクトを入れた。

・当初の論点から抜けていた、

図3-21　再構築したイシューツリーに対応する初期仮説

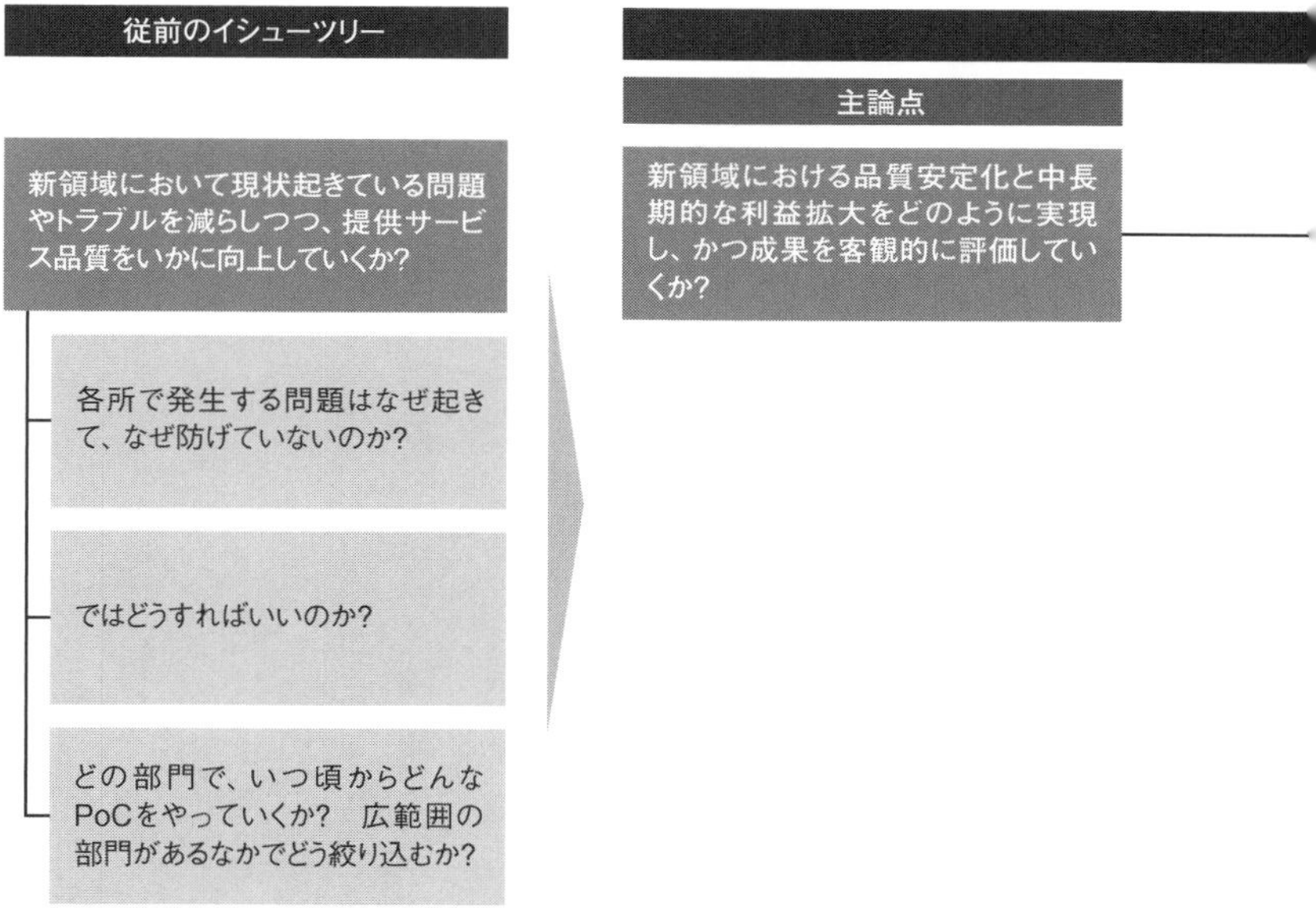
従前のイシューツリー
新領域において現状起きている問題やトラブルを減らしつつ、提供サービス品質をいかに向上していくか?
各所で発生する問題はなぜ起きて、なぜ防げていないのか?
ではどうすればいいのか?
どの部門で、いつ頃からどんなPoCをやっていくか?　広範囲の部門があるなかでどう絞り込むか?
主論点
新領域における品質安定化と中長期的な利益拡大をどのように実現し、かつ成果を客観的に評価していくか?

出所：ベイカレント・コンサルティング

KPIトラックのための数値収集の要素を入れた。

図3-21には、再構築したイシューツリーに対する新たな初期仮説を記載した。新たな初期仮説には、一連の「論点を研ぐ」過程で得られた重要な気づきが入っているか、もしくは研がれたサブ論点のおかげで自然に導くことができた内容が含まれている。良い論点が良い仮説を生み出すことが実感できるであろう。

組織改革に成功し、事業ポートフォリオの変革へ

かくして、品質向上に端を発し難渋を経験しつつも、囚われから

脱却したイシューツリーと初期仮説を構築し、プロジェクトをスタートすることができた。実際、C社は中期的なビジネス変革のための組織KPIの変更や、その後数年間にもわたる品質向上活動を展開していくことになった。

問題やトラブルの頻発を抑制するという当初の発想から、最終的にはビジネス部門の全体の評価指標を変えるに至り、結果として新領域のビジネスにおいて、高品質・高利益率体質への転換へとつながった。実際に、こうした取り組みによって、同社が新領域で取り組むプロジェクト数に対して大きな問題やトラブルは激減している。品質向上が事業ポートフォリオ変革を加速させた稀有《けう》なケースである。

ケース④
金融

日本におけるトランザクションレンディングターゲットと提供価値を見誤るな

念入りに市場調査を実施してプロダクトをリリースしたが顧客がいなかった、またはプロダクトに対してネガティブな評価を受けたというのは、新規事業の常である。その背景には顧客像や提供価値に関して、自身の経験に囚われていたという事象が往々にして存在する。もちろんプロトタイピングを実施し、市場の声を聞くことで囚われに気づくこともあるが、事業開発において、顧客像や提供価値を一度設定してしまうとサンクコスト（埋没費用）や認知バイアスにより、後から軌道修正するのは難しい。本ケースは、そんな顧客像や提供価値に関する囚われをブレークスルーしたものである。

4-1 盤石なビジネスモデルに抱いた違和感

クライアントである金融機関D社（匿名）は、近年の環境変化により、ビジネスモデルの転換を迫られていた。インターネット取引の拡大やキャッシュレス化の進展、超低金利政策の長期化により、利ざやが縮小し収益力に陰りが生じたことが要因だ。

そして、当然D社以外の金融機関も同様の状況に置かれている。

ゆえに各金融機関は、厳しい環境下で勝ち残ろうと店舗の統廃合や人員削減、ＡＩ（人工知能）をはじめとするデジタル技術の活用による業務効率化など、大胆な改革を矢継ぎ早に進めつつあった。

トランザクションレンディングで中小企業を取り込む

既存事業に大なたを振るう一方で、D社が成長を期し、積極的に進めているのが新規事業開発だ。そうした新規事業の1つとして、「トランザクションデータを活用したオンライン融資サービス（以下、トランザクションレンディング）」に目をつけた。

トランザクションレンディングとは、企業の財務情報に加えて、購買データや顧客評価などの取引履歴（トランザクション）をもとに判断し、融資を提供するサービスでありオンラインレンディングの一種である。企業の信用度を測るための審査などがオンラインで行われるため、通常の融資でネックとなる手続きの煩雑さや審査期間の長期化といった負担が軽減される（図3-22）。サービスを利用する企業にとっては、売掛金などを担保に短期の資金調達が可能になるため、特に資金繰りに頭を悩ます中小企業などにとって、メリットが大きい。

図3-22 トランザクションレンディングの仕組み

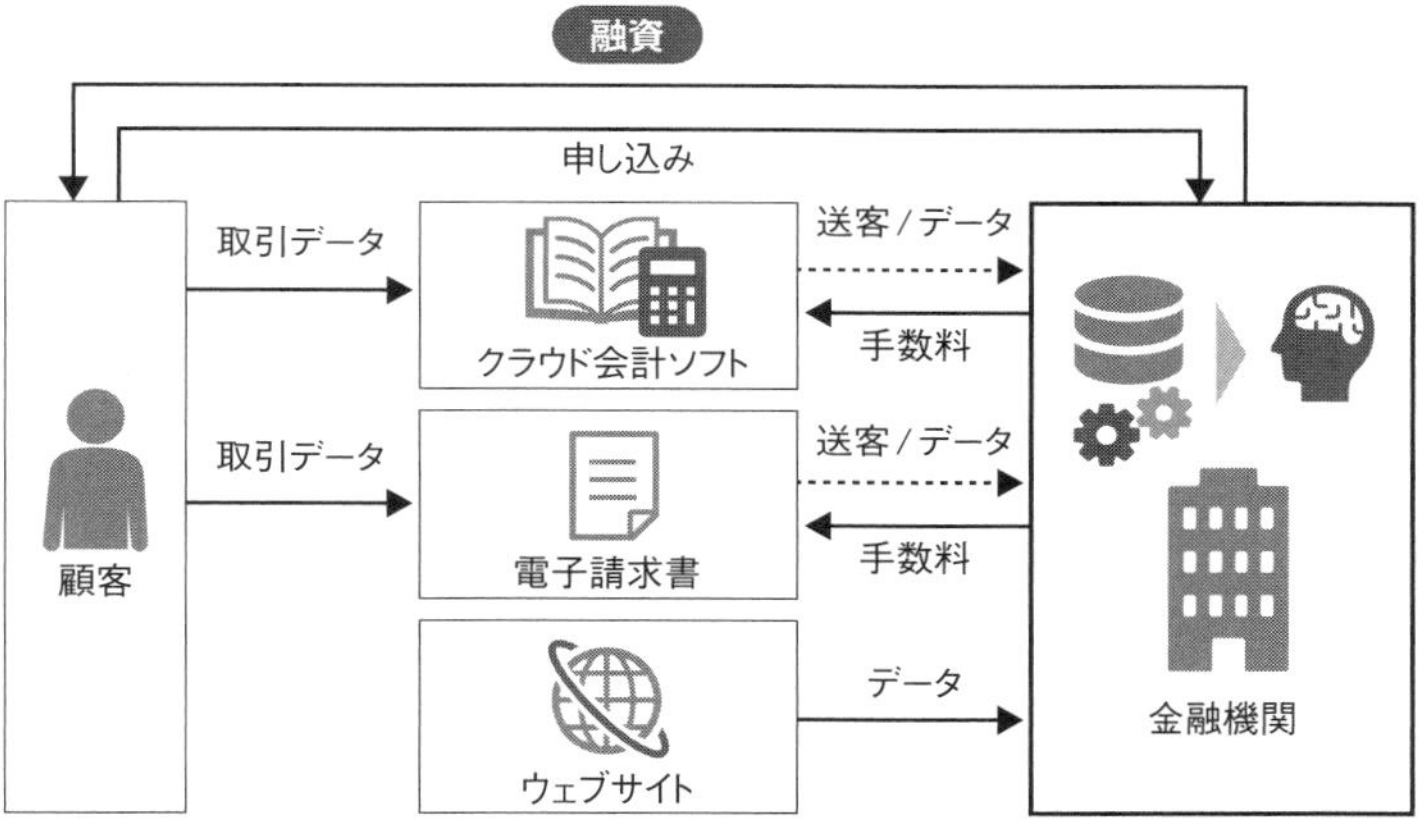

出所：ベイカレント・コンサルティング

D社は米国のフィンテックスタートアップとともに、中小企業をターゲットとするトランザクションレンディング事業立ち上げの検討を行っていた。ビジネスモデルの具体化およびプロダクトの開発が必要になったタイミングでベイカレントに支援依頼があり、提供価値の具体化をテーマとして、プロジェクトがスタートした。

ステップ①「同質化する」

初回のミーティングで、我々はD社がトランザクションレンディングの事業化を検討する背景をヒアリングした。

取引企業を数多く抱え、法人向けビジネスに強みを持つD社だが、実は「競合に比べ、中小企業向けの融資が弱い」という課題を抱えていた。特に、年商が一定額を下回る企業に対しては、提供できる金融商品がほとんどなかった。その理由として、中小企業を相手とする融資は規模も小さく、その分、収益も低くなる一方、1件当たりの審査コストは融資規模に関係なくかかることがあげられる。費用対効果を考えた際、中小企業向けの商品、サービスの開発に積極的に取り組みにくいという事情があった。

だが、中小企業の中には、将来の大口顧客として成長する企業も存在する。金融機関を取り巻く環境が大きく変化しつつある中、これまで手薄だった中小企業との接点を増やし、そうした潜在力を持つ企業を取り込み、成長につなげたいというのがD社の思惑だった。

次に、これまでの事業の検討結果について情報を共有してもらった。さすがは金融機関という内容で、社内稟議《りんぎ》を通すために、市場環境分析、ニーズ調査、競合分析、ビジネスモデル検討など、一通りの情報収集、分析は実施されていた。

我々は早速、市場環境分析資料の読み解きに取りかかった。

ターゲット企業の妥当性を示す盤石過ぎるファクト

D社内では、トランザクションレンディングのターゲットとして、年間売上高1億円程度の比較的小規模の企業を想定し、特に1回当たり200万円以下の資金需要が主であると捉えていた。

こうした想定に至った背景の1つに、パートナーである米スタートアップからの情報共有があった。米国では、年間売上高1億円程度の企業において、1回の貸し付けが200万円以下の融資残高が年率30％近い伸びを示していた。「即日融資」や「審査の負担軽減」などの利便性が評価され、トランザクションレンディングを選ぶユーザーが相当数存在していたのである。特に、100万円前後の資金調達を希望するスタートアップからの申し込みが多いという情報があった。

また、クライアントは中小企業庁が発行する年次調査を市場ニーズの根拠に置いていたため、当該資料も確認した。その結果、「十分な融資が受けられない中小企業の割合が3割存在する」という調査結果があることが分かった。融資が受けられない理由としては、約半数の回答者が、「通常の融資条件での借り入れによる資金調達は困難」もしくは「無担保・無保証の借り入れ余地があまりない」と回答していることが確認できた。融資が受けられない企業は、個人貸し付けや消費者金融など、適切とは言えない調達手段に頼ることになる。トランザクションデータを活用した中小企業向けのオンライン融資サービスを提供すれば、利用したいと考える企業は多いと判断した。

また、D社チーム内には、中小企業向け融資と呼ばれる部門で営業を10年にわたり担当していた社員がおり、ターゲット企業の選定や、ニーズ仮説の構築には、その社員が過去に行っていた中小企業向け営業の実情も考慮されていると確認した。融資の際には利率の低さ、与信スピードの速さ、審査に必要とされる提出書類の少なさが求められる傾向にあることを知った。

ターゲット企業の生の声から、前提の危うさを検知する

D社から共有された情報をクイックに確認すべく、自身でも市場環境や競合に関して軽くリサーチを行ったが、クライアントの分析結果と齟齬《そご》はなかったため、依頼内容に沿って提供価値の具体化に向けた論点整理を行った。この時点で考えたイシューツリーを示す（図3-23）。

論点整理に関しては、米国でのビジネス実態や中小企業向け融資担当者の生の声が取れていることもあり、ターゲット企業の思惑を解明する形で構成した。当初論点に関しては、クライアントの疑問を入れ込む形で構成していたため、クライアントの納得感は高かった。しかし、その高過ぎる納得感が引っかかり、本格的な検証準備に入る前に、ターゲット企業数社にヒアリングをしてみることにした。

ここで大きな違和感を抱いた。ヒアリング先企業の反応が薄いのである。融資の際に求める条件をヒアリングしたのだが、回答はしてくれるものの熱がなく、現状に大きな課題を感じているようには見えなかった。5社目のヒアリングを行ったところで、そもそもの今回のプロダクトのニーズに関してぶっちゃけた本音を聞いてみた。すると、当初想定していた仮説とは異なる答えが返ってきた。

～建設会社～

「地元の商工会議所で他の中小企業仲間とよく話をするのだが、外部から資金調達をしてい

図3-23　「同質化」から導いた論点と仮説

論点	仮説
ターゲット企業がトランザクションレンディングに求める提供価値は何か?	即日融資、審査書類の負担解消といった訴求ポイントにより、トランザクションレンディングを選ぶユーザーがいるのではないか
求められる利率（手数料率）の範囲は?	顧客規模にもよるが、X％以下程度の手数料率であれば受け入れられるのではないか
申し込みから支払いまでのスピードに関して目指すべきレベルは?	競合の水準をベースに、最短当日審査が求められるのではないか
KYC（本人確認）、コンプライアンスチェック等の審査プロセス・書類提出をどこまで軽くするべきか?	すべての書類のオンライン完結および、会計ソフト等との自動連携による、簡略化が求められるのではないか

出所：ベイカレント・コンサルティング

ない企業というのはほぼない。創業年数が一定以上の企業は、どこかしらの銀行と必ず付き合いがある。また、定期的に借り入れを行っている企業は借り入れに関わるやり取り上の負荷も少なく、当面の需要も満たされているため、新規の資金調達手段を検討するメリットが乏しい」。

～デザイン会社～

「資金調達で苦労したことはあまりない。そもそも、大口案件が来てもいつもの受注量プラスアルファ程度であれば資金繰りに問題はないように、常に融資枠や手元の現預金水準を保つように操業している」。

当初のイシューツリーに関して、ター

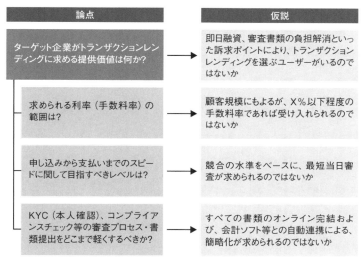

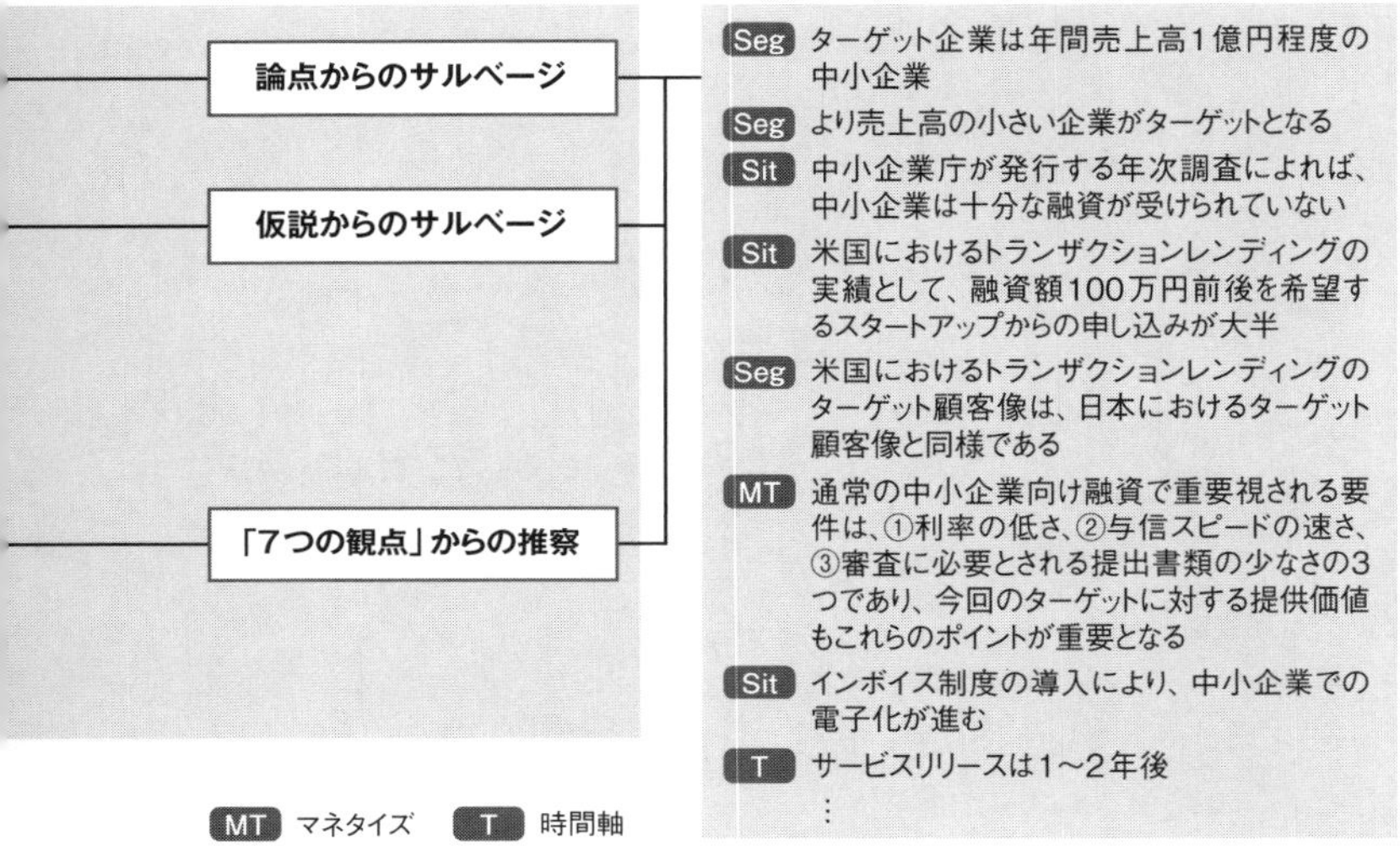
論点からのサルベージ
仮説からのサルベージ
「7つの観点」からの推察
Seg ターゲット企業は年間売上高1億円程度の中小企業
Seg より売上高の小さい企業がターゲットとなる
Sit 中小企業庁が発行する年次調査によれば、中小企業は十分な融資が受けられていない
Sit 米国におけるトランザクションレンディングの実績として、融資額100万円前後を希望するスタートアップからの申し込みが大半
Seg 米国におけるトランザクションレンディングのターゲット顧客像は、日本におけるターゲット顧客像と同様である
MT 通常の中小企業向け融資で重要視される要件は、①利率の低さ、②与信スピードの速さ、③審査に必要とされる提出書類の少なさの3つであり、今回のターゲットに対する提供価値もこれらのポイントが重要となる
Sit インボイス制度の導入により、中小企業での電子化が進む
T サービスリリースは1〜2年後
⋮
MT マネタイズ
T 時間軸

ゲット企業とそのニーズを所与のものとして描いたが、見直しが必要なのではないかという疑いが生じた。当初は小規模事業者になればなるほど資金繰りに課題があるのではないかという仮説を当然のものとしていたが、当初の目的を振り返り、小規模事業者に限定する必要があるのか等、そもそも前提として置いている事柄に関し、見直す必要があるのではないかと考えた。

4-2 ターゲット顧客像やそのニーズには疑わしい点だらけ

ステップ② 「前提を自覚する」

ターゲットや提供価値が間違ってい

図3-24　論点と仮説の「前提」を書き出す

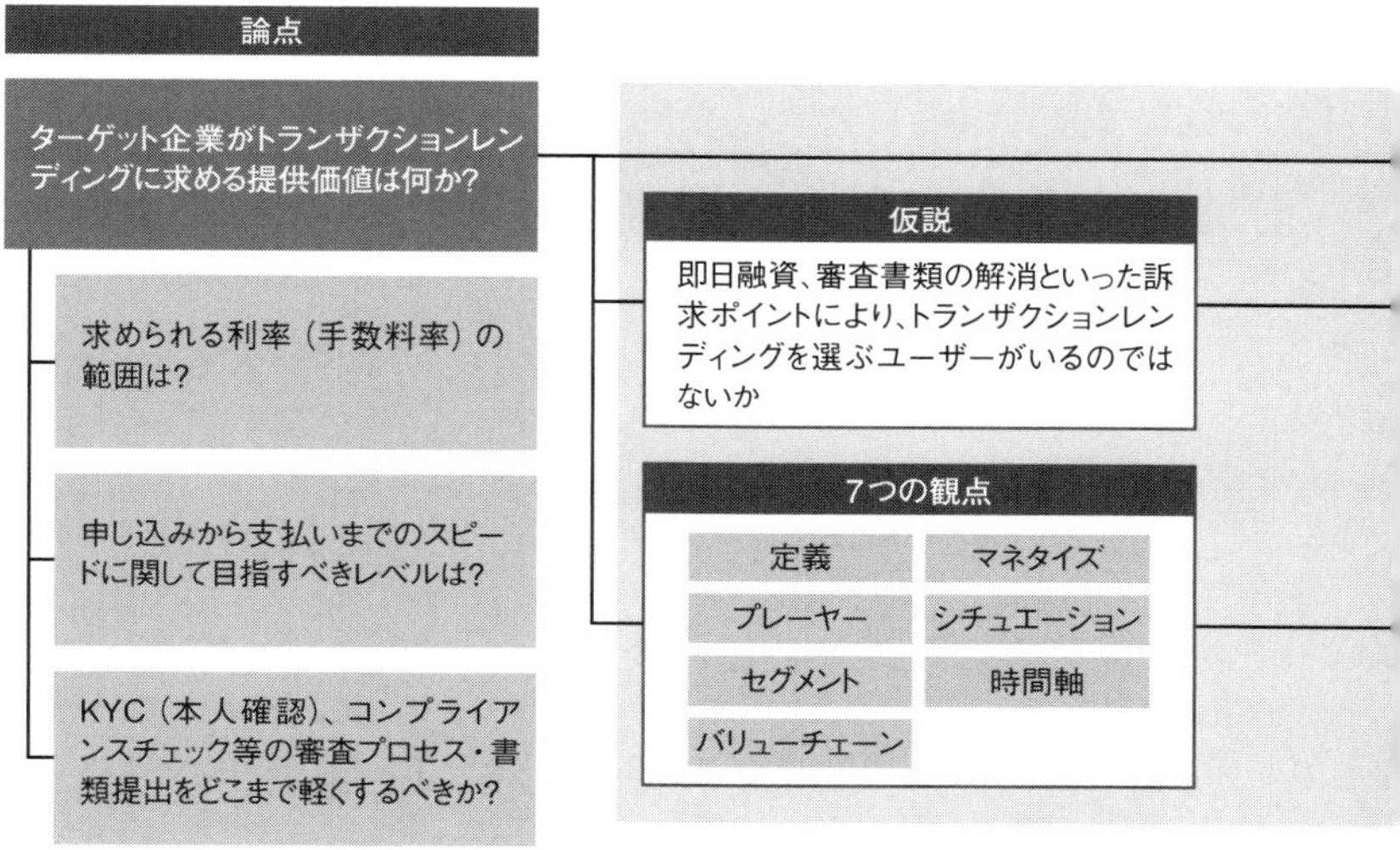
論点
ターゲット企業がトランザクションレンディングに求める提供価値は何か？
求められる利率（手数料率）の範囲は？
申し込みから支払いまでのスピードに関して目指すべきレベルは？
KYC（本人確認）、コンプライアンスチェック等の審査プロセス・書類提出をどこまで軽くするべきか？
仮説
即日融資、審査書類の解消といった訴求ポイントにより、トランザクションレンディングを選ぶユーザーがいるのではないか
7つの観点
定義
マネタイズ
プレーヤー
シチュエーション
セグメント
時間軸
バリューチェーン

出所：ベイカレント・コンサルティング　　Seg セグメント　Sit シチュエーション

ると、事業が立ち上がることは決してない。そう考えた我々は、本当に今の方向性は正しいのか、さかのぼって前提を確かめていった。作成した論点と仮説について、一つひとつ前提を書き出した（図3-24）。

当初洗い出した前提の中で、結果的に特に重要だったものは次の3つであった。

前提：「より売上高の小さい企業がターゲットとなる」

前提：「米国におけるトランザクションレンディングのターゲット顧客像は、日本におけるターゲット顧客像と同様である」

前提：「通常の中小企業向け融資で重要視される要件は、①利率の低

疑い

既存のプロダクトでは取り込めない層を狙いたいのだが、企業規模だけを閾値にしてよいのか？　既存の融資基準では取り込めないが、今後成長が見込めそうな企業をターゲットにするべきではないか？

日本ではスタートアップが増えないことが問題になっているが、米国と同様のターゲットでよいのか？　米国と日本では企業動態が異なるのではないか？

融資に求める価値は①利率の低さ、②与信スピードの速さ、③審査に必要とされる提出書類の少なさ以外にもあるのではないか？　現状のヒアリングでは本音を探れているのか？

さ、②与信スピードの速さ、③審査に必要とされる提出書類の少なさの3つであり、今回のターゲットに対する提供価値もこれらのポイントが重要となる」

「漏れ」「妥当性」「あえて」で前提を問い直してみれば…

ステップ③「前提を問い直す」

書き出した前提には、すぐに疑わしさに気づくものもあれば、一見、疑う余地もないほど当然に思えるものもあった。疑わしいものに関しては早々に検証が必要なものとしてリストに追加したが、当然に思える前提に関しては、「漏れ」「妥当性」「あえて」の観点で、注意深く前提の確からしさを確認していった（図3-25）。

図3-25　前提の問い直しから生まれた“疑い”

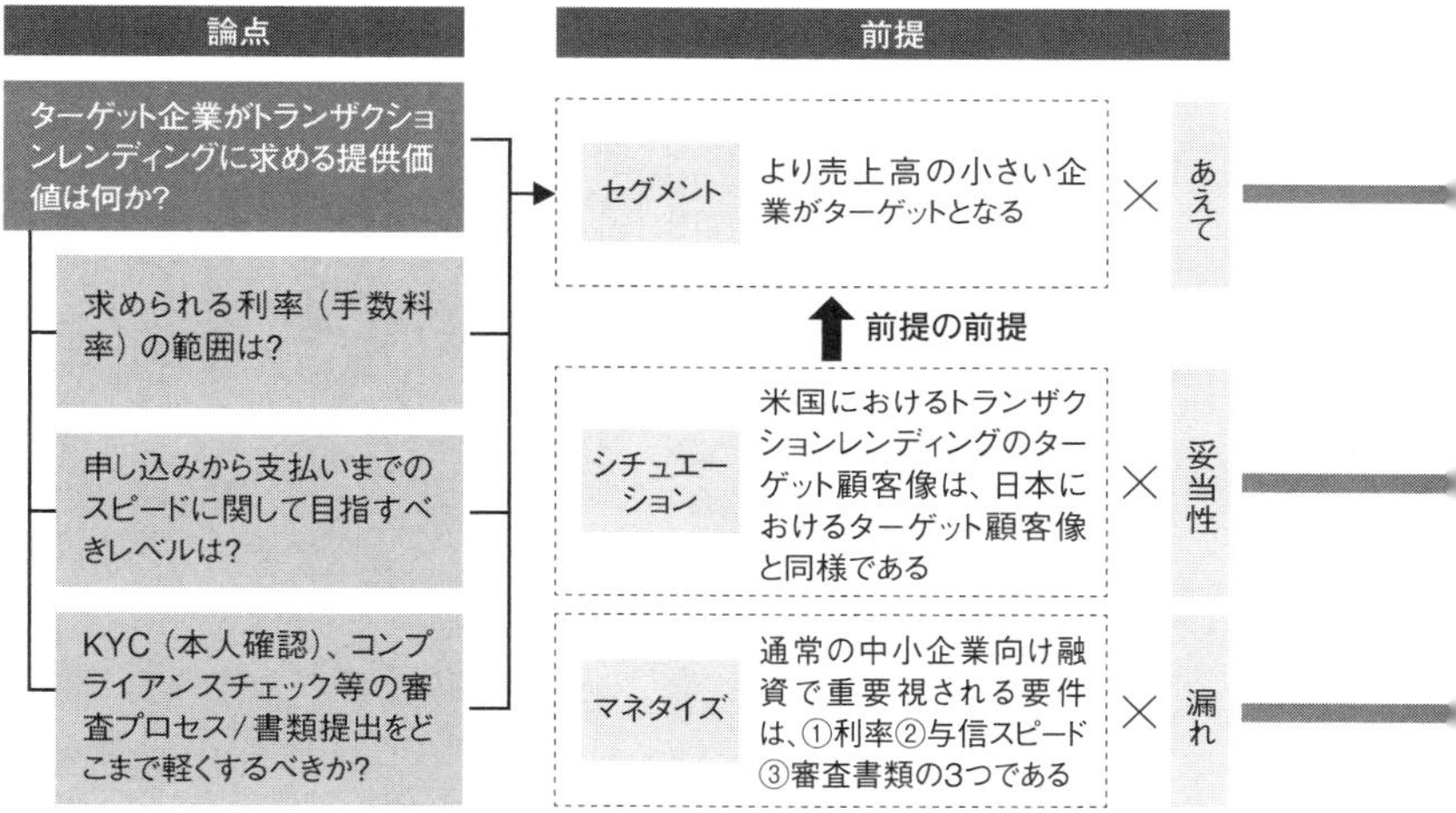
論点
ターゲット企業がトランザクションレンディングに求める提供価値は何か?
求められる利率（手数料率）の範囲は?
申し込みから支払いまでのスピードに関して目指すべきレベルは?
KYC（本人確認）、コンプライアンスチェック等の審査プロセス/書類提出をどこまで軽くするべきか?
前提
セグメント
より売上高の小さい企業がターゲットとなる
あえて
前提の前提
シチュエーション
米国におけるトランザクションレンディングのターゲット顧客像は、日本におけるターゲット顧客像と同様である
妥当性
マネタイズ
通常の中小企業向け融資で重要視される要件は、①利率②与信スピード③審査書類の3つである
漏れ

出所：ベイカレント・コンサルティング

例えば、「米国におけるトランザクションレンディングのターゲット顧客像は、日本におけるターゲット顧客像と同様である」という前提に関しては、起業文化や商習慣が異なる米国と日本で、お金に対する意識や調達方法が異なることは容易に想像できた。

一方で、「通常の中小企業向け融資で重要視される要件は、①利率の低さ、②与信スピードの速さ、③審査に必要とされる提出書類の少なさの3つであり、今回のターゲットに対する提供価値もこれらのポイントが重要となる」という前提は、実際に企業に対して法人営業を行っていた担当者からの情報であり、確かに融資に求められる提供価値として重要なポイントに見えた。

しかし、前述のヒアリング結果も踏まえつ

つ、3つの観点で問い直しを行うと、その前提の置き方に疑問が生じた。特に「漏れ」に関しては、金融機関には言えないだけで、本音で対話すると、「実は融資に対しての思いが別にあるのではないか？」という疑いが生じた。

「前提を問い直す」ステップを通して生まれた疑いのうち、後の「核心を突く」「再構築する」に影響を与えたのが、以下の疑いである。

疑い①：「既存のプロダクトでは取り込めない層を狙いたいのだが、企業規模だけを閾値《いきち》にしてよいのか？　既存の融資基準では取り込めないが、今後成長が見込めそうな企業をターゲットにすべきではないか？」

疑い②：「日本ではスタートアップが増えないことが問題になっているが、米国と同様のターゲットでよいのか？　米国と日本では企業動態が異なるのではないか？」

疑い③：「融資に求める価値は、①利率の低さ、②与信スピードの速さ、③審査に必要とされる提出書類の少なさ以外にもあるのではないか？　現状のヒアリングでは本音を探れているのか？」

4-3

中小企業がターゲットという刷り込みがバイアスに

ステップ④「核心を突く」

疑いの見極めが必要となったが、プロダクトリリースまで時間はなく、急がねばならない。情報の再取得を含め、〝疑い〟の正体解明は1週間で駆け抜けた（図3-26）。それぞれの疑いの見極めプロセスと結果の一部を紹介する。

目を向けるべきは「金融機関が対応できない企業」

まずは大前提となる1つ目の疑いに関して正誤を見極めた。

疑い①：「既存のプロダクトでは取り込めない層を狙いたいのだが、企業規模だけを閾値にしてよいのか？　既存の融資基準では取り込めないが、今後成長が見込めそうな企業をターゲットにすべきではないか？」

我々はこのプロジェクトのミッションに立ち返った。ミッションは「トランザクションレンディングサービスの提供を通じた中小企業の取り込み、およびサービス提供による収益の獲得」である。その背景には、「中小企業向け融資が弱く、将来大口顧客となりうる成長企業の顧客獲得が課題となっている」というD社の事情があった。

改めてこのプロジェクトの意義を捉え直すと、重要なのは「今は融資できていない顧客の中

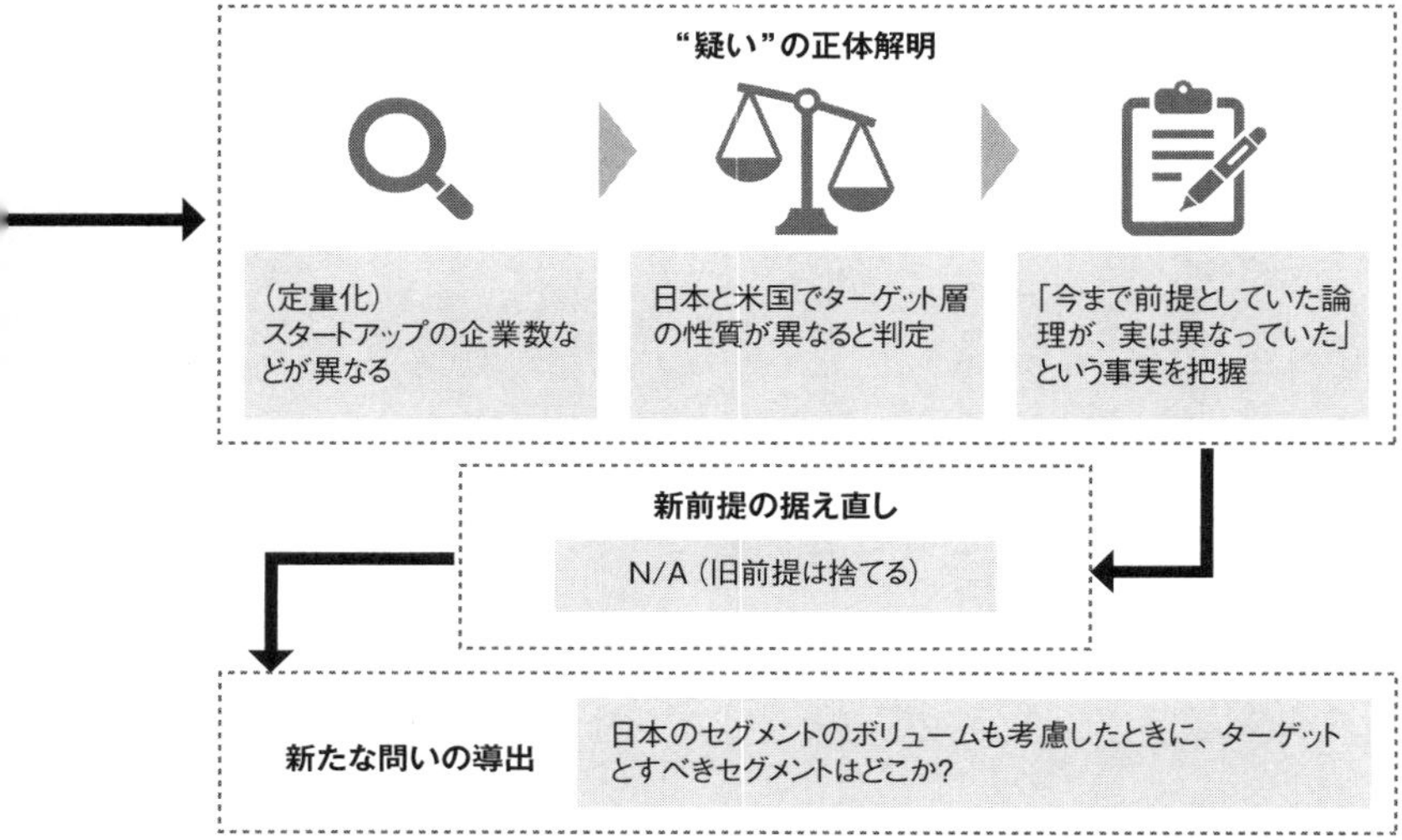

"疑い"の正体解明
（定量化）
スタートアップの企業数などが異なる
日本と米国でターゲット層の性質が異なると判定
「今まで前提としていた論理が、実は異なっていた」という事実を把握
新前提の据え直し
N/A（旧前提は捨てる）
新たな問いの導出
日本のセグメントのボリュームも考慮したときに、ターゲットとすべきセグメントはどこか?

で、将来大口顧客となりうる企業を取り込む」ことである。必ずしも小さい企業に絞る必要はない。財務健全性が低い企業、短期の資金ニーズがある企業は、現状融資が難しいので、トランザクションレンディングのターゲットになりうる。

そこで、年商で切るのではなく「金融機関が対応できない資金ニーズを細分化すると、どのようなセグメントが存在するか？」という問いを導き出した。

疑い②：「日本ではスタートアップが増えないことが問題になっているが、米国と同様のターゲットでよいのか？　米国と日本では企業動態が異なるのではないか？」

図3-26　「核心を突く」新たな問いの導出

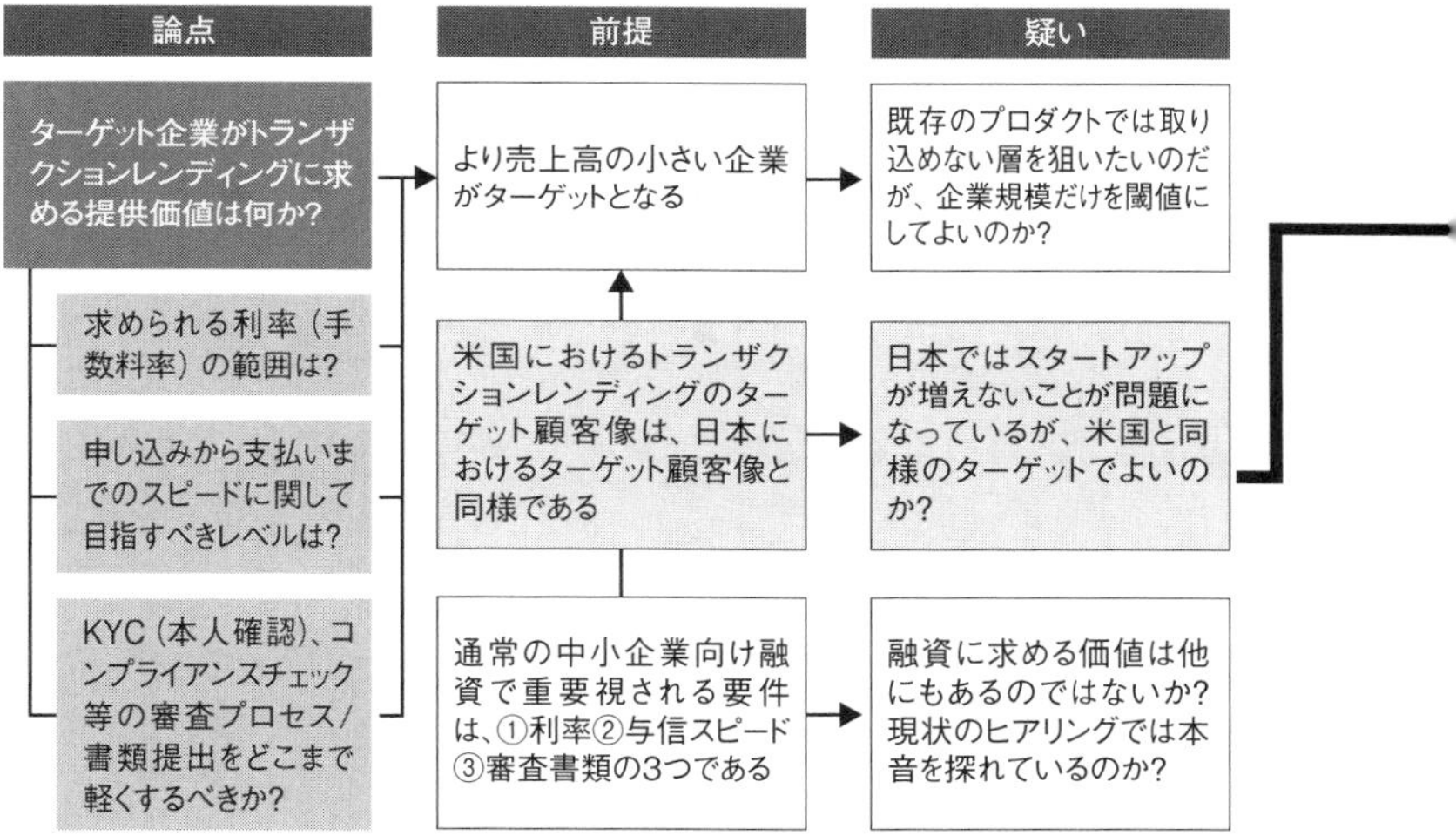
論点
前提
疑い
ターゲット企業がトランザクションレンディングに求める提供価値は何か？
求められる利率（手数料率）の範囲は？
申し込みから支払いまでのスピードに関して目指すべきレベルは？
KYC（本人確認）、コンプライアンスチェック等の審査プロセス/書類提出をどこまで軽くするべきか？
より売上高の小さい企業がターゲットとなる
米国におけるトランザクションレンディングのターゲット顧客像は、日本におけるターゲット顧客像と同様である
通常の中小企業向け融資で重要視される要件は、①利率②与信スピード③審査書類の3つである
既存のプロダクトでは取り込めない層を狙いたいのだが、企業規模だけを閾値にしてよいのか？
日本ではスタートアップが増えないことが問題になっているが、米国と同様のターゲットでよいのか？
融資に求める価値は他にもあるのではないか？現状のヒアリングでは本音を探れているのか？

出所：ベイカレント・コンサルティング

上記に関しては、企業動態について、統計情報を改めて確認した。

まず米国と日本のスタートアップの数を調べたところ、ある調査から、米国では約７万社存在するのに対し、日本では約６００社しか存在しないことが分かった。全体の企業数は、米国が５６７万社、日本３６８万社というデータがあり、約１・５倍の差があるものの、この差を勘案しても日本のスタートアップの割合は米国に比べ非常に低い。

そこで、「日本のセグメントのボリュームも考慮したときに、ターゲットとすべきセグメントはどこか？」を改めて問う必要性を認識した。

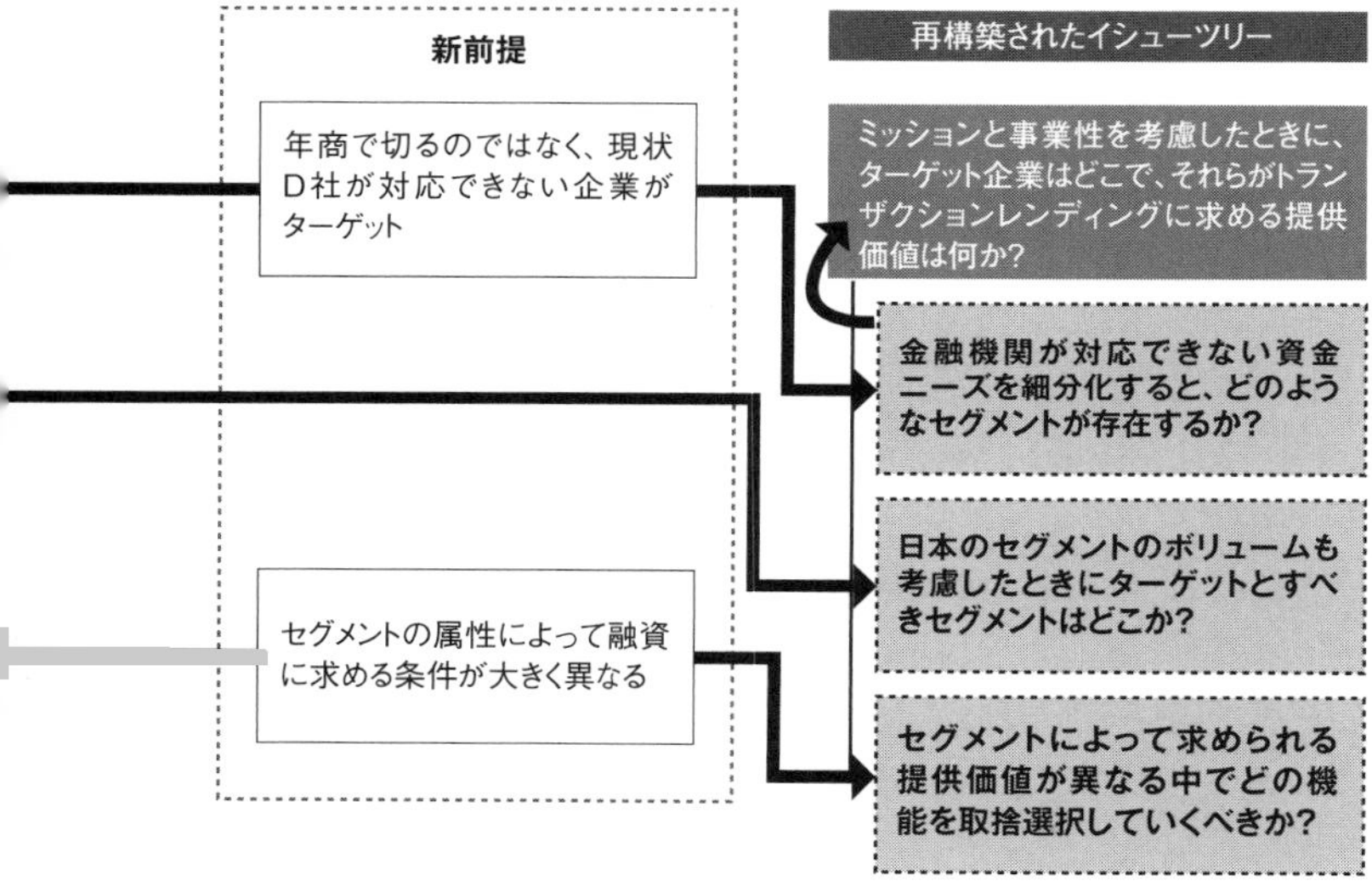
新前提
年商で切るのではなく、現状D社が対応できない企業がターゲット
セグメントの属性によって融資に求める条件が大きく異なる
再構築されたイシューツリー
ミッションと事業性を考慮したときに、ターゲット企業はどこで、それらがトランザクションレンディングに求める提供価値は何か？
金融機関が対応できない資金ニーズを細分化すると、どのようなセグメントが存在するか？
日本のセグメントのボリュームも考慮したときにターゲットとすべきセグメントはどこか？
セグメントによって求められる提供価値が異なる中でどの機能を取捨選択していくべきか？

D社の担当者を外して、本音を引き出す

最後に、疑い③「融資に求める価値は、①利率の低さ、②与信スピードの速さ、③審査に必要とされる提出書類以外にもあるのではないか？　現状のヒアリングでは本音を探れているのか？」を検証した。ターゲット顧客の本音を引き出すために、D社の担当者を外して顧客にヒアリングを行うことを決めた。

その結果、審査に必要な書類が少なく与信スピードが速いことも大事だが、手軽すぎると正しく審査されていないのではないかという不安も抱いてしまうということが分かった。自ら創業し、

図3-27　論点を「再構築する」

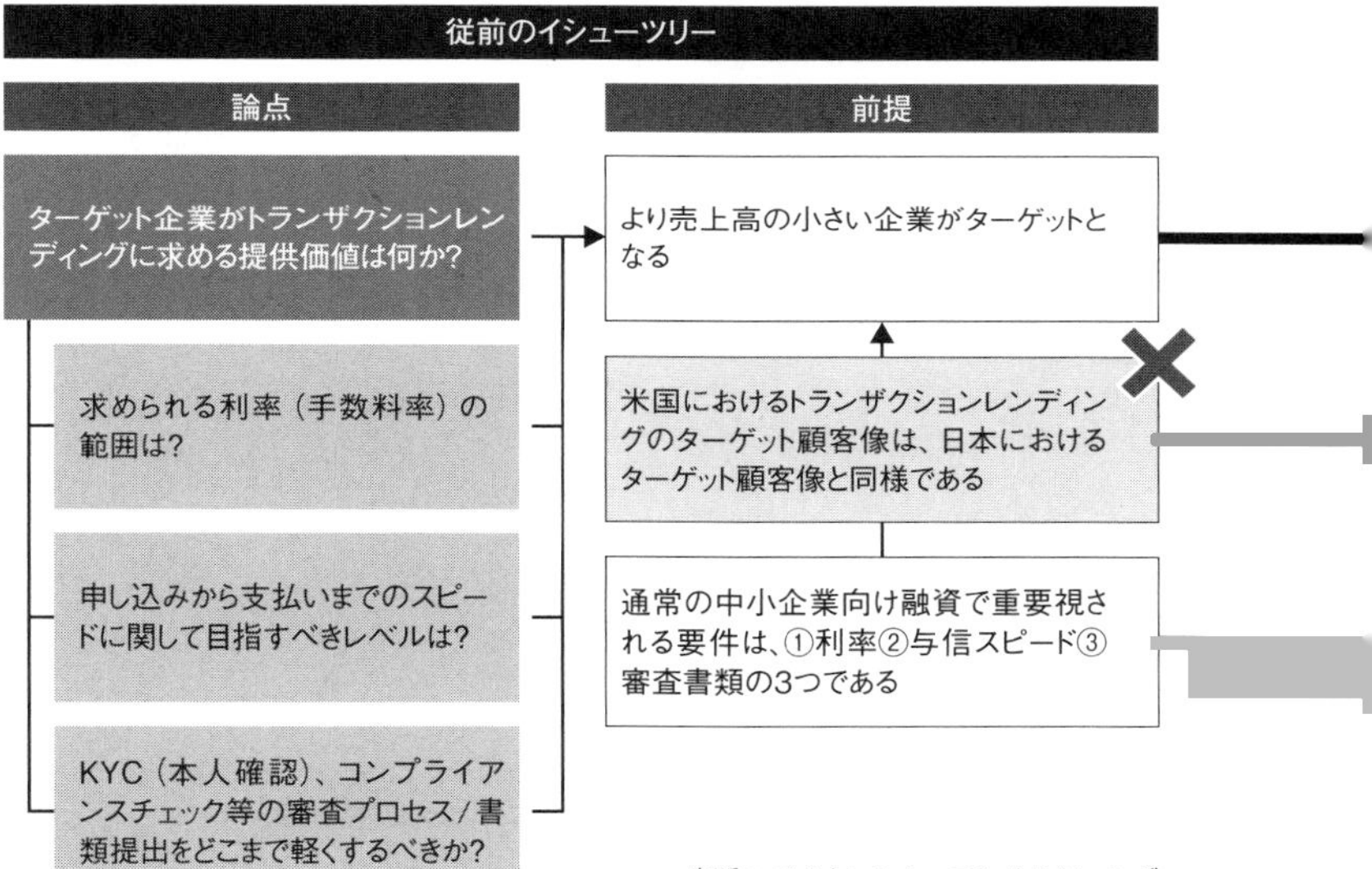
従前のイシューツリー
論点
前提
ターゲット企業がトランザクションレンディングに求める提供価値は何か?
求められる利率（手数料率）の範囲は?
申し込みから支払いまでのスピードに関して目指すべきレベルは?
KYC（本人確認）、コンプライアンスチェック等の審査プロセス/書類提出をどこまで軽くするべきか?
より売上高の小さい企業がターゲットとなる
米国におけるトランザクションレンディングのターゲット顧客像は、日本におけるターゲット顧客像と同様である
通常の中小企業向け融資で重要視される要件は、①利率②与信スピード③審査書類の3つである

出所：ベイカレント・コンサルティング

まだ規模が小さい企業の経営者は、自身が手掛けるビジネスを子供のように大切に思っていることから、事業の内容をしっかり見た上で資金提供の判断をしてほしいと感じていた。

また、「お金を借りる」という行為に対する心理的ハードルが高く、安心して借りられることが資金調達時の重要ファクターであることも確認した。

以上の情報から、改めてセグメントの属性によって融資に求める条件の違いに大きな差があるという前提を認識。「セグメントによって、トランザクションレンディングに求められる提供価値が異なる中で、どの機能を取捨選択していくべきか？」という新たな問いを導出した。

再構築したイシューツリーと対応仮説

サブ論点	仮説
金融機関が対応できない資金ニーズを細分化すると、どのようなセグメントが存在するか？	●年商や企業規模だけではなく、創業年数、財務健全性でセグメンテーション可能
日本のセグメントのボリュームも考慮したときにターゲットとすべきセグメントはどこか？	●建設業、製造業といった、「掛け」で取引をしており、短期の資金ニーズが存在する業種
セグメントによって求められる提供価値が異なる中でどの機能を取捨選択していくべきか？	●融資判断の妥当性 ●サービスの信頼性

ステップ⑤「再構築する」

当初立てた主論点は「ターゲット企業がトランザクションレンディングに求める提供価値は何か？」であったが、新たに導き出した問いから、前提とするターゲット層をより精緻に検討する必要があると分かったため、「ミッションと事業性を考慮したときに、ターゲット企業はどこで、それらがトランザクションレンディングに求める提供価値は何か？」と修正した（図3-27）。

その上で、「核心を突く」で導出した新たな問いをサブ論点に据えつつ、顧客へのヒアリングなどをもとに、新たな論点を説くための仮説を改めて書き起こした（図3-28）。

図3-28　従前のイシューツリーが研ぎ澄まされた

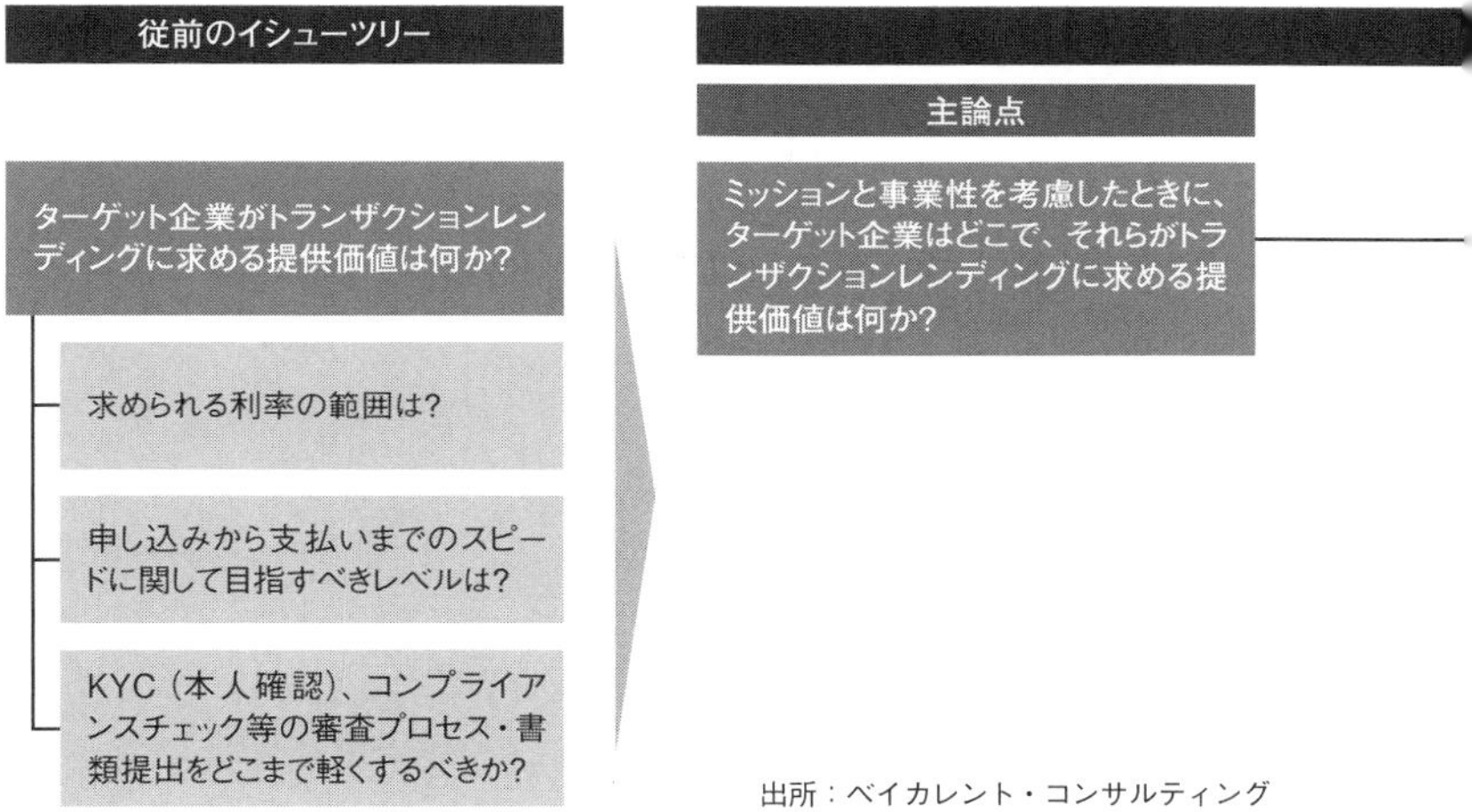
従前のイシューツリー
ターゲット企業がトランザクションレンディングに求める提供価値は何か?
求められる利率の範囲は?
申し込みから支払いまでのスピードに関して目指すべきレベルは?
KYC（本人確認）、コンプライアンスチェック等の審査プロセス・書類提出をどこまで軽くするべきか?
主論点
ミッションと事業性を考慮したときに、ターゲット企業はどこで、それらがトランザクションレンディングに求める提供価値は何か?

出所：ベイカレント・コンサルティング

当初想定を超えて、意外な資金ニーズをつかむ

この後、本格的な仮説検証を経て、実際にユーザーエクスペリエンス（UX）構築などのサービス開発を行った。

従来、対応し切れていなかった企業の資金ニーズを着実につかむ新サービスは、D社の成長にも貢献しうるものだ。D社はトランザクションレンディングを企業価値向上に向けた取り組みの1つに位置づけ、さらに強化しようと力を注いでいる。

おわりに

論点を研ぐ——。

問題解決力を最も左右する奥深いこの行為について、実態の把握、戦略家との対話、5つのステップとしての技法化に取り組んだ。技法化の歩みが滞っているようにも見える「論点設定」について、本書はその歩みを、数歩かもしれないが前に進めたと自負したい。

一方で、「論点を研ぐ」力を左右するものの、本書で深掘りできていない点が、大きく3点あると感じている。本書を結ぶにあたり、その3点を明確にしておく。

①〝本当のメカニズム〟の見いだし方

「問題が生じている構図」を、本書ではこう呼んだ。そして、この構図を捉えることが、核心を突くために欠かせない。メカニズムが見えなければ、突くべき急所も見えないからだ。

構図を見いだす力は、その切り口をどれだけ自分の中にストックできているかが左右する。収支構造や、プレーヤーの力関係などは、切り口のわかりやすい例だ。「鶏卵ループ」『ドライな撤退』と『ピボット』のせめぎ合い」など、私が考案した切り口も続編でぜひ紹介したい。

切り口の全体像を示し、それぞれの切り口を解説することで、〝本当のメカニズム〟の見いだし方も技法化できると考えている。

②「コア」の定め方、問いかけ方

ソニーグループの小寺剛氏が語るように、「コア」とは、差異化を図り、競争力につなげ、事業としてもスケールできるような提供価値と捉えることができる。そして、事業戦略を立案する上で、「コア」を何とするかは要となる。

本書では、「コア」を定める上で前提となる「7つの観点」については、その問いかけ方法を含めて技法に落とし込んだものの、「コア」そのものの定め方や、「コア」の妥当性の問いかけ方には触れていない。

顧客ニーズに、自社らしさを踏まえてどう答えるか。

セグメントの切り口とセットにすれば、「コア」の定め方と問いかけ方も技法化しうる。

③有効な「経験」の積み方

日立製作所の森田守氏、味の素の榛葉信久氏の双方から言及のあった「経験」の重要性。一方で、闇雲に経験を積んでも「論点を研ぐ」力のレベルアップは遅々として進まないだろう。第2部の最後でも述べたが、「論点を研ぐ」力の習得を加速させる経験は、当然のようだが「論点を研ぐ」経験だ。ゆえに、「論点を研ぐ」経験を実践以外でも積めないかと考えている。過去の試行錯誤を集めてワークブック化し、自己学習や、チームでのワークショップなどに活用してもらうのも、一つの選択肢だろう。

私の学びの言語化はまだ始まったばかりだ。「論点を研ぐ」技法の発展に引き続き取り組み、第2弾として「〝本当のメカニズム〟の見いだし方」を提言するのを、次のチャレンジにしたい。それが「論点」と「仮説」を覆う、「センス」という鎧《よろい》をはぎ取ることにつながる。「センス」に逃げていては、才能として人が諦めてしまいかねない。「センス」ではなく、「技法」×「経験」にこだわり、日本のビジネスパーソンの問題解決力向上に貢献できれば幸いである。

最後に、執筆を支えてくださった多くの方々に感謝を申し上げたい。

まず、「論点を研ぐ」の技法化にチャレンジしようと思えるまで、問題解決力を鍛えてくださったクライアント、諸先輩方、そして切磋琢磨《せっさたくま》を今も続けるベイカレントの仲間たちにお礼の言葉を伝えたい。クライアントや先輩、仲間たちと、日本企業、ひいては日本社会の問題解決に取り組み、苦しみながらもブレークスルーを生み出してきた経験が、大きな触発となり糧となっている。特に、その機会を与えていただき、ともにプロジェクトで汗を流したクライアントの方々なくしては、「論点を研ぐ」のコンセプトは生まれなかっただろう。改めて感謝を申し上げるとともに、引き続きご指導いただければ幸いである。

稀有《けう》な戦略家として得難く奥深い示唆を与えてくださった日立製作所・森田守氏、ソニーグループ・小寺剛氏、味の素・榛葉信久氏にも、格別の感謝を申し上げたい。「論点を研ぐ」技法のレベルをさらに向上させるための多くの気づきと、「前提を問い直し、核心を突く」という本書のコンセプトは、決して間違っていないという確信を与えていただいた。

さらには、弊社コンサルタントにも支えられた。多忙な業務の合間を縫ってサポートしてくれた花野正弘氏、小峰弘雅氏、山口雅人氏には本書の企画段階で大いに助けられた。

また、本書上梓《じょうし》の機会をつくり、企画段階から多くのアドバイスをくださった日経BPの宇賀神宰司氏、平山舞氏に心から感謝を申し上げる。

2023年12月

ベイカレント・コンサルティング　常務執行役員　則武譲二

【著者】
ベイカレント・コンサルティング

則武 譲二（のりたけ・じょうじ） 常務執行役員
京都大学卒業後、ボストン コンサルティング グループ（BCG）などを経て現職。主に、全社戦略・事業戦略の策定および実行、新規事業の立ち上げ、DX、マーケティング・営業改革などのテーマに従事。経営研究機関ベイカレント・インスティテュートの所長も務める。主な著書に『データレバレッジ経営』（日経BP）、『戦略論とDXの交点』（東洋経済新報社）などがある。

桑畑 卓弥（くわはた・たくや） パートナー
東京大学卒業後、大手シンクタンクを経て現職。製造、エンターテインメント、金融、エネルギーなどの産業を中心に、新規事業創出、R&D改革、DX、ITマネジメントなどのテーマに従事。著書に『デジタル化を勝ち抜く新たなIT組織のつくり方』（日経BP）がある。

小坂 智厚（こさか・ともあつ） シニアマネージャー
東北大学卒業後、ベイカレント・コンサルティングに入社。ヘルスケア、製造、金融などの産業を中心に、事業戦略、マーケティング・営業戦略、新規事業創出、組織改革などのテーマに従事。

土性 尚暉（どしょう・なおき） マネージャー
慶應義塾大学卒業後、ベイカレント・コンサルティングに入社。エネルギー、ヘルスケア、製造、教育などの産業を中心に、全社戦略・事業戦略、新規事業立ち上げ、DX、マーケティング・営業戦略、組織改革などのテーマに従事。経営研究機関ベイカレント・インスティテュートに所属。

【執筆協力】
國藤 Antoine英也（くにとう・あんとわーぬ・ひでや）
英University of Essex, MSc Economicsを修了後、ベイカレント・インスティテュート所属。総合商社・金融・エネルギーなどの業界を中心に、国内・国外における事業戦略策定、アライアンス戦略立案、新規事業立ち上げに関するプロジェクトに従事。現在は、教育系スタートアップにて、事業企画の責任者を務める。

【監修】
ベイカレント・コンサルティング
日本発の総合コンサルティングファーム。戦略、DX、オペレーションから、テクノロジーやサステナビリティまで幅広い領域をカバーし、日本のリーディングカンパニーが抱える経営課題の解決を支援している。

論点を研ぐ
戦略コンサルタントが明かす「問題解決」の実際

2024年1月9日　第1版第1刷発行
2024年2月6日　第1版第2刷発行

著者　則武 譲二
発行者　北方 雅人
発行　株式会社日経BP
発売　株式会社日経BPマーケティング
〒105-8308 東京都港区虎ノ門4-3-12
編集協力　小林 佳代
装丁・制作　松川 直也（株式会社日経BPコンサルティング）
印刷・製本　TOPPAN株式会社

ISBN978-4-296-20396-3